ポストコロナの社会学へ

コロナ危機・地球環境・グローバル化・新生活様式

庄司興吉　編著

新曜社

はしがき

　コロナ危機——新型コロナウイルス感染症COVID-19のパンデミックによって世界に引き起こされた危機——は、まだ収束のメドが立っていないが、それによってこの2年ほどのあいだに、私たちの社会について重大なことが分かってきていると思う。

　私たちは、当然のことながら、というよりもそれよりもはるかに強く、私たちの身体に拘束されており、その身体も、想像よりもはるかに強く、眼に見えて破壊されてきている地球［環境］の影響を受けている。そして、この破壊の原因はこの5世紀ほどのあいだの私たちの歴史にあり、私たちの社会のあり方はその歴史によって決められている。社会学は、そのことを具体的に示し、社会的な生き物としての私たちに、私たち人類の破滅を防ぐための行動を取るよう訴えなければならない。

　本書は、このような思いで続けられてきた研究会の所産である。本書の前身である『21世紀社会変動の社会学へ』と『主権者と歴史認識の社会学へ』を出したとき、私たちはまだ、正直に言ってそこまで分かっていなかった。それほど、このパンデミックの経験は重いと思う。その重さを説くために、私たちは、人間が限界状況のなかにあることを説くカール・ヤスパースの実存哲学や、具体的な限界状況での人の生き方を追求したアルベール・カミュの小説『ペスト』などを引き合いに出してきたが、ことはそうした哲学や小説の例示で済む程度のものではなさそうだ。

　そのために私たちは、身体、地球、歴史、社会を概観したあと、日本の社会学を振り返り（庄司）、ポストウエスタン社会学の声を受け止めたうえで（矢澤）、生活世界において、日本を中心とする教育問題と（細田）、社会主義崩壊後新生ロシアのリアルな生活世界を把握する（石川）。そのうえで、地球環境問題を検討し（池田）、グローバル化を生産パラダイムからあらためて総体的にとらえ直したうえで（武川）、最後に、身体、地球、歴史、社会を接続して考えた場合の、私たちのこれからの生活の方向を見出そうと思う（庄司）。

　私たちは、コロナの先を見据えながら、人類という種の生き残る展望とそれに見合った生き方を示さなくてはならない。そんな大それたことができるのだろうか、と私たちも思う。しかしできなければ、私たちの子供の世代や孫の世代は

じっさいにもっと大変な危機に見舞われるかもしれない。そう思いながら、とにかく全力を尽くす。これはそのための一つの手がかりである。

2022年2月

編　者

目　次

《現代社会のただなかで》

国際社会の実態と課題 ——————————————— 庄司興吉　39
—— ポストコロナの社会へ

《日本の社会 [科] 学をふまえる》

日本におけるマルクス主義と近代主義 —————— 庄司興吉　55
—— 日本社会学の前提として

《日本社会学の進むべき方向》

ポストウエスタン・ソシオロジーと日本の社会学 —— 矢澤修次郎　73
—— 一つの問題提起

装幀＝虎尾　隆

生と死の社会学
── ポストコロナの身体へ

庄司興吉

1 コロナ危機と限界状況

　コロナ危機 ── 新型コロナウイルス感染症COVID-19のパンデミックによって世界に広がった危機 ── は、まだ収束のメドも立っていない。しかし私たちは、2020年以降に受けたいくつものインパクトをふまえて、これからの社会と社会学のことを考えていかなければならない。

　コロナ危機が私たちにたいしてもたらしたインパクトのうち最大のものは、私たちが生と死をめぐり人間として逃れられない状況、実存哲学者カール・ヤスパースの言った限界状況のなかにいる、という現実であろう（Jaspers 1950=1954）。文学作品としては、これまで頻繁にアルベール・カミュの『ペスト』が引き合いに出されてきた（Camus 1947=52）。私たちが限界状況のなかにいるという現実は、別に今に始まったことではないが、コロナ危機が毎日世界で感染者の数を増やし、死者の数を増やしつつある事実が、くり返しこの現実に私たちの思いを引き戻す。

　逆に言えば、私たちはこれまで、さまざまな仕事や関心事に振り回されて、人間の生と死について日々くり返されている現実を、多くは漫然とやり過ごしてきているのである。コロナ危機は、そうした私たちの生の惰性に、私たちが気づかざるをえなくしてきている。私たちは、自分自身がコロナに感染せず、不幸にして感染してしまった多くの同胞とともにこの危機を乗り切っていくためにも、あらためて私たちの生と死を見つめ、私たちの生き方を反省していかなければならない。

　こうすることが、社会学的には、私たちの社会の基本のあり方を反省することにつながるのではないであろうか。

2　共同性としての社会と個人の死

　私たちの社会は第一に、共同性の集積である。共同的相互行為の集積、それらによる共同的関係性の集積こそが、まずは私たちの社会にほかならない（庄司編著 2020a; 2020b）。

　この意味での共同性は、基本的に、私たちが生きるに必要な価値の生産と分配と消費、性愛と生殖、役割分担とその間の調整、対話と文化生産からなると考えていいであろう。おおざっぱに言えば、経済と社会と政治と文化である。以前にタルコット・パーソンズの言った、適応、目標達成、統合、潜在化も基本的に同じことを言おうとしたものといえるが、それよりもこちらの方がわかりやすいであろう（Parsons & Smelser 1956=1958-59）。

　これらのうち性愛と生殖は、ヘーゲルやコント以来、直接に家族につながり、社会の核心につながっている。そしてここに、生と死の問題もつながっているはずである。私たちは、人間はすべて、個体としては性愛から生まれ、自らも性愛をつうじて生殖につながり、やがて年老いて死んでいくことを知っている。個体の誕生は社会の喜びであり、個体の死は社会の悲しみである。社会は原始共同体の時期から、喜びを祝う儀式や悲しみに耐える儀式を発達させてきた。

　現代社会では、しかし、これらのうち個体の死の悲しみに耐える儀式は、社会生活の忙しさのなかで、いわば極端に事務化され、当事者が十分に悲しんでいるいとまもなくやり過ごされていくようになっている。経済成長が続くなか「人は死ねばゴミになる」というような言説が、その意味も十分に問われることもなく受け流されてきた（伊藤 1988）。

　コロナ危機のなかでも、不幸にして感染し、不幸にして重症化して死にいたった人が、感染防止のために近親者その他に十分に看取られることもなく、社会的に処理されてしまうケースがいたるところで問題にされてきた。私たちの社会は、不幸にして予想外の死を遂げる人たちにこれほど冷酷なのか、と多くの人たちは思っている。

3　保健医療社会学の意義と重要性

　こうした経験と社会的感情のためにも、私たちは、性愛と生殖との関連で人間の生と死をもっと有意味に位置づけるべきである。

　性愛と生殖をつうじて、私たちは社会の生物学的基礎の維持に貢献しつづけて

きているが、個体としては成長の過程でさまざまな心身のトラブルを経験し、そのために死にいたる場合もあり、それらを克服して生き続けても寿命の範囲で最後は必ず死ぬ。個体の心身のトラブルに対処するために、私たちは医療を必要とし、広い意味での保健を必要とする。コロナ危機で多くの人びとが眼にし、理解せざるをえなくなっているが、医療と保健の重要性と関連範囲は圧倒的なものである。

　日本の医療は、国民皆保険制度が取られており、医療がフリーアクセス、自由開業医制、診療報酬出来高払い、に特徴づけられているとされている（日本の医療―Wikipedia, 2021.9.28 参照）。一人あたりの保健支出はOECD諸国平均よりやや高い程度で、先進国のなかでは必ずしも高いほうではない。医療従事者側からの意見としては、薬剤や医療機器の費用が相対的に高く、そのぶん医療報酬のほうは十分ではないとの声が出ている。

　日本の主権者は、なんらかの医療保険に入って所定の保険料を支払うほか、私費で市販の薬剤やさまざまなサプリメントなどを求めて使用していることが多いから、広義の保健支出は統計上の保健支出をかなり上回っているのが現実であろう。人口あたりの病床数が統計上は世界一とされているにもかかわらず、2020年いこう、コロナ危機のなかでは、病床数が不足し、地域によって医療従事者も不足することが心配され続けてきた。

　日本の社会学は、第二次世界大戦後パーソンズの医療社会学を導入することに始まり、医学部のなかにも医療社会学や保健社会学をもつようになってきて、1989年には日本保健医療社会学会もできた（https://square.umin.ac.jp/medsocio/ 2021.08.30 参照）。しかし、医学各分野の専門性が圧倒的に高く、しかも実証性のみならず臨床性が高いなかで、苦闘を強いられてきていると言われている。日本の社会学は、こうした事情に鑑みて、それぞれの分野から保健医療社会学の諸問題に貢献していかなければならないであろう。

4　いわゆる二人称の死

　コロナ危機は、生の維持にかんしてばかりでなく、それがかなわず死を受け入れざるをえなくなった場合についても、問題を提起している。死は、医学生理学的には脳の死にともなう身体の機能停止であり、私たちは皆、それが遅かれ早かれ私たち全員に訪れることを知っている。しかし、それに向けての態度ができているかどうかについては、あやふやな場合が多い。

　死への態度の形成については、私たちがこれまで、身近な人びとの死（二人

称の死）をどの程度どういうふうに経験し、また自分自身についても死（一人称の死）にどの程度近づいたことがあるかによって、異なるであろう。メディアによって連日伝えられる死（三人称の死）は、今の私にとってそうであるように、私たちの社会の現状を示し、今の私がそうしているような考察を促すものの、自分自身の死への態度の形成を促すものではないことの方が多いであろう。

　私自身の例を挙げると、小学5年（10歳）のとき、1学年上の兄が交通事故で死んだ。子どもたちのあいだで自転車乗りがはやっていて、自転車に乗って通りを走っていてトラックと接触し、転倒して全身打撲でほとんど即死であった。警察が知らせに来て、両親が病院に駆けつけたあげく、帰ってきて慌てふためいて仏壇の前を空け、迎える場所をつくったところに、運ばれてきた兄は上向きに横たえられて、穏やかな、ただ眠っているような表情をしていた。しかし、翌日葬儀をおこなうなか、叔父たちが遺体を棺に入れようとしたとき、遺体が少し傾いたらしく、兄の口から体中に溜まっていたらしい大量のどす黒い血が流れ出てきた。

　このあと高校3年（17歳）のとき、父が死んだ。風邪で休んでいて、いつものことだと皆思っていたのだが、悪化して肺炎になっていたらしく、かかっていた医者の指示で私が近くの病院に入院させるため、手続きにいって帰ってくると、隣のおばさんに「お父さん、亡くなったわよ」と知らされた。姉が帰り、少し遠くにいた兄が帰り、親戚も来て、皆で慌てて送ったが、急すぎて皆あまり訳が分かっていなかったように思う。幸いその後の生活はなんとかなり、私もこれはまずいと思い、グレかけて遊んでいたのをやめて受験勉強に集中したので、大学には現役で合格し、その後のキャリアをなんとか拓くことができた。

　それからしばらくして、大学の教員になり、ある程度キャリアを積んだころ、同輩の一人が新宿に息抜きに出ていて、突如倒れ、急死した。くも膜下出血であった。彼が勤めていた私立大学の先生たちと協力し、葬儀をおこない、まだ小さかった3人の子どもたちのために募金活動をおこなったりした。穏やかで誰にでも好かれる人柄だったため、多くの人が集まり、突然の死は限りなく不幸であったが、こんな送られ方をしたら文句も言えまいと思うような死であった。

　その数年後、すぐ上の先輩で、名古屋の大学に勤務していた人物が死んだ。酒が好きで、ほとんど際限もなく飲む人であったが、胸の病を患っていて、もともとあまり元気でなかったところに、消化器系に腫瘍ができて持ちこたえられなかったらしい。日本の農本主義に興味を持っていて、ユニークな解釈を出してくれそうだったので、残念であった。奥さんとの関係についてもいきさつがあり、批判する人も弁護する人もいた。

それからさらに数年後、私も1世紀の半分も生きたころに、大学院のころから
もっとも親しかった同僚が亡くなった。極度にまじめな男で、思想と行動の一貫
性にかんしては私など及びもつかないほどの人物であったが、まじめすぎた活動
のせいか脊髄に病を得て、腰の痛みを紛らわすために酒を飲むようになり、どん
どん酒量が増えて、それが悪性腫瘍を誘発したようであった。入院して手術を控
えた彼に会ったとき、彼はいつもの几帳面さで退院後の予定などについて細かい
メモを見ながら、私にも予定があるのではないかと気遣ったりしていた。

　そんなことでその後は見舞いに行くのもはばかられ、静観していて1年ほども
経ったところで、奥さんから、最後だと思うから、という連絡がきた。彼の職場
が葬儀場で営んだ葬儀の場で、私は友人を代表して弔辞を読み、輪廻転生と地球
的規模のエコロジーを念頭に置きながら、長い間苦しめられた腰の痛みから解放
された今、ゆっくりしてほしい、そして元気を取り戻したら、また昔のような生
気はつらつたる青年の姿でどこかに現れてほしい、と懇願した。彼の奥さんは、
私の同学年の、誰もが認める美女であった。

　個人的な経験はこの辺でやめておくが、誰でもが固有の二人称の死の経験を
持っているであろう。日本人の場合には、第二次世界大戦で、戦場は言うに及ば
ず、空襲や沖縄の地上戦や広島長崎の原爆による大量死を経験したあと、地震や
津波や台風などによる大量死を経験してきているものの、幸いにしてそれらに巻
き込まれずに長らえてきた多くの人びとも、少なくともこのような二人称の死の
経験を持っているはずである。

　それらをつうじて、死は社会的事実（faits sociaux）として、社会過程に、ま
た社会構造に埋め込まれている（Durkheim 1895=1978）。私たちは、このような、
近しい人の死に接すると、慣習や作法にしたがって行為し、その人を送り、その
人亡き後の社会を動かし続ける。これに関連して、私たちは、さらに具体的に、
死を意味づけるという行為と、死者の遺体を具体的に処理するという行為をし続
けている。

5　宗教の社会学的意義 —— 社会統合と合理化

　死を意味づけるという行為も、私たちのあいだで一様ではないであろう。

　私は小学生のころ、兄の死に直面する前であったが、同級生の女子の死を経験
したことがある。道路で遊んでいて車に轢かれ、即死だったらしいが、もろに頭
を轢かれ、脳みそが飛び出して道路に転がったのを、駆けつけてきた父親が洗面
器に入れて持ち帰った、ということであった。その場面をもちろん私は直接見た

わけではないのだが、その日から二三ヶ月のあいだ夜むしょうに怖くなり、悪い夢を見るような日々が続いた。

　私の両親は普通の仏教徒であったから、私は子どものころから、仏教的な極楽と地獄の話を聞かされて育った。良い子であれば極楽にいけるが、悪いことをすると地獄に落ちるぞ、というような、当時から今日にいたるまで日本の社会ではありふれた話であった。中学から高校に進むようになり、キリスト教にも天国と地獄の話があることを知った。ダンテの『神曲』なども、精細に読み通すほどの熱意はなかったが、だいたいのことは分かった。

　さらにそのあと、イスラームについても知らなければと思い、井筒俊彦訳の『コーラン』（岩波文庫 1957-58）をひととおりは読んだ。神の意にかなえば天国に行き、きれいな水の流れる川の畔で美しい女性に相手にしてもらえる、というような部分が鮮烈な印象として残った。のちにイスラームの人びとから自爆攻撃を手段とする抗議運動が起こり、これが悪い方向に展開して過激主義の動きとなったとき、こうした動きに巻き込まれるムスリムの青年たちのなかには、こうした天国のイメージを信じて自爆攻撃に走る者もいるのかもしれない、などと思ったものだった。

　成人して以降、私の周りはほとんどが、平素はほとんど無宗教で、葬儀のときにかぎり仏教徒になるような人びとであったが、なかにはプロテスタントもカトリックもいた。私も高校生のころ、日曜日などにふらりと教会に入り、神父の話を聞いたり、寄ってきてキリスト教の話をしてくる人と話したりしたが、理屈を言っていやがられたりして、けっきょくキリスト教徒になったりすることはなかった。

　問題は、生と死をめぐる、いや、生と死を中心としてこの世界全体にかんする、シンボリズムであり、宗教という社会現象である。宗教については、社会学は、宗教をつうじて社会統合がいかになされるかという、デュルケム以来の研究の伝統と、宗教による社会生活の規制が経済活動の合理化にどのように影響するかという、マックス・ウェーバー以来の研究の伝統という、大きな二つの流れをもつ（Durkheim 1912=1975, Weber 1904-05=1955-62）。

　この関連でいえば、コロナ危機は、一つには、パンデミックとして世界中に感染を広げることをつうじて、人類社会の一体性に気づかせ、世界社会あるいは地球社会の統合に多くの人びとの関心を向けさせている、といえるであろう。地球的規模の人の行き来、すなわちグローバル化が進んできたなかでは、文字どおり地球的規模で感染を終息させなければどの社会も安心はできないから、費用負担を最終的にどうするかはともかく、どの国もあらゆる国での感染の終息に関心を

6

持たざるをえず、実質的な政策や行為の程度はともかくその方向に動かざるをえない。その意味でコロナ危機は、地球的規模での人命の尊重という価値に向けて、いわば世界宗教あるいは地球宗教の形成を促してきている。

コロナ危機は、もう一つには、それと並行して、世界中の人びとの生活の、ある方向に向けての合理化を促進してきてもいる。感染しないため、世界中の政府は入国を制限したり、都市を閉鎖したり、「ステイホーム」を訴えたり、し続けている。人びとはそのなかで、仕事のうちデジタル化できる部分は可能なかぎりそのようにし、外食を避け、買い物も可能なかぎり減らして、程度の差はあれ、巣ごもりに近い生活に生活様式を変えてきている。いわゆる広い意味でのデジタル化（DX, Digital Transformation）である。

仕事生活のうちデジタル化できる部分を可能なかぎりそのようにし、人びとの、いわゆる三密、つまり密集、密閉、密接を避けようとするこの動きは、大学のような研究教育機関では予想以上の進展を見せている。教育はもともと人の心身の育成であるから、家庭から幼児教育をへて小学校、中学校、高等学校にいたるまでの過程では、大人と子ども、および子ども同士の身体的接触が不可欠である。しかし大学まで来ると、身体的接触の面は高度に任意になると考えていいであろう。大学以外の政府、企業、その他諸団体では、身体的接触の任意性は、それこそ任意に統制できる場合が多いであろう。

カトリックの腐敗に抗議して世俗内禁欲を進めたプロテスタントの非合理的行為が、結果的に生活態度の合理化を進め、事業との関連では利潤増加につながって近代資本主義形成発展の内面からの動機となった、というのがウェーバーの説であった。イマヌエル・ウォーラステインの近代世界システム論以来、近代資本主義形成の第一の契機は、15世紀末以来の西ヨーロッパ強国の世界進出であり、とりわけ南北アメリカ大陸の乱暴な侵略と略奪と植民地化、およびそれらをつうじての巨万の富の西欧への移動および新事業と新市場の開拓であったことが明らかになっている（Wallerstein 1974=1981）。

だから、世俗内禁欲という非合理的行為が逆説的に近代資本主義のエートスを生み出したという、ウェーバーのいう宗教の逆説を、私たちは過大に評価することはできない。それよりも、今日のコロナ危機が、いわば全地球的規模で人びとに巣ごもり的生活を強い、労働と生活のデジタル化を促して、ヴァーチャル空間の急速な拡大を特徴とするグローバルな合理化すなわちサイバーフィジカル・システム（CPS, Cyber-Physical System）化を進めているとすれば、それを相応に評価せざるをえないであろう。

内閣府の第5期科学技術基本計画によれば、われわれの社会は、狩猟社会

（Society1.0）から農耕社会（Society2.0）、工業社会（Society3.0）をへて情報社会（Society4.0）から新たな社会（Society5.0）に向かっているという。ソサエティ5.0では、サイバー空間にビッグデータが蓄積され、人工知能AIがそれらを解析することによって新しい価値が生み出され、フィジカル空間が変革されていく。それによって経済発展と社会的課題の解決が両立していく、というのである（https://www8.cao.go.jp/cstp/society5.0, 2021.9.8参照）。楽観的な見通しがそのままいくかどうかの問題はあるが、言説としてはそのまま受け取っておこう。

　コロナ危機はこうして、地球的規模で人びとの共同意識を喚起してきているのと並行して、人びとの生活空間をヴァーチャルな方向に拡大しつつ、資源と人力の浪費を抑える方向に合理化してきている。その意味で現代人は、死を恐れ、生の規律化と省エネルギー化を促進する方向に、いわば宗教心を強化してきているのである。全人類的なワクチン接種が進んでコロナ禍が収束すれば、飲食や人の移動などの多くは元に戻り、浪費することで「生の謳歌」を図ろうとする動きの多くも復活するであろうが、ヴァーチャル化やデジタル化あるいはDX化やCPS化の多くは残っていくであろう。

6　生と死の意味

　宗教的行為としては、実存的側面として、人びとの一人称の死の受け止め方という問題が残る。二人称の死から宗教の問題へと展開し、宗教の果たしてきた歴史社会学的な役割との関連でコロナ危機の果たしてきている機能に触れたが、私たちはこれらをつうじて、自らの態度を決めなければならない。私は、コロナ禍のなかで、いやそれと関係なくとも、いずれは訪れる自分自身の死にどのように対処するべきなのか。

　これまでにも、仏教やキリスト教やイスラームに触れたが、ウェーバー流にいえば儒教と道教についても触れるべきだろう。宗教の核心は「あの世」観あるいは来世観である。死んだらどうなるのかについて、それぞれの宗教は固有のシンボリズムを展開し、人びとを慰めたり励ましたりしてきた。それぞれの宗教が説いてきた来世をそのまま信じている人は今日では少ないであろうが、いろいろな形でそれに仮託しているものを信じて死を受け入れようとしている人は多いであろう。

　上に触れたように、私もこれまで仏教やキリスト教やイスラームの死生観や来世観について学んできた。しかし、『荘子』を読んでいて、次のような文章に遭遇したとき、それ以上に言葉が出なかった。

夫れ大塊我を載するに形を以てし、我を労するに生を以てし、我を佚するに老を以てし、我を息わしむるに死を以てす。故に吾が生を善とする者は、すなわち吾が死を善とする所以なり。(『荘子』第1冊 p.183)

　なんと簡明にして十分な言説であろう。私はこれに接して、言葉を失った。あえて言えば、仏教では「生老病死、一切皆苦」というペシミズムを取るのにたいして、これは、ペシミズムもオプティミズムもなく、それでいて必要十分である。それいらい私は、この文章の趣旨を「形生老死、存亡一体」と簡略化し、この世に生を受けたことを大塊すなわち大自然に感謝し、いつか来る死をいわば自然に受け入れようという気になっている。

　それでは「あの世」または来世とは何なのか。私は以前、胃に腫瘍ができ、内視鏡手術で除去してもらったことがあるが、それでもう終わりだろうと思っていたら、その後の定期検査で最近また腫瘍が見つかったと言われ、ふたたび内視鏡手術で除去している。それは再発ではなく「異時原発」であるといわれ、さほど心配はないといわれたのだが、じっさいに入院して手術を待つ前夜に、何事もなければ幸いなのだがじっさいにはこうして死ぬこともあるのかもしれないと思い、来世のことを真剣に考えた。

　真剣に考えたつもりだが、いくら考えても、「あの世」とは「この世」であり、来世とは現世であるとしか思えなかった。私が死んでもこの世界は残る。私の愛する者たちや親しく感じている人たちの多くはこの世に残る。私の身体はもうないが、この人たちは時に応じて私のことを思うだろう。そういう人たちがいなくなれば、私は忘れ去られるであろう。それはそれで、それ以上でも以下でもないのではないか。

　だから私たちは、あの世すなわちこの世、あるいは来世すなわち現世を、私が親しく感じる人たちにとってばかりでなく、多くの人たちにとって少しでも良くなるように、最後までできるだけのことをするべきであり、そうするしかないのである。そう考えて、私はあらためてすっきりした。そして、社会学は —— 私が主にかかわってきたのが社会学だからいうのだが —— そういうことをもっとはっきりと言うべきなのではないか、と思った。

　あの世あるいは来世にかんするシンボリズムをもち、それを生かしている人たちにとってはそれで良い。いや、良くないかもしれない。そういう人たちにとっても、現実に来世は現世であり、だからこそ現世を少しでも良くするよう死ぬまでつとめることが、私たちの生きる意欲にもつながることなのではないか。

――そんなことを思いながら、私は翌日手術を受け、幸いにして生還して今日にいたっている。

7　葬送儀礼と遺骨の処理

　こう考えてくると、最後にもう一つ、大事なことが残っているように思う。それは私たちが死んだあとの遺体の処理にかかわることである。葬送儀礼と遺骨の処理にほかならない。

　葬送儀礼は、日本では、8割ほどが仏式で、神式が2-3％、キリスト教式が1％、残りの大半が無宗教でおこなわれている（葬儀における宗教の割合、エンディング・データバンク 2021.9.28 参照）。私の見てきた葬式も、だいたいそんな割合であった。日本の家族の大半が、伝統的になんらかの寺と関係をもっていて、ことが起これば習慣的にそこに頼み、仏教のなんらかの宗派のやり方にしたがって葬儀をおこなってきている。

　仏式の葬儀については、私には、僧が引導を渡すとして読む経の意味が分からなかったので、仏教についての解説書や仏典の翻訳などをある程度は読んだ。それらをつうじて仏教の根本思想についてはそれなりに理解しているつもりである。だからこそ、葬儀にさいして僧が読経するのを聞いていて、僧がその内容を周囲の人たちに分かる形で説明し、仏教思想の現代における意味を訴えたら良いのに、と思い続けてきた。親しく口をきいた何人かの僧にはそういう思いを伝え、理解を示してくれる人もいた。僧たちばかりでなく、仏教が全体としてそういう方向への改革を図っていかなければ、神式やキリスト教式にこだわらない人たちのあいだでは、事実上無宗教の葬儀が多くなっていくのではなかろうか。

　一定年齢をすぎ、職場を離れた人たちのあいだでは、家族および近親者の範囲での小さな葬儀が多くなってきているといわれる。家族および近親者のなかに葬儀について自主的に考える人がいれば、そういう人あるいは人たちの音頭で、これからの葬儀の多くは死者を偲び、しかるべき作法で遺体を火葬し、遺骨を持ち帰るものとなっていくであろう。死者も周囲の人たちも、生前あるいは日頃から特定宗教に親しんでいるのでなければ、葬儀にさいして宗教を持ち出す意義はしだいに小さくなっていくであろう。

　そのうえで、遺骨については、現在でも圧倒的にお墓をもっていて、そこに埋葬することが多いであろう。私も、妻の両親が生前から墓地を用意していて、そこに墓を作り埋葬してほしいとの意向だったので、妻の父親が亡くなったあと、用意していた墓地に墓をつくり、彼自身とそれから程なくして亡くなった彼の妻、

つまり私の妻の母を葬った。ただそのさい、少しでも趣旨を生かそうと思い、墓石に「〇〇家の墓」とは刻まず、両親の人柄を思いながら二人の霊が天地を朗らかに漂うような文字を刻んだ。そして墓石の前に向かい合わせに石でベンチを作り、お参りに来て二人を偲びながら、妻や子どもたちやお参りに来てくれるかもしれない人びとと話ができるようにした。

墓石の下に遺体あるいは遺骨を埋め、時折やってきてお花や水をあげ、故人を偲ぶ風習は、これまでずっとやってきたことでもあるし、私も必ずしも悪いとは思わない。日本にかぎらず外国に行って墓地を訪れた場合にも、自分がこれまで慕ってきた作家、音楽家、画家、政治家など有名人の墓を訪れ、弔いながら思いをめぐらしたことも多い。

しかし一方では、社会学をつうじて人間のあり方、社会のあり方を考え続けているうちに、社会の自然破壊をできるだけ抑えねばならないという思いとともに、もともと自然からでた人間は、死んだら自然に帰すべきだという思いも強くなってきた。この点からすると、日本における一般のやり方のように、火葬したあとの遺骨を骨壺に入れ、墓石の下に置いておくのは、遺骨を自然に帰すことにならないので、望ましくないのではないか、という思いがしだいに強まってきた。日本でもしばらく前から、海に散骨するやり方や、樹木葬という形で自然な、あるいは人工的に植えた樹木の下に壺に入れずに埋葬するやり方も増えてきている。

その点では、私はしだいに散骨や樹木葬のほうに傾いてきているので、もう少し勉強しながら考えて、そういう方向で私の葬儀をおこなってほしいと、家族に伝えようと思っている。

墓石の下に壺に入れて遺骨を埋葬する方式については、日本社会全体からの考察も必要であろう。ずっと前に京都市長だった高山義三氏が、京都を空から見ると墓地がどんどん増えてきていて、そのうち人間の住む場所がなくなってしまうのではないか、という趣旨の発言をしていたのを覚えている。その頃はまだ人間と社会の自然破壊についての危惧が、今日ほどでなかったと思うが、21世紀に入って地球環境破壊が深刻に懸念されるようになり、地質学者のあいだから、人間が地球の表面についての責任を持たねばならないという意味で「人新世anthropocene」という年代規定が出てくるほどになった今は、私たちは全員で考えなければならないであろう。

8 「私論文」の意味

生と死の社会学を論じてきたが、死についての論究が深まるにつれ、本論文

が「私論文」的になってきていることを感じている。私自身が高齢になり、先輩ばかりでなく同輩や後輩についての死の報も多くなり、自分自身の死についても考えることが多くなっている以上、ある意味で当然のことであろう。そういえば、これまで、高齢に達した先輩から自他の死についての、および死一般についての論文がそれほど多くなかったように思うのは、私ばかりであろうか。そんななかで、戦後日本の社会学者吉田民人、大村英昭、および井上俊の、生と死についての論究を比較分析した奥村隆の論文は、秀逸である（庄司編著2020b）。

　私も自分自身の死、すなわち一人称の死を、恐れていないわけではない。しかし、コロナ危機が広がり、社会学としてそれを検討せざるをえないと思い、いろいろな作業をしているあいだに胃がんが新しく発見されて入院手術をするなど、いろいろな経験を重ねているあいだに、死についてもある程度の見通しができてきて、曖昧だった部分の多い考え方もある程度のまとまりは見せてきた。本論文はその成果の一部であるが、これは今回のコロナ危機の、私にとっての最大の貢献であるかもしれない。

【文献】

Camus, A., 1947, *La peste*, Gallimard.（宮崎嶺雄（訳），1952,『ペスト』新潮社.）

Durkheim, E., 1895, *Les régles de la méthode sociologique*, P.U.E., 1968.（宮島喬（訳），1978,『社会学的方法の基準』岩波文庫.）

Durkheim, E., 1912, *Les formes élementaires de la vie religieuse: Le systeme totémique en Australie*, 1912, P.U.F., 1960.（吉野清人（訳），1975,『宗教生活の原初形態』岩波文庫.）

伊藤茂樹，1988,『人は死ねばゴミになる：私のがんとの闘い』新潮社; 1998, 小学館文庫.

Jaspers, K., 1950, *Einführung in die Philosophie*.（草薙正夫（訳），1954,『哲学入門』新潮文庫.）

『コーラン』*Koran, Qur'an* 上中下, 井筒俊彦（訳），岩波文庫 1957-58.

Parsons, T., & Smelser, N. J., 1956, *Economy and Society: A study in the integration of economic and social theory*.（富永健一（訳），1958-59,『経済と社会』1・2, 岩波書店.）

庄司興吉（編著），2020a,『21世紀社会変動の社会学へ：主権者が社会をとらえるために』新曜社.

庄司興吉（編著），2020b,『主権者と歴史認識の社会学へ：21世紀社会学の視野を深める』新曜社.

『荘子』全4冊, 金谷治（訳注），岩波文庫, 1971-1983.

Wallerstein, I., 1974, *The Modern World System: Capitalist agriculture and the European world economy in the sixteenth century*, The Academic Press.（川北実（訳），1981,『近代世界システム：農業資本主義と「ヨーロッパ世界経済」の成立』岩波書店).）

Weber, M., 1904-05, *Die protestantische Ethik und der "Geist" des Kapitalismus*, GAzRS, Bd.I, 1920.（梶山力・大塚久雄（訳），1955-62,『プロテスタンティズムの倫理と資本主義の精神』岩波書店.）

地球環境と地球社会
—— ポストコロナの地球へ

庄司興吉

1　公害問題から地球環境問題へ

　新型コロナウイルス感染症COVID-19が、どこから、どのように出てきたのか、未だ明らかになっていないとされているが、それが、これまで続けられてきた人類規模の社会発展による地球環境破壊の結果であることは明らかである。その意味でそれ、およびそれと類似の感染症は、今回の危機が数年のうちになんらかの形で「収束」するとしても、今後もくり返し「再発」して人類を脅かすであろう。

　これまでも言われてきたように、環境破壊は人類の文明形成とともに始まったといえるが、それがとくに大規模となり、たえまなく拡大し続けるようになったのは、18世紀半ばにイギリスで始まって世界に広がってきた産業革命以後である。化石燃料をエネルギー源として、鉄を始めとする鉱物資源を大量に用いて工業生産をおこなうようになったことが、発端であったことは間違いない。

　工業の発展とともに、化石燃料以前の主要燃料であった木材伐採のため山が丸裸にされはじめたとか、代わりの燃料として石炭が見いだされると世界中で採掘がおこなわれるようになって、地表や地下が黒ぐろとした肌をさらすようになったとか、19世紀後半に重油が発掘されると、中東を始めとして世界中の油田が採掘されてどす黒い粘体が海洋を汚し始めたとか、際限もない化石燃料増産の動きの物語を、われわれは聞かされてきた。それでも、化石燃料やその他資源の開発が戦争を誘発し、戦争がしだいに大規模化して世界戦争化するまでは、第二次世界大戦における原子爆弾の使用が想像を絶する被害をもたらしたのを頂点として、戦争による人間破壊の方が環境破壊による被害をまだ上回っていた。

　環境破壊が「公害」として注目されるようになったのは、第二次世界大戦でほぼ全土を焦土化された日本が、復興し、1950年代の半ばに経済成長を始めて10年ほど経った60年代半ばからである。日本の「高度成長」による公害は、当初、水俣、富山、新潟などに廃棄物の海洋投棄や鉱山からの流出物による人体被害と

13

して現れたが、四日市などコンビナートや工業集中地の大気汚染が、自動車の普及とともに東京などの大都市および全国の都市を中心に都市公害として広がるに及んで、全社会規模のものとなった（飯島編著 1977; 飯島 2000）。

「公害大国」日本の出現は全世界の注目の的となったが、戦後の経済復興、経済成長による産業公害、都市公害の広がりは、もちろん日本だけに見られたものではない。日本、アメリカ、および西ヨーロッパ諸国は、それぞれ自国内の公害を緩和するため、廃棄物の公海投棄や途上国への公然・非公然の「輸出」を進めたため、1960年代から70年代にかけて、公害は全世界の海洋、大気、および都市農村地域に広がっていった。そしてそれとともに、公害 public nuisance に代わって環境破壊 environmental disruption の語が広く使われるようになっていった（Shoji 1976）。

1972年6月スウェーデンのストックホルムで国連人間環境会議が開かれたのは、このような背景のもとにおいてである。「かけがえのない地球 Only One Earth」を標語に、71年に国連加盟した中国も参加して開かれたこの会議では、7つの宣言と26の原則からなる「人間環境宣言 Declaration of the United Nations Conference on the Human Environment」が採択され、その後の環境問題をめぐる議論の軌道が敷かれた（https://ja.wikisource.org/ wiki/ 人間環境宣言 2021.9.8 参照）。

この前後に、ローマ・クラブの支援を受けたメドウズらの「成長の限界」という問題提起が出され、それをめぐって国際的な論争が展開されている（Meadows, et al. 1972=1972）。人口、工業生産、食料生産、資源、汚染を変数として世界システムの行動分析をおこなったメドウズらの問題提起にたいして、第三世界の指導者や研究者などから、国民国家や南北格差の存在を無視しているという批判がなされ、メサロヴィッチとペステルらから、世界を地域区分して現実味を出そうとした代案が出されたり、ヤン・ティンベルヘンらからは、もっと記述的な手法で世界の現実を反映しながら「国際秩序の再形成」を図る議論が出されたりした（Mesarovic & Pestel 1973=1975, Tinbergen, J., coordinator, 1976=1977）。アメリカ政府がこれらをふまえて「紀元2000年の地球」を出し、地球生態系の危機を主張したのは1980年のことである（庄司 1999, 56-58）。

しかしこの間に、1975年にはアメリカがヴェトナム戦争に敗北して撤退し、19世紀に中南米から始まって、20世紀にかけてアジア、中東、アフリカに広がった全世界的な植民地解放闘争が、ほぼ全面的に勝利を収めた。1949年の解放後30年近くも大激動を続けた中国は、1978年に「改革開放」の方針を決定し、89年にはこの気運に乗って民主化を図ろうとした動きを天安門事件で抑えたものの、

急速な経済成長の軌道に乗り始めた。89年にはソ連のゴルバチョフの主導で冷戦の終結がおこなわれ、この余波のなかでソ連とその国際体制そのものが崩壊する。こうした動きのなかで、植民地解放後の独裁に悩まされていたアジアの諸国も、次つぎに経済成長路線をとるようになり、1990年代初頭にはついにインドでも事実上の「改革開放」がおこなわれた。

　1992年にリオデジャネイロで、環境と開発にかんする国際連合会議すなわち地球サミットがおこなわれたのは、こうした背景のもとにおいてである。このサミットには172カ国、ほぼすべての国連加盟国が参加し、「環境と開発にかんするリオ宣言」、アジェンダ21、森林原則声明が出されたほか、気候変動枠組条約および生物多様性条約が提起された。リオ宣言では、「持続可能な開発」を謳った第1原則を始めとして合計27の原則が押し出され、その後の議論の軌道が敷かれている（http://www.env.go.jp/council/21kankyo-k/y210-02/ref_05_1.pdf, 2021.9.8 参照）。それをふまえて気候変動枠組条約 the United Nations Framework Convention on Climate Change, UNFCCC は94年3月から発効し、いわゆる温室効果ガスの削減を主要ターゲットとして、締約国会議 Conference of the Parties（COP）を毎年開く形でスタートした。

　1997年の第3回締約国会議COP3では、温室効果ガスを1990年基準で少なくとも5%削減するよう要求する京都プロトコルが出され、各国の目標設定が先進国を中心におこなわれ始めたが、アメリカが2000年の大統領選挙で共和党が勝利したあと熱心でなくなり、停滞が続く。1993-2000年のクリントン政権で副大統領を務め、2000年の選挙で惜敗したアル・ゴアは、『不都合な真実』を中心とする活動で2007年にノーベル平和賞を授けられたが（Gore 2006=2017）、内部の保守層の反対でアメリカの積極的参加はならず、その間に先進国のみならず中国を初めとする新興国の経済成長はすさまじく、地球温暖化 Global Warming に集約されるようになった環境破壊はいよいよ深刻化し続けた。

　その間に中国を初めとする新興国も事態の深刻さを認めるようになり、2015年にようやく、気候変動枠組条約に加盟する全196カ国の参加で第21回締約国会議COP21がパリで開かれ、気温上昇を産業革命以前の2度未満、できれば1.5度未満に抑えるとする目標で合意が得られる。しかし、この翌年2016年の大統領選挙でドナルド・トランプが当選したアメリカは、ふたたびこの種の活動に熱心でなくなり、ようやく20年の大統領選挙で当選したジョー・バイデンがパリ協定に復帰して、今後の各国の温暖化防止への取り組みが注目されるようになったばかりである。

　地球環境破壊の深刻さは、ヒマラヤでの雪渓崩壊、南極での氷山崩壊、北極で

の巨大陥没の相次ぐ発見などばかりでなく、太平洋の台風（タイフーン）、インド洋のサイクロン、大西洋のハリケーンの凶暴化を始めとして、私たちの日常生活に年々深刻な影響を及ぼしつつある。

2　総体社会把握 —— 体制・システム・構造と主体

こうした地球的規模の環境破壊を、ポストコロナ期の社会学はどうとらえるべきなのか。

前論文で、私は、新型コロナウイルス感染症COVID-19のために、私たちの身体、すなわち生そのものが危機にさらされており、生涯にわたる保健と医療を見直すばかりでなく、われわれの生自体が死を前提にして成り立っている以上、その事実から目を背けるのではなく、それに向けて生を有意義に組み立てていくよう、社会を変えていかなければならないことを主張した。厭死没生の社会学ではなく、向死延生の社会学が必要である、という主張である。

その生としての、あるいはその生の具体化としての、私たちの身体が、地球環境のなかにあって、その崩壊がさまざまな形で自らに及んできていることを、それこそ体感し、恐れおののいている。社会とはそもそも何であったか。それは、こうした環境の破壊から、私たちの生あるいは身体を守ってくれるはずのものではなかったのか。

そう思いながら、私は私の社会学の原点を、あるいは初心を、思い起こす。

日本の社会の敗戦後の貧困のなかで育ち、軌道に乗り始めた経済成長のおかげで、かろうじて大学にまで進学できた私にとって、社会とは、自分がそのなかにいて、その全体をとらえながらそれをつうじて自分なりの生き方を見いだしていく、対象かつ働きかけ、あるいは客体かつ主体であった（庄司 2020）。全体とは、私がそのなかにある世界の、もちろん何もかもではない。何もかもをとらえることなど、そもそも可能でもないし、必要でもない。

ただ、その一部、断片、一面などを見ていただけでは、私たちは自分たちがどのような社会で生きているのか、したがって自分が何であり、何をするべきなのか、分からない。だから、最小限でも、私たちの社会はこうなっている、こういう社会だ、というだけの、必要にして十分な把握が求められる。そういう社会のとらえ方を私は全体把握と言い、のちには、全体という言葉が全体主義を連想させるので、総体把握と言い換えたつもりだった。

総体把握は最初、マルクス主義の体制把握として与えられた。日本マルクス主義の戦前からの論争で、労農派が農村への市場経済の浸透を強調したのにたいし

て、講座派が天皇制を頂点とする全機構的把握を主張したのを見て、私は講座派に好意を持った（庄司 1975）。しかし、それにたいして戦後、主体性論争がおこなわれ、体制変革にかかわる人間の能動性が主張されたのを見て、私は体制と主体性とを媒介しなければならないと考えた。この文脈で、私はヨーロッパの実存主義にも興味を持ち、ジャン-ポール・サルトルが、「実存主義はヒューマニズムである」という主張を前提に、弁証法的理性の批判をおこなうのを見て、共感を持った（Sartre 1946=1996, Sartre 1960=1962-65）。

　社会学の分野では、戦後導入されたタルコット・パーソンズの理論が議論の的となった。行為の準拠枠から出発して社会システムの形成と変動を論じた彼の理論は、マルクス主義や実存主義とは異なる文脈から社会の総体把握を試みたものとして、無視できないものであった。私は、社会システム論を参考にしながらマルクス主義の社会体制論を自分なりに再構成し、日本資本主義の高度成長の分析を試みた（庄司 1977）。この試みは、マルクス主義の側からも社会システム論の側からも、さまざまな評価や批判を受けた。

　しかし、私が、両側からの評価や批判よりもさらに気になったのは、日本社会の体制把握を試みてみて、社会の総体把握がもはや日本社会の総体把握だけでは収まりそうもなくなっている、ということであった。1970年代、ソ連が、アメリカを中心とする資本主義体制にたいして、ソ連を中心とする社会主義体制が広がりつつあるという、社会主義的世界認識を展開していたのにたいして、アメリカからは産業主義の普遍化によって世界全体の産業化が進みつつあるという、産業主義的世界認識が展開されていた。これらにたいして、革命後の混乱を収束しつつあった中国からは、世界は今や社会主義でも産業主義でもなく、中国を初めとする第三世界の台頭によって根底から変えられつつある、という見方が出されていた（庄司 1980）。

　これらを見て私は、今や世界社会の総体把握をおこなわなければならず、日本社会の総体把握もそのなかに組み込んでのみ意味を持つ、と考えるようになった。すでに見たように、日本の公害問題が世界的な問題となり、1972年のストックホルム会議から92年の地球サミットにかけて、地球的規模の環境破壊が問題とされるようになっていったのは、この間のことである。中国の改革開放が始まり、冷戦の終結とソ連東欧の崩壊が進んで、資本主義か社会主義かの体制問題よりも地球環境そのものが問題になる、というふうに世界情勢そのものも展開した。

　そのなかで私はまず、「世界社会と地球環境」という問題設定を考えた（庄司 1989）。人間社会が今や世界社会というとらえ方、すなわち人間全体が世界社会という1つの社会をなしている、とみるとらえ方をしなければならないのであれ

ば、その環境としては地球環境以外ありえないはずである。社会にたいして環境はその外部であると考えれば、私たちは、世界社会の外延と内包をどう考えるかに応じて、そのいずれにも包摂されない地球の部分を地球環境と呼ぶことになる。境界は考え方によって伸縮するが、いずれにしても世界社会が地球環境を丸ごと内部化することはないのではないか。

　そう考え続けていて、私はあるときはっと気づいた。そういえばすでに1960年代から、公害を「外部不経済」とみる見方があった。「外部不経済 external diseconomies」の語はもともとアルフレッド・マーシャルのもので、経済学の立場から公害問題をとらえようとする学者たちがそれを適用していたのである（Marshall 1890=1985）。社会は環境を「外部」とみなすから、そこにゴミなど社会内で不要となったものを投棄し、結果としてそれが社会に跳ね返ってきて、深刻な問題となる。世界社会が、多かれ少なかれ地球のある部分を「外部」とみなすこと、すなわち地球環境とみなすことは、けっきょく大規模な外部不経済を生み、地球環境問題を引き起こしてしまうのではないか。地球サミット以降、南極や北極やヒマラヤなど高地の自然の変化も注目され始めていた。

　世界社会は地球環境を「内化」せざるをえなくなる。日本にいて、河川や海洋や山岳や山林にゴミを投棄したことがどういう結果を生んだか、を思い起こすまでもなく、地球の極地や海洋や河川や山岳も、そういう意味ではすべて人間社会の内部なのである。「世界社会と地球環境」という問題設定は捨て、地球社会そのものを私たちは問題にしなくてはならない。私たち地球に住むすべての人間はその意味で地球市民なのであり、地球環境ばかりでなく地球社会そのもののために連携するべきなのである。私が「地球社会と市民連携」という問題設定をおこなったのは、そのためであった（庄司 1999）。

　体制およびシステムの問題に戻れば、この間に、サルトルの実存主義と弁証法的理性批判にたいしてクロード・レヴィ‐ストロースの構造主義が現れ、パーソンズの社会システム論の構造機能主義にニクラス・ルーマンの機能主義一元論が現れている。レヴィ‐ストロースは、マルクス主義の体制把握に実存を組み込もうとしたサルトルにたいして、人類はすでに無文字社会の段階から記号的な構造形成をおこなっていて、高度文明社会はこれに格別優越するわけではないという（Lévi-Strauss 1947=1967）。またルーマンは、社会形成の基礎は行為ではなくコミュニケーションであり、コミュニケーションのコミュニケーションが分化をくり返しつつ複雑性を縮減していくことによって、社会は高度にシステム化され続けてきているのだという（Luhmann 1984=1993-95）。

　レヴィ‐ストロースの構造主義を近代以降の社会に適用すべく、性行動を基礎

にした言説の応酬による誘導的権力の行使と、それによる抑圧的社会の形成を暴き続けたミシェル・フーコーは、未完となった「自己への配慮」論で新たな解放社会を描こうとしたが、それがどこにどのように現れるのか示しえなかった（Foucault 1976-1986=1986-1987）。かろうじて私たちは、彼の影響を受けたジル・ドゥルーズとフェリックス・ガタリが、『アンチ・オイディプス』で資本主義へのたえざる抵抗を描き、『千のプラトー』でこれまでの人びとが自らを解放したいくつもの例を示しているのを見ることができる（Deleuze & Guttari 1972=1986, Deleuze & Guattari 1980=1994）。

　これらを前提にして考えると、地球社会はそれ自体、コミュニケーションにたいするコミュニケーションのくり返しであり、それらをつうじて複雑性を縮減し分化していくシステムである。あるいは、言説にたいする言説の応答がくり返され、それらをつうじて作用する誘導的権力をつうじて、言説する自己に配慮したり、しなかったりする構造が形成されていく、その構造自体である。私たちが自己に配慮しようとするのであれば、地球社会に配慮しなければならず、地球社会に配慮しようとするのであれば、自己に配慮しなければならない。地球社会と自己とはすでに一体なのであり、私たちが生き延びようとするのであれば、地球社会を生き延びさせなければならないのである。

3　人新世期の地球社会と自己

　レヴィ–ストロースが明らかにした無文字社会の構造には、自己などなかった。その構造は高度に自足していて、良いも悪いもなかったからである。私たちの考える文明とは、じつはそうした高度な文明の頽落であったのだ。アダムとイヴの神話は、その意味で象徴的であったのであろう。フーコーの取り上げる言説が、ほぼことごとくセクシュアリティに関連していることも、理解できる。

　地球社会の構造と自己がこのようにきわどい局面に入り始めた時期に、人類はもう一つ、ある意味ではさらにきわどい言説を始めた。地質学の国際年代層序委員会によると、地層は、先カンブリア時代に次ぐ顕生代のうち、古生代、中生代、ときて新生代の、古第三紀、新第三紀、第四紀のうちの、更新世に次ぐ完新世にある（https://stratigraphy.org/chart, 2021.9.8 参照）。そのうえで、地質学者たちは、今やその完新世が終わり、人新世に入ったのではないか、と議論し始めたというのである。人新世 Anthropocene は、ギリシャ語の人類 anthropos と最新 cene とを組み合わせた語で、人類的新時代を意味するという（立川 2019）。それがどこから始まったとみるか、どういう性質の時代か、などをめぐって論争が

展開されており、今後ともいろいろな説が出てくるであろう。

　しかし、要するにもっとも重要なことは、地球という自然が人類の社会にとって、際限もなくいろいろなことを許容してくれる時期は終わった、ということである。地球は、宇宙のなかでは太陽系の小さな惑星にすぎないが、人間のちっぽけな社会にとっては、ほとんど無尽蔵の資源とほとんど無限界の包容力を持つ自然であった。だから人類社会は、そこから際限もなく欲しいものをとってきて、要らなくなったあらゆるものをそこへ無造作に捨ててきたのである。それがさすがに、1945年の最初の核実験、いわゆるトリニティ実験を境として、包容力の限界を示すようになり、1950-60年代の先進国の経済成長と公害問題を契機として、資源の限界ばかりでなく、地表の陸海分岐と気象条件を維持している大気の温度の維持にまで、限界を示すようになってきたという。1992年の地球サミット以降、全世界が関心を持たざるをえなくなった地球温暖化 Global Warming 問題の登場である。

　すでに見たように、戦後先進資本主義の経済成長を追撃した植民地諸国の総独立、中国の改革開放に次ぐ民主化抑圧とインドその他途上国の経済成長開始の直後であるから、地球温暖化問題の画期性には格別の説得力がある。人類の歴史が、欧米日の、その他世界を植民地従属国にした世界的市民社会の形成が破綻し、従属国植民地の新興国化と経済成長が始まって、全人類対等化を見込む発展の入り口に立ったばかりの時期に、地球環境がすでに限界に到達したことを、人類は「言説」し始めたのである。

　上に見たように、コミュニケーションにたいしてコミュニケーションが応答をくり返し、複雑性を縮減しながら分化をくり返していくことによって、社会システムが展開していくというならそれでも良い。このようなシステムは、ルーマンも認めていたように不可避的に世界システムたらざるをえないが、そのシステムが地球を丸ごと巻き込み、地球社会システムとしてさらに展開し始めたのである。ルーマンのいうコミュニケーションを、人間と人間との、言語を中心とするメディアを介したものだけに限定する理由はもともとなかった。人間身体はもともと自然の一部なのだから、ハバマスがしたように、人がモノを対象とする行為を道具的として、人と人とのメディアを介する相互行為すなわちコミュニケーションと区別する、決定的理由などもともとなかったのだ（Habermas 1981=1985）。

　要するに、人間が地球の一部としてコミュニケーションをくり返し、複雑性を縮減して分化しつつ、（人間から見ると巨大な）社会システムをつくってきた。このシステムに構造をもたらしてきたのは、道具であれ言語であれ、その他あらゆるメディアであれ、それらを人間社会が用いておこなう自己組織である。その意

味でのオートポイエーシスは、地球とそのうえに発生した生物にもともと備わっていて、46億年にも及ぶ地球の歴史をつうじてついに人新世のレベルに達したのである。この到達を導いた誘導権力の作動はいかなるものであったのか、今後あらゆる角度からの研究あるいは言説がおこなわれていくであろう。

　しかし、今の段階ですでにはっきりしているのは、この構造における「自己」すなわち私たちが「配慮」して早急に手を打たなければ、大気の気温がパリ協定で想定された1.5度どころか2度さえも超えて上昇し、この地表すなわち地球社会が大多数の人の住めるところではなくなるであろう、ということである。多少の人が死んでも地球社会は平気かもしれない。大気温が現在より2度を超えて上がって、南極の氷山が溶け出し、北極が他の海と同じように航行できるようになり、ヒマラヤやアルプスや日本アルプスの氷河や雪渓が溶け出して、海面が上昇して多くの島が水没するばかりでなく、大陸や島が縮小して人の住める地表が少なくなっても、生き残る人間はいるかもしれず、他の動植物でも生き残るものは生き残るかもしれない。地表は、人新世とされながら大多数の人間の消え失せたなかで、新たな時代をつくり始めるかもしれない。

　人新世の地球社会のなかで大多数を占める私たちの自己が、それで良いのかどうかである。良いも悪いもない。社会システムとはそういうものなのだから、社会システムが消え去るまで「観察」し続ければ良いのかもしれない。また、構造にはもともと自己などなかったのであるから、誘導的権力の作動するなかで、フーコーのように「自己への配慮」など決定的なものは見いだすことができず、自己たちの大多数が台風やサイクロンやハリケーンで痛めつけられたり、砂漠のような暑さのなかで水を求めながら息絶えたり、耐えられなくなって海や湖や川などに「入水自殺」してもしようがないのかもしれない。すべては自己たち自身が決めることである。

　ただ事態はますます多くの人間に、「自己への配慮」を求める方向に動かざるをえないであろう。そして自己たちは、自分たちがますます地球の一部となりつつあることを意識せざるをえなくなり、そのように言説しあい、コミュニケートしあわざるをえなくなっていくであろう。パリ協定のあと、それを無視する言説で2016年に当選したアメリカの大統領は、幸いにして2020年には再選されなかったが、背景となっていたのは、従属国植民地の総解放で自分たちの築き上げてきた市民社会が崩壊し、自分たちの生活地盤がずるずると低下しつつあることを身体的に感得せざるをえなかった、白人を中心とする既得権者たちや、そのことを理解できないまま巻き込まれている低所得の人びとなどであったから、次の選挙でまた、気候変動 Climate Change —— というか今では気候危機 Climate

Crisis というべき —— などをあえて無視し、「自国第一」などを訴える候補者が当選しないともかぎらない。

　新型コロナウイルス感染症 COVID-19 に戻れば、アメリカの新大統領は、これに思い切った処置を施し、自国の事態を改善しつつあるものの、アメリカの前大統領に劣らず無知な無視政策 Ignorant and Neglect Policy をとってきたブラジルの大統領はなお権力の座にあり、事態を悪化させ続けている。この小論を、コロナ感染症が人間社会による地球環境破壊の結果であるという言説で始めたが、今や私たちは、これまでの言説をつうじて、地球社会が地球環境をほとんどくまなく内化している現実を見てきた。地球社会の構造のなかでその一部である自己たちは「自己への配慮」をなしうるのかどうか。自己たちの言説を活発化し、コミュニケーションを活発化するために、私たちはなお、コロナ危機後の社会学の展開を続けなければならない。

4　自己 ── 市民から新主権者へ

　最後にもう一つの問題がある。地球社会における自己すなわち私たちは、市民で良いのだろうか。

　「地球社会と市民連携」という問題設定をしたとき、私は、地球社会が市民社会化してきたのだから、その主権者は当然地球市民だと考えていた。

　しかしその後の言説の応酬あるいはコミュニケーションをつうじて、市民という言葉が未だに、その他世界を植民地従属国にして世界を市民社会化した欧米日の市民の意味を引きずっていることに、気づかされた。欧米日市民が善意である場合でも、彼らの意図は、旧植民地従属諸国の人びとから権力行使とみられる場合がある。それでなくとも、欧米日市民のなかには、その他世界を「文明化」したのは自分たちだと、意識的ではなくとも思っていたり、少なくともその他世界の人びとに自分は迷惑等かけていないと思っている場合が少なくない。まして、従属国植民地の総解放がなり、新興諸国が急成長を続けている結果、自分たちの経済的基盤あるいは生活基盤が相対的に低下し続けており、自分もその被害を受け続けていると感じている欧米日市民は少なくない。そういう人びとが白人中心主義や自国中心主義に意識的にか無意識的に巻き込まれ、そういう主義に傾斜した政権を支持することは少なくないであろう。地球社会の自己である私たちは、そういう可能性につねに敏感でなければならない。

　他方、新興国となった旧従属国植民地のなかでも、インドのように選挙制を前提にして議会制をとっている場合には分かりやすいが、中国のように共産党一党

支配の人民民主主義体制をとっている場合には、人びとの意見を聞く民主と、集約した意志を党支配で貫徹する集中の過程が、どの程度実質的にそうなのであるか、外部からでは見えにくい。党大会や全国人民代表大会が公開されても、民主集中の過程がじっさいにどうおこなわれているのかは分からない、というのが実態であろう[1]。地球社会の自己である私たちが、同じく地球社会の自己である中国の人びととコミュニケートしたり、言説しあったりするにはどうしたら良いのであろうか。

　そうした言説の応酬やコミュニケーションのコミュニケーションの実態や方法については、これから大いに研究されていかなければならないし、いくであろう。そのうえで私たち地球社会の自己は、市民では不十分であるとすれば、なんと規定されれば良いのか。中国の実態に即して考えれば人民という言い方が可能であり、中国だけにかぎらず広く地球社会全般を念頭におけば民衆というのが良いかもしれない。英語ではいずれも people である。しかしそれではあまりに茫洋としすぎると考えて、私はここ数年のあいだ、主権者という言い方をしてきた。英語であえて言えば sovereign people であり、王や独裁者などから主権 Sovereignty を奪った人びとという意味ではまさにその通りなのであるが、日常用語としては重すぎて使いにくいであろう。そういう意味で、地球社会の自己である私たちの呼称についても、私たちは考えていかなければならないと思う。

【注】

[1]　2021年に NHK は、中国共産党100年にあたり、毛沢東の出身地湖南省韶山市他の党指導者が、町づくりをめぐり党中央指導部の働きかけにたいしてどう対応しているか、にかんするドキュメンタリーを放映した。こうした作品には、中国における集中と民主がどのように相互作用しているかの一例が見られる。「中国共産党100年"紅い遺伝子"の継承」8月23日、9月29日放映。

【文献】

Deleuze, G. & Felix Guattari, 1972, *L'anti-OEdipe*, Paris : Editions de minuit.（市倉宏祐（訳）、1986、『アンチ・オイディプス：資本主義と分裂症（1）』河出書房新社.）

──────, 1980, *Mille plateaux*, Paris: Editions de Minuit.（宇野邦一他（訳）、1994、『千のプラトー：資本主義と分裂症（2）』河出書房新社.）

Foucault, M., 1976, *Histoire de la sexualité: 1 Le volonté de savoir, 2 L'usage des plaisirs*, 1984, *3 Le souci de soi*, 1986, Gallimard（渡辺守章（訳）、1986、『性の歴史Ⅰ：知への意志』、田村俶（訳）、1986、『性の歴史Ⅱ 快楽の活用』、田村俶（訳）、1987、『性の歴史Ⅲ：自己への配慮』新潮社.）

Gore, Al, 2006, *An Inconvenient Truth*, Wiley.（枝廣淳子（訳）、2017、『不都合な真実：切迫する地球温暖化、そして私たちにできること』実業之日本社.）

Habermas, J., 1981, *Theorie des kommunikativen Handelns*, 2Bde., Suhrkamp.（河上倫逸他

（訳），1985,『コミュニケーション的行為の理論』上中下, 未来社.）

飯島伸子（編著），1977,『公害・労災・職業病年表』公害対策技術同友会.

飯島伸子, 2000,『環境問題の社会史』有斐閣.

Lévi-Strauss, C., 1947, *Les structures élémentaires de la parenté*, Mouton, 2. éd. 1967（馬渕東一・田島節夫（監訳），1978,『親族の基本構造』番町書房.）

Luhmann, N., 1984, *Soziale Systeme: Grundriß einer allgemainen Theorie*, Suhrkamp.（佐藤勉（監訳），1993-95,『社会システム理論』恒星社厚生閣.）

Marshall, A., 1890, *Principles of Economics*, 9. ed. with annotations by C. W. guillebaud, 2 vols.（永澤逸郎（訳），1985,『経済学原理』全 4 冊, 岩波文庫.）

Meadows, D. H. et al., 1972, *The Limits to Growth: A report for the Club of Rome's project on the predicament of mankind*, Newgate Press.（大来佐武郎（監訳），1972,『成長の限界：ローマ・クラブ「人類の危機」レポート』ダイヤモンド社.）

Mesarovic, M. & Pestel, E., 1973, *Mankind at the Turning Point*, E. P. Dutton.（大来佐武郎・芽陽一（監訳），1975,『転機に立つ人間社会：ローマ・クラブ第 2 レポート』ダイヤモンド社.）

Sartre, J. P., 1946, *L'Existentialisme est une humanisme*, Editions Nagel.（伊吹武彦他（訳），1955, 増補新装版 1996,『実存主義とは何か』人文書院.）

―――, 1960, *Crtique de la raison dialectique, tome 1: théorie des ensembles pratiques*, Gallimard,（平井啓之（訳），1962-65,『弁証法的理性批判, 第 1 巻 実践的総体の理論』人文書院.）

Shoji, K., 1976, "Studies on Social Consciousness in Modern Japan," *Social Praxis, 2*（3-4）, pp.205-241.

庄司興吉, 1975,『現代日本社会科学史序説：マルクス主義と近代主義』法政大学出版局.

―――, 1977,『現代化と現代社会の理論』東京大学出版会.

―――, 1980,『社会変動と変革主体』東京大学出版会.

―――, 1989,『管理社会と世界社会』東京大学出版会.

―――, 1999,『地球社会と市民連携：激性期の国際社会学へ』有斐閣.

―――, 2016,『主権者の社会認識：自分自身と向き合う』東信堂.

―――, 2020,「戦後史認識から主権者のための社会学へ：自分史から地球社会論への展開」庄司興吉（編著），2020,『主権者と歴史認識の社会学へ：21 世紀社会学の視野を深める』新曜社.

立川雅司, 2019,「分野別研究動向（人新世）：人新世概念が社会学にもたらすもの」『社会学評論』70-2.

Tinbergen, J., coordinator, Dolman, A. J. ed., 1976, *Reshaping the International Order: A report to the Club of Rome*, E. P. Dutton.（茅陽一・大西昭（監訳），1977,『国際秩序の再編成：ローマ・クラブ第 3 レポート』ダイヤモンド社.）

グローバル化を見直す
── ポストコロナの歴史へ

庄司興吉

1　グローバル化はどこから始まったか？

　地球上に住むすべての人びとが一つの社会をなしていると考えて、それを世界社会と呼べば、その環境は地球環境であった。しかし、世界社会はこの環境をほぼくまなく浸食して、内化してしまった。世界社会はいわば地球社会そのものになった。

　私たちがこんなふうに考えてきたのに並行して、地質学は、国際年代層序表をもとに、先カンブリア界に次ぐ顕生界の、古生代、中生代に次ぐ新生代の、古第三紀、新第三紀に次ぐ第四紀の、更新世に次ぐ完新世が終わり、人新世が始まったのではないか、と言いだした。私たちは人新世の地球社会に生きていることになる。

　グローバル化すなわち地球〔社会〕化とは、ここにいたる過程のことであったことになる。

　それがいつから始まったのか。ヒトの祖先が、いや少なくともホモ・サピエンスが、アフリカを出て地球上に散らばり始めていらいのことだ、などという議論はやめよう。問題はもっとぐっと近く、私たちの祖先が大航海などというものを始めていらいのことである。

　イスラームが中東を中心にアジアに抜ける通路をふさいでいたので、ポルトガルがアフリカ西岸を南下したうえで東岸を北上し、またスペインが、地球は丸いと信じて、思い切って大西洋に乗り出し、「インド」に象徴されていたアジアへの通路を拓いたのは、周知のように15世紀から16世紀にかけてのことである。ポルトガルはほぼ思い通りのルートでインドに到達したが、スペインが「インド」だと思ったのが西インド諸島であった。

　そこから中南米に広がっていったスペインの征服が先住民の人たちにとっていかに凄まじいものであったか、無数の文献が私たちに語り続けてきた。しかもス

ペインのなかには、当時のヨーロッパにとって知のモデルであったアリストテレスが、先天的奴隷servi a naturaが存在すると言っていたのを応用して、アメリカの先住民をそれに当てはめ、自分たちの行為を合理化しようとする風潮が広まっていた。

　これに反対して、アメリカ先住民もまた人間であると主張し、キリスト教を普及するにしても正当な手続きを踏むべきだと力説したバルトロメ・デ・ラス・カサスと、彼の論敵フワン・ヒネス・デ・セプルペダのバリャドリでの論戦は有名である（Hanke 1949=1979; 1959=1974, Las Casas 1552=1976）。ルイス・ハンケの研究などによって、ラス・カサスはヨーロッパ近代の普遍主義的ヒューマニズムの旗手のように祭り上げられてきたが，実際は、ラス・カサスのような人物を表に立てておいて、セプルペダが言ったようなことを、スペインばかりでなく、より慎重そうに見えたポルトガルも、その後に続いたオランダ、フランス、イギリスなども、やってきたのではなかったか。

2　世界システムの4段階

　アフリカの西海岸に次いで東海岸に、そしてインドに拠点をつくりつつマラッカ海峡を通って日本までやってきたポルトガルと、西インド諸島から中南米に植民地を広げ、フィリピンまでを植民地にしたスペインとが覇権を争った16世紀が、近代世界システムの第1期である（Wallerstein 1974=1981）。彼らの目的は胡椒や銀にあったかもしれないが、大義名分は、宗教改革に押されていたカトリックの布教であった。

　17世紀にジャワ島に東インド会社をつくり、その後スペインから独立して、東南アジアを中心に覇権を握ったオランダは、近代世界システムの第2期をリードする（Wallerstein 1980=1993）。オランダではプロテスタンティズムの影響が強く、市民的色彩を強めてイギリスの市民革命を援助する形になり、王政と妥協したとはいえ市民革命をほぼ完遂したイギリスは、資本主義の興隆と産業革命の開始で、19世紀の前半までに本物の世界システムを形成した。近代世界システムの第3期である（Wallerstein 1989=1997; 2011=2013）。

　日本では、16世紀以降のイギリスで、プロテスタンティズムが「資本主義のエートス」を生み出した、というマックス・ウェーバーの説の影響が強く働きすぎ、腐敗したカトリック教会から取り戻された宗教心が、採算を度外視した経営で逆説的に資本主義を生み出したという解釈が、戦後有力でありすぎた（大塚 1944=1969）。が、歴史的に見たばあいの資本主義世界経済はそんな「倫理的」な

ものではなく、アメリカ大陸、アフリカ大陸、アジア大陸を征服しながら略奪し
つつ、強引に市場化していったのである。

　フランスが17世紀に絶対王政の力に依存して勢力範囲を広げようとしたのに
たいして、その間に市民革命を成し遂げたイギリスが18世紀後半までに覇権を
握ったのは間違いないが、それだけイギリス資本主義が「清教徒的」あるいは
「ピューリタン」であったわけではない。ただ、このイギリスから迫害を逃れて
アメリカに渡ったピューリタンたちが、ニューイングランドに拠点を築き、植民
地を広げてイギリスからの独立の基盤をつくっていったことは明らかで、このア
メリカ合州国 United States of America が、19世紀をつうじて先住民を押さえ込
みつつ、黒人奴隷を利用したあと、表向きは解放しつつ、実質的にはヨーロッパ
やアジアからの移民たちを下に敷いて、20世紀世界システムの覇権を握るまで
に成長していく（Wallerstein 2011=2013）。

3　世界システムの現段階と宗教の問題

　20世紀に入って、1910年代におこなわれた第一次世界大戦後、アメリカが覇
権を握って世界システムの第4期が始まるまでに、グローバル化の内容にかかわ
るいくつかの重要な変化が起こった。その第一は、ポルトガルやスペインにとっ
て征服の大義名分がカトリックの布教であったのにたいして、オランダが覇権を
握った第2期あたりから、宗教改革が背景にあったこともあり、市民革命で信教
の自由が主張されたこともあって、特定宗教の布教が大義名分とされることは少
なくなったことである。

　むしろ、第3期の覇権を握ったイギリスからは、市場をつうじた自由なやりと
りでもっとも利益を上げることを見出したこともあって、近代物質文明のやりと
りそのものを大義名分とすることが普通になった。あえて言えば、アダム・ス
ミスの『道徳感情論』と『諸国民の富』の大義名分化である（Smith 1759=1973;
1776=1959-66）。すなわち、強者の立場から「共感」を主張し、やりとりをつう
じた互いの「富」の増殖を提案すれば、たいていの人びとは同調せざるをえない、
というわけだ。

　20世紀のアメリカともなると、このような人間主義的普遍主義の「布教」、と
いうか強要は、もっと普通になる。そのために、表面上の包容力の背後で、異質
の宗教や文化が本当に許容されているのかどうか、という問題が生ずる。これは
もともと、なかなかにむずかしい問題であるはずだ。なぜなら、信教の自由とい
う問題は、カトリックとプロテスタントのような同根の分岐体のあいだの問題だ

けとはかぎらず、いやむしろ、キリスト教と仏教や儒教道教などのような、まったく別根の信教かんの問題であるはずだからである。

　仏教や儒教道教が他宗教にたいして寛大であるため、今のところむしろ、問題がキリスト教と、大きな目で見れば同根のイスラームとのあいだで、起こっているように見える。たしかに、イスラームには、ユダヤ教にたいするキリスト教のような「人間主義的媒介」──すなわち神が処女を懐胎させ、救世主を生ませたという、「非合理なるがゆえに我信ず」と言わせるような言説──がないため、自己批判や宗教改革の契機があるのかどうか、心配なところはある。しかし長い目で見ればそれ以上に、一神教と儒教道教のような「無神教」とのあいだの差異と超克の問題は重要である。

　アメリカの寛容さの問題は、その寛容さの裏側に、本当に異質なものへの無理解と不寛容があるのではないか、ということである。アメリカの下積みになってきたアフリカ系の人たちは、一般に敬虔なキリスト教徒だとみなされることが多いが、もともと強制的に連れてこられた人びとであり、歴代の生活体験をふまえた心情は簡単には理解されがたいのではないか。だから、そういう人たちへの理解も含めて、平均的アメリカ人たちの理解力に問題があるかもしれない。

　それが、アメリカが覇権を握っている世界システムの第4期が次の時期に乗り越えられていくさいの大きな問題である。

4　紙と電気による情報化

　第二に、19世紀をつうじてのアメリカの成長とともに、書籍や雑誌の発行が日常的になり、1830年代からはついに新聞までが発行されるようになって、紙媒体による情報化の基礎がつくられた。日本においてすら、明治維新直後の1870年に『横浜毎日新聞』が刊行されている。

　電気による通信は、欧米で19世紀前半から試行が試みられたが、1876年にアレクサンダー・グレハム・ベルとイライシャ・グレイが独立に同時に電話に成功し、78年から79年にかけて商業電話が開設された。ラジオについては、20世紀初頭におけるグリエルモ・マルコーニの大西洋無線通信が最初と言われ、1920年のアメリカ大統領選挙をつうじて公共ラジオ放送が始まった。

　ラジオ放送とテレビ放送とのあいだを繋いだのは、映画の普及である。動く映像は19世紀から欧米日で試行がおこなわれ、1920年代にトーキーが登場すると、映画は一挙に普及した。1930年代以降のアメリカ・ローズベルト政権の「ニューディール」は、ラジオと映画の普及なしには考えられない。日本の軍国主義もラ

ジオと映画を利用したが、ラジオと、とりわけ映画と集会の効果的利用で圧倒的な勢いを築いていったのは、ドイツのナチズムである。

テレビは、イギリス放送協会が1920年代末に実験を開始したが、フェルディナンド・ブラウンがブラウン管を開発すると、戦前から戦後にかけて、テレビ放送は一挙に米欧日に普及しはじめた。紙媒体に次ぐ電気媒体での情報化は、戦後ものすごい勢いで世界中に広まってしまう。

5　電子情報市場化としてのグローバル化

第三に、電気を構成する電子の流れそのものを制御して、驚異的なスピードの計算に道を拓き、それを基礎にして文字から高度動画にいたる総合表現のやりとり、すなわち高度コミュニケーションへの道を拓いたのも、戦中戦後のアメリカである。ジョン・フォン・ノイマンによって創始された二進法によるコンピュータEDVACは最初真空管を用いていたが、トランジスタが発明されるに及んで、それを用いた集積回路ICの応用に切り替わり、小型化が急速に進んで、1970年代までにはパーソナル・コンピュータが普及しはじめた。

パーソナル・コンピュータはやがてネットワーク化され、1990年代にはウィンドウズの普及とともに全世界的なネットワークが形成される。この過程で、1960年代に、ヴェトナム戦争を遂行するアメリカへの反対運動にコミットした若者たちが、アメリカと世界の新しいあり方を求めてシリコン・ヴァレーの形成などに加わったことが、大きな推進力となった。

こうして、世界システムの第4期を担うアメリカは、情報化の基礎を一変させる。紙媒体と電気媒体から電子媒体への変化、いわゆるデジタル化はコミュニケーションのスピードと範囲を一変させただけでなく、いわゆるクラウドあるいはヴァーチャル空間からサイバー空間で地球を包み、サイバーフィジカル・システム（CPS, Cyber-Physical System）として人間の生きる世界を一変させていく。

今日、グローバル化と呼ばれているものの実態は、こうして、市場化のうえに情報化が加わり、さらにそのうえに電子化が加わった、サイバーフィジカル・システムとしての人間世界の形成である。人はもはや、地球的規模でやりとりされる物質と情報によってしか、生きていくことができない。15, 6世紀の大航海から始まったグローバル化は、このようにして今日、全人類を巻き込む単一世界を形成してきているのである。

6　日本、ドイツ、ロシア＝ソ連の覇権追求

　だから問題は、市場化に次ぐ情報化、さらに電子化、すなわち電子情報市場化
が、真に人間のグローバル化、すなわち地球上に住むあらゆる人間と動植物の一
体化になってきており、これからもなっていくか、ということだ。

　19世紀から20世紀にかけて、世界システム第4期におけるアメリカの覇権に
挑んだ例が少なくとも3件あった。

　第一は、開国と明治維新とから太平洋戦争にいたる日本の例。日本は19世紀
後半に、幸運にもかろうじて植民地化を免れ、独立国家をつくって近代化した。
その過程で、大国清とぶつかり、日清戦争で偶然にも勝って台湾を植民地化し、
その後ロシアと戦争してこれも偶然にも勝ち、それを機会に朝鮮半島を植民地化
して、中国東北部に進出し、「理想の帝国」を築いて欧米「近代の超克」を図る
とし、中国全土から東南アジア、さらには太平洋に戦争を広げて、世界の覇権を
握ろうとした（佐久間2020）。

　その結果がどうなったか、今日では誰でもが知っている。「大日本帝国」すな
わち日本帝国主義は、中国大陸で農村部から全土の革命を起こそうとしていた
中国人民解放軍の抵抗にあって、「理想の帝国」どころか植民地の造成もできず、
アメリカの反撃に遭って全土を空爆され、沖縄を奪われ、広島長崎に原爆を投下
されて、無条件降伏した。

　第二は、1871年に近代国家としてようやく統一を成し遂げ、成長したものの、
第一次世界大戦で英仏露米などに叩きのめされ、その後「国家社会主義（ナチズ
ム）」の名のもとに、ゲルマン民族の再興を図り、ユダヤ人を排除して、ヨーロッ
パから世界にかけての覇権を確立しようとしたドイツである。アドルフ・ヒト
ラーを指導者として、ユダヤ人のみならず劣等民族と劣等者の殲滅を図り、欧米
諸国家ばかりでなく、新興国家として建設中であったソ連をも崩壊させて、ゲル
マン民族主導の「第三帝国」を築こうとした野望は惨憺たる失敗に終わった。

　ナチス・ドイツが築こうとした覇権は、明確な理想社会のイメージを持ってい
なかったがゆえに、いっそう悲惨である。それは、フリードリッヒ・ニーチェの
「ニヒリズム」そのものの体現であったのかもしれないが、このような覇権追求
がありうること自体に、私たちは戦慄を覚える。

　これに比べれば、第三の、ソヴェート社会主義共和国連邦の覇権追求は、20
世紀をつうじて世界の多くの進歩主義者の支持を集めた。それは欧米日資本主義
の克服をめざすマルクス主義に、ロシアなど相対的後進国の変革をめざしたレー

ニン主義を加え、少なくとも初期、あるいは理念的には、世界全体の労働者、農民、被抑圧民族の解放を志向したからである。しかし、これも、1930年代に確立したスターリンの支配をつうじてロシア民族中心のソ連共産党一党独裁に転化してしまい、戦後、とくにスターリン批判後の改革努力にもかかわらず、けっきょくマルクス・レーニン主義の初期理想を回復することはできなかった。

それでも、アメリカの帝国主義的側面と対峙し続け、第二次世界大戦後の全世界的な植民地従属諸国民族解放運動を促進した功績は、大きいと言わねばならない。しかも、彼らなりの社会主義論に基づいて市場を廃止し、国家計画局をつうじての計画経済によって新しい社会の基礎を築こうとした功績も、決して小さくはない。1980年代に登場したミハイル・ゴルバチョフの「ペレストロイカ」は、革命後70年にしてなお革命的民主主義の火種が残存しており、社会主義の再活性化を実現させる可能性を感じさせるものであった（Gorbachev 1987=1987）。

問題は、ゴルバチョフがレーニンの後継者として政治主義者であり、政治をつうじての改革しかできなかった、ということであろう。政治的なペレストロイカ（改革）をつうじて再生させるには、ソ連経済はすでに瀕死の状態に陥っていた。

ソ連体制を解体し、独立国家共同体の一つとなってからのロシアは、議院内閣制を取りながら大統領を直接選挙し、大統領権限の強い半大統領制を取っている。このもとでの事実上の大統領独裁は、市場経済化が進められ、資源依存度の高い経済を基盤に、ベラルーシやウクライナなど旧ソ連の一部であった諸国への干渉などもあり、世界的に評判が良くない。ロシアは、ソ連時代に蓄積した核兵器をもとに覇権への執着を捨てていないが、もはや覇権国であるための基盤も資質も持っていない。

「ペレストロイカ」を基礎に米ソ冷戦を終結に導き、新時代を切り開いたゴルバチョフのリーダーシップは大きかったが、その後の舵取りの失敗により、ロシアは、旧ソ連の覇権への可能性どころか、アメリカ覇権の世界システム第4期を変革する世界史的なヴィジョンの魅力そのものの喪失に道を開いてしまった。

7　電子情報都市化としてのグローバル化と全体主義の敗北

ここであらためて、グローバル化とは何であったか、何であるか、を整理してみよう。

グローバル化とは、市場化のうえに情報化が広がり、さらにそのうえに電子化が広がってくることであった。この動きが社会を一貫して構造的に変えていく。社会構造とはルーティン化された人の動きであるといえるが、市場化が進めば人

はそれだけ必要なものを市場で入手するようになり、情報化が進めば人はそれだけ拡大していくメディアをつうじて必要な情報を入手するようになり、電子化が進めば、人はそれだけサイバー空間をつうじて、必要な情報を入手するだけでなく、そこでさまざまな生の営みを展開するようになるのであり、じじつ16世紀以降世界はそのように動きつづけてきたのである。

　ところで、社会構造がそのように変わっていけば、社会形態もそれに応じて変わっていく（Durkheim 1895=1978）。市場化が進めば人はそれだけ都市的な生活をするようになっていき、情報化が進めば人はそれだけ情報社会的な生活をするようになっていき、電子化が進めば人はそれだけサイバーフィジカル・システムで生活するようになっていく。社会がより都市的になり、それがさらに情報社会的になり、さらに電子情報社会的になってサイバーフィジカル・システムになっていくのは、なんらかの中心から道路網が敷かれたり、道路に沿ってしだいに高層化する建物が建てられたり、それらのあいだに —— 眼に見える形であるにせよ、そうでないにせよ —— 電線が張りめぐらされたり、無線のための塔が建てられたり、電波を送受信する機械が置かれたり、小型化されて人の手で持たれたりして、眼に見えてくることである。

　この意味で、ラフな言い方をすれば、社会構造の変化は必ずしも眼に見えないが、社会形態の変化は一般に眼に見えると言って良い。社会の変化は基本的には構造的なもので眼に見えないが、それらは必ずなんらかの形で形態化して眼に見えてくる。市場化をふまえて工業化あるいは産業化が進めば都市が拡大し、それらを結ぶ交通網も発達してきて、地表の様子が変わってくる。さらに電子情報化が進み、サイバーフィジカル・システム化が進んでいけば、都市の様子が変わってくるとともに人びとの動き方も変わってきて、農村に人が還流したり、都市農村連続帯での人の動きが活発化してきたりする。このような形で、社会発展が進むにつれ、社会構造が変わってきて、それに応じて地表の様子、大げさに言えば地球の表面の様子が変わってきたのである。

　グローバル化とは、この意味で、社会の都市化であり、情報社会化であり、電子情報社会化、あるいは電子情報都市化であった。人の動きからすると、これはまず、人が特定の地域に密集してくることである。人が密集してくれば、当然、それだけ集まってくる人びとを収容する建物が必要になり、その多くが密閉状態になってくる。集まってきた人びとは、ほんらい家族や村落から出てばらばらにやってきた人びとが多いので、近接してもたがいに見知らぬ同士であることが多く、群集などと呼ばれたが（Le Bon 1895=1956, Tarde 1901=1989）、情報化が進むと、この見知らぬ同士がたがいに密接になってくる。とくにマスメディアが発達

してくると、距離的に必ずしも密接でない人びとがマスメディアをつうじて密接となり、マスメディアを巧みに用いる扇動者などがいたりすると、煽られて政治的な動きなどをし、社会の様相を大きく変えたりする。群集がいわゆる大衆になる（Ortega y Gasset 1930=1971）。

　大衆社会化が、とりわけナチス・ドイツの覇権追求を増幅した。大群衆をまえにヒトラーがゲルマン民族の優位について「咆吼」し、扇動者が「ディッヒ、ハイル」と促すと、人びとがそれに応えて「ハイル」と叫ぶ。大集会がくり返されているあいだに各地に強制収容所がつくられ、ユダヤ人や体制批判者や「劣等」とみなされた人びとが収容され、殺されていく。やがてドイツ軍が東西で戦争を起こし、「第三帝国」が拡大していく。幸いにも、ソ連軍の反撃やアメリカの参戦で拡大はやがて縮小に転じ、廃墟と化したベルリンの地下でヒトラーが自殺して帝国は崩壊したが、これは、かつて人類が経験したことのない大戦争であった。

　それから３ヶ月あまりのあいだにアジアでは大日本帝国が、本土空襲の続くなか沖縄を失い、広島長崎に原子爆弾を投下されて、崩壊した。ドイツほど派手な「大衆国家」ではなかったが、日本の軍国主義にも、とくに首都圏に死者不明者14万人以上、全焼焼失家屋57万戸以上という未曾有の被害を出した1923年の関東大震災以後は、伝統社会を喪失して平板化された社会に、大衆化が進んでいなかったわけではない。形成途上にあった日本の市民社会を先取り的に大衆化し、1931年の満州事変から15年に及ぶ戦争を準備していったのは、「八紘一宇」などの天皇制イデオロギーを掲げて、「欲しがりません、勝つまでは」などのスローガンを主婦たちにまで広めながら、日本的な全体主義を徹底していった軍部であった。

　これにたいして、連合国側で世界大戦に勝利し、アメリカと覇権を争いはじめたソ連は、大衆社会とも大衆国家ともいえず、スターリンとその後継者に統率された共産党主導の全体主義社会であり、全体主義国家であった。この社会および国家は、市場化を拒否して、国家計画で経済発展を図ろうとし、情報化に次ぐ電子化をも呼び込んで、一時はアメリカとの核軍拡競争ばかりでなく宇宙開発競争などにも勝ちそうに見えたことから、少なくない人びとに、長いあいだ待望されてきた社会主義社会の初期形態かもしれないと期待された。しかし、けっきょくはそれだけの経済的基礎も築きえず、国家形態としても人びとの活力を持続的に引き出すような組織に展開しえず、けっきょくは党と連邦国家の解体に行きついてしまった。

8　電子情報革命とサイバースペースの形成

　ソ連東欧崩壊後の世界には、あらためてグローバル化が徹底された。市場化は、建前上それを拒否していたソ連が崩壊し、中国がそれに先駆けて「市場社会主義」を公言していたことから、全世界に徹底された。情報化も、表向きソ連は西側メディアの進出を拒否していたが、もはや抑えきれるような状況ではなかった。電子化ともなれば、なおさらである。社会形態学的に見ても、ソ連東欧の都市は古くさく、光沢を欠いていたが、西側資本の進出が始まると、リニューアルと電気照明の高度化は瞬く間であった。

　さらに電子化ともなると、圧倒的であった。米ソ冷戦期間中にアメリカを中心に発達した電子化は、1990年代から、パーソナル・コンピュータを小型化して世界に普及させるとともに、インターネットでそれらを連結して、地球的規模の電子情報空間すなわちサイバースペースをつくりだしていく（村井純 1995; 1998）。ヴァーチャル空間やクラウドからサイバースペースに展開したこの空間は、事実上無限で、あらゆる情報を搭載し、どこからでも、どんな目的でも、誰でも自由に利用できるものになってきた。

　あっというまにグローバル化した電子情報社会で、サイバースペースを使って、長いあいだ切望されていた変化が次つぎに実現していく。書籍、雑誌、新聞で蓄積されてきた情報は、まず索引としてデジタル化され、次いで実物のコピーが次つぎにサイバースペースに載せられてきている。著作権問題の解決は思ったほど簡単ではなく、今でも解決されていないことは少なくないが、軌道に載せられたことは否定しえない。

　人びとのメールどころかつぶやき（ツウィート）に象徴されることがらが日常的にネットに載り、日常の政治どころか大きな政治までがそれらによって動かされるようになってきた。アメリカのドナルド・トランプに象徴されるような政治家が、これまでの公式メディアを公然とウソ呼ばわりし、自ら「真実」をねつ造していくことまでが当たり前のこととなってきた。2016年のアメリカ大統領選挙そのものが虚偽すれすれのやり方でトランプを当選させたが、その後の4年間はさらに驚くべきものである。2020年の選挙ではトランプが最後まで敗北の結果を認めず、新大統領ジョー・バイデンへの政権交代直前に、無数のツウィートの蓄積のうえに古典的な集会およびテレビ演説で反乱Insurrectionを訴え、アメリカ合州国始まっていらいのクーデターが起こりかけた。

　21世紀に入って、コンピュータの小型化は、スマートフォン化という画期的

なレベルに達し、子どもどころか幼児までが、ほとんどなんの基礎知識もなしに指先で情報処理を行えるようになってきた。プログラミングを基礎とする情報教育がこれから徹底されていくことになるが、「読み書き」の基礎からの情報教育は、今後次つぎに導入されていく言語変換プログラムをふまえて、事実上の世界言語を生み出していくことになるであろう。とくに、事実上の世界言語となってきている英語にたいして、まったく異なる音韻組織と文字体系をもつ中国がどのように追撃していくことになるのか、注目される。

9　コロナ・パンデミックとグローバル化の現段階

　こうして私たちは、2019年末いらい世界を覆っている新型コロナウイルス感染症COVID-19パンデミックの影響について、語ることができる。

　第一に、それは、地球的規模でますます激化してきていた人流にブレーキをかけた。グローバル化とともに人は地表をしだいに激しく動き回り、そのために鉄道を敷いて列車の速度を次つぎに上げ、車を生産して高速道路を地球上に張りめぐらし、さらには世界中に空港をつくって航空旅客機をますます大型化したり、高速化したりしてきた。パンデミックはこれらすべてにブレーキをかけた。そして今、少なくとも鉄道や航空関係者の多くは、パンデミックが収束しても、需要は簡単にはもとへ戻らないであろうと言っている。明らかに人流の激化は過剰だったのであり、必要を超えていたのである。

　航空機、車、鉄道の需要は、過大に膨らんでいた。そのために、温暖化ガスを排出する化石燃料が猛烈な勢いで消費されていた。したがってこのブレークダウンは、地球温暖化の速度を緩め、大気圏のクールダウンにもプラスの影響を及ぼすものである。パンデミックが収束して交通機関の総量と総スピードが回復していくさいにも、今回の経験をした消費者と事業者は、少なくとも無駄を減らし、適切な量とスピードを持続していこうと努めざるをえないであろう。この意味で、今回のパンデミックは、大気圏の冷却を先取りし、各国の温暖化ガス削減努力をも勇気づけるものである。

　第二に、高速運輸業のこのようなブレークダウンは、世界の産業全体に影響を及ぼさざるをえない。ヒトが動かなくとも、モノが動けば良い。いやさらに、情報のやりとりで事態が解決するのであれば、そのほうが良い。そういうことが分かっている場合も多かったはずであるが、ヒトは惰性で動き続けてきた。無駄になっていた分だけ、モノが動くことになるであろう。それだけ輸送関連の事業は需要を高めていくことになる。それを情報のやりとりが補強する。情報のやりと

りだけですむことも多かったはずなので、その分はGAFAを頂点とする電子メディア産業が伸びていくことになる。これらの影響を受けて、従来からの小売業はさらに大幅に整理されていくことになるであろう。

　第三に、政府機関と事業所は、人を集めなくとも良い場合はできるだけそのようにするようになり、そのためにサイバースペースを可能なかぎり利用するようになりつつある。考えてみればこれまで、集まらなくとも良いのに集まり、そのために多くの費用をかけてきた。人が集まる効果には、単純に費用計算で論じられず、決定できないものがあることは、社会学でいうインフォーマル効果や潜在効果などを考えれば当然のことであるが、実際にそうせざるをえなくてやってみて、それらをカヴァーする方法を政府や企業は考えつつあるということであろう。

　政府や企業には、もともとサイバースペースの発達によって、それらを利用すればできたことを、惰性で利用せずにきたり、できることが分かっていても、人びとの「気持ち」を尊重するなどして、やらないできた面が多い。今回やむをえずやるようになってできると分かったことが、むしろプラスの効果を持ったり、少なくともマイナスでないことが分かったりしていけば、そうした活動を取り込んで活動の全体を柔軟で総合的なものにし、政府や企業の活動スタイルそのものを変えていく場合が増えていくことになるであろう。政府や企業の活動がそれだけ、サイバースペースを取り込んで分散したり、多様化していくことになるので、これはいわば政府や企業活動のグローカル化である。政府や企業があらかじめこれらを想定して活動形態を見直していけば、政府活動や企業活動の形態そのものが変わっていくであろう。

　第四に、政府や企業で働く人びとのなかには、こうした活動形態の変化によって、またそれを見越して、都市の中心部から離れる方向に移住したり、思い切って地方や農村に移住したりする人たちも現れ始めている。そして、これらの人びとのなかには、地方で新しい副業を見つけたり、副業として農業に従事する人も増えている。これらの結果として、地方での手仕事や農業などに転業する人びとが増えても、もともとの政府や企業に大きな打撃となるのでなければ、むしろ推奨されるべきことであろう。グローバル化は構造的には電子情報市場化であり、形態的には電子情報都市化であるといってきたが、それが脱市場化や地方化や農村化などにつながりつつあるのである。サイバースペースの形成をふまえたこれらの動きは、長期的に見ればグローバルな規模で社会のあり方を変えていくことになるであろう。

　第五に、人びとの消費行動、とりわけ飲食をともなう相互交流行動や、広い意味での観光行動の問題もある。もともと生活に織り込まれた祭りや宴は人間の社

会生活に必須のものであったし、旅もまた、人びとの生活空間を広げ、生命をリフレッシュするには必須のものであった。今回のパンデミックが、これらの多くを「不要不急」と見なし、控えることを呼びかけ続けていることで、人びとの欲求不満が高まっている。これらをグローバル化、すなわち電子情報市場化あるいは電子情報都市化との関連で、うまく盛り立てる方法がいろいろと追求されていくことになるであろう。

　サイバースペースを利用した「飲み会」などは、すでに盛んにおこなわれている。とくに比較的小規模なものはけっこう効果があるといわれている。しかし、大規模な学会の懇親会などは、オンラインではどうしても物足りないという人が多い。そういう場合にどうしたら良いのか。それは、もともと社会のあり方を問うはずの社会学が、もっと真剣に考えなければならないことである。そういう意味では、今回のコロナ・パンデミックは、社会学に、サイバースペースまで含めた社会のあり方、すなわちサイバーフィジカル・システムとしての社会のあり方を考え直すという課題を、あらためて突きつけていることになる。

　私たちの行動環境あるいは生活空間は、物理的なもの、社会的なもの、および文化的なものからなると、おおざっぱに考えられてきた。サイバースペースの拡大で、広義の社会的なものと文化的なものとの混入と膨張が起こり続けている。そのなかで、上に見てきたような、人類の歴史が問われている。それをふまえて、私たちが社会をどのように構成し直していくのか、それがグローバル化の現段階のなかで問われているのである。

【文献】

Durkheim, E., 1895, *Les régles de la méthode sociologique*, P.U.E., 1968.（宮島喬（訳）, 1978,『社会学的方法の基準』岩波文庫.）

Gorbachev, M., 1987, *Perestoroika: New thinking for our country and the world*, Harper & Row.（田中直毅（訳）, 1987,『ペレストロイカ』講談社.）

Hanke, Lewis, 1949, *The Spanish Struggle for Justice in the Conquest of America*, American Historical Association.（染田秀藤（訳）, 1979,『スペインの新大陸征服』平凡社.）

Hanke, Lewis, 1959, *Aristotle and the American Indians: Race prejudice in the modern world*,（佐々木昭夫（訳）, 1974,『アリストテレスとアメリカ・インディアン』岩波新書.）

Las Casas, B. de, 1552, *Brevisima relación de destrucción de las Indias*.（染田秀藤（訳）, 1976,『インディアスの破壊についての簡潔な報告』岩波文庫.）

Le Bon, G., 1895, *Psychologie des foules*.（桜井重夫（訳）, 1956,『群衆心理』角川文庫.）

村井純, 1995,『インターネット』岩波書店.

──────, 1998,『インターネットⅡ』岩波書店.

大塚久雄, 1944,『近代欧洲経済史序説』日本評論社, 大塚久雄著作集第2巻, 1969, 岩波書店.

Ortega y Gasset,J., 1929, *La rebelión de las masas*.（寺田和夫（訳）, 1971,『大衆の反逆』世界の

名著 56, 中央公論社.)

佐久間孝正, 2020, 「新明正道の「東亜論」：矢内原忠雄の「満州論」との関連で」(庄司興吉編著, 『主権者と歴史認識の社会学へ：21 世紀社会学の視野を深める』新曜社.)

Smith, A., 1759, *Theory of Moral Sentiments*, New ed. 1853, London: Henry G. Bohn. (水田洋 (訳), 1973, 『道徳感情論』筑摩書房.)

Smith, A., 1776, *An Inquiry into the Nature and Causes of the Wealth of Nations*, New ed., 1822, London. (大内兵衛・松川七郎 (訳), 1959-66, 『諸国民の富』岩波文庫; 1969, 単行本; 水田洋 (訳), 1964, 『国富論』河出書房.)

Tarde, G., 1901, *L'opinon et la foule* (稲葉三千男 (訳), 1964, 『世論と群集』新装版, 1989.)

Wallerstein, I., 1974, *The Modern World System: Capitalist agriculture and the European world economy in the sixteenth century*, The Academic Press. (川北実 (訳), 1981, 『近代世界システム：農業資本主義と「ヨーロッパ世界経済」の成立』岩波書店.)

Wallerstein, I., 1980, *Mercantilism and the Consolidation of the European World-Economy, 1600-1750*, The Modern World System 2, The Academic Press. (川北稔 (訳), 1993, 『重商主義と「ヨーロッパ世界経済」の凝集：1600-1750』近代世界システム 2, 名古屋大学出版会.)

Wallerstein, I., 1989, *The Second Era of Great Expansion of Capitalist World-Economy, 1730-1840s*, The Modern World System 3, The Academic Press. (川北稔 (訳), 1997, 『大西洋革命の時代：1730-1840s』近代世界システム 3, 名古屋大学出版会.)

Wallerstein, I., 2011, *Centrist Liberalism Triumphant, 1789-1914*, The Modern World-System 4, University of California Press. (川北稔 (訳), 2013, 『中道自由主義の勝利：1789-1914』近代世界システム 4, 名古屋大学出版会.)

国際社会の実態と課題
—— ポストコロナの社会へ

庄司興吉

1 コロナ・パンデミックと国民国家の対応

　新型コロナウイルス感染症COVID-19のパンデミックは、あらためて国民国家の存在を浮かび上がらせた。

　世界保健機構WHOのテドロス事務局長が、世界がパンデミックに至っているとの認識を示したのは、2020年3月11日である。

　2019年末の中国武漢での感染拡大から2020年の前半にかけて、まず中国は、中央に集中されたその巨大な権力で、病棟を仮設するなどして対処し、感染拡大を初期段階で押さえ込んだ。

　台湾は蔡英文総統の機敏な措置により、感染拡大を初期状態で押さえ込んできている。2020年の5月から7月にかけて感染者の急増があったが、2022年1月9日現在の累計感染者数が17,302人、死亡者数が850人である（台湾における新型コロナウイルス感染状況、2022.1.9参照）。

　ジャシンダ・アーダーン Jacinda Kate Laurell Ardern 首相の率いるニュージーランドは、国内の感染者が数十人の状態で、世界でもいち早くロックダウンを実施し、その後も感染拡大を押さえ込んできている。2022年1月9日現在の状況は感染者数14,525人、死亡者数51人である（ニュージーランドにおける新型コロナウイルス感染状況、2022.1.9 参照）。

　ヨーロッパでは、EU加盟国のほとんどが感染に悩まされ続けているなか、ドイツのアンゲラ・メルケル前首相は、国民に冷静な対応を呼びかけ、事態の継続的な改善を促し続けた。

　国民国家の女性指導者の人格的指導力が、世界の注目を浴び続けてきている。

　これらにたいして、トランプ前大統領時代のアメリカは、まともな感染症対策を取らず、ホワイトハウスでもしばしばマスクなしの会合をおこなったりして感染者を増やし、退任間際まで状況を悪化させ続けた。ジョー・バイデン大統領へ

の交代にともない、全米的なマスクの着用やワクチン接種の加速化などにより、状況は改善しつつ現在に至っている。

　ブラジルでは、ジャイル・ボアソナロ大統領が、パンデミック後もマスク着用、ワクチン接種などの対策に反対し続けた経緯があり、感染者は2021年12月段階で2221万人以上、死者61.7万人となっている（ブラジルニュース、2022.1.3参照）。2021年5月に同大統領は、コロナ感染は中国が仕掛けた戦争との認識すら示し、「どの国が国内総生産GDPをもっとも伸ばしているか」として暗に中国を批判したりしている。

　こうして、パンデミックのなかで、あらためて国民国家の役割が注目されてきている。しかし、パンデミックが襲来するまで、急速に進み続けていたグローバル化のなかで、多くの人びとはむしろ、国民国家はしだいに影を薄くしつつあると思っていた。アメリカや中国のような巨大国民国家の影響力が強くなりすぎて、大多数の国民国家の影響力がしだいに弱まってきている、とみられていたばかりではない。今世紀初頭には、ハートとネグリの『帝国』のような、どの大国をも超越した、いわばヴァーチャルな大国が出現し、大多数の国民国家がその動きに従わされているのではないか、という説までが現れていた（Hart & Negri, 2000=2003）。

　しかし、「たかがウイルス」の襲撃力はしたたかなものである。2020年の第1四半期にそれは全世界に広まり、上に見たような女性政治家の指導力や、アメリカやブラジルなどの科学を無視した対策の悪しき結果を、浮かび上がらせるようになった。人流にストップがかけられ、その面から見た国民国家の輪郭がはっきりしてくるなかで、各国政府の舵取りの違いが、眼に見える結果を見せるようになってきたのである。

2　世界システムの第一期から第三期へ

　基本的な事実を確認しておこう。グローバル化について前論文で基本的なことを見たから、その延長上でいくつかのことを確認するだけでいい。

　ポルトガルは、大航海の先頭を切ったが、王政のもとでその後市民社会化することはなく、世界システムの第二期以降は力を弱めていった。スペインは、中南米に広大な植民地を築き、ヨーロッパの諸地域をも支配し、ポルトガルとも同君連合を組むなどして巨大な帝国となったが、市民社会化することはなかった。王国として世界システムの第一期に君臨したものの、やがてネーデルランドに反乱を起こされ、八十年戦争（1568-1648）の結果独立を許し、ウェストファリア条

約によってヨーロッパはいわゆる国民国家システムに入り、そのなかでスペインは、オランダ覇権の世界システム第二期のあと、かつての覇権を回復することはなかった。

　オランダは、独立以前からポルトガルに挑戦して東インドに力を伸ばし、オランダ海上帝国を築いて黄金時代を迎えている。しかし、この黄金時代にあっても、貿易額のほとんどはバルト海貿易と地中海貿易で、17世紀をつうじてイギリスとの抗争が続き、にもかかわらず名誉革命のさいにはウィレム3世を送り出すなどして、結果的にイギリス覇権の世界システム第三期に道を譲ることになった。しかし、イギリスがまだ市民革命の最中にあった17世紀に、多数のプロテスタントを迎えて事実上の市民社会を世界に先駆けて実現し、「夜警」で有名なレンブラント・ファン・レイン（1606-1669）のような画家を生み出していた実績は大きいといわねばならない。

　にもかかわらず、17世紀のピューリタン革命および名誉革命をつうじて経済社会から政治に及ぶ市民社会を実現し、18世紀に入ると産業革命の準備をして、この世紀後半から19世紀前半に及んだ産業革命で「世界の工場」となり、世界システム第三期の覇権を実現したのはイギリスである。イギリスの覇権表明は事実上、アダム・スミスの『道徳感情論』（1759）と『諸国民の富』（1776）とによってなされたが、前論文でも指摘したように、これらは、文字どおりの世界システムとその覇権を確立したイギリスの、余裕たっぷりの人間・社会観を示した労作であった。すなわち、人間にはほんらい共感能力 sympathy があるがゆえに、市場取引をくり返しても人を詐取したり、人から詐取されたりすることはなく、おたがいに公正公平な態度で競争しながら、あらゆる国民が富を築いていくことができる、と実質的に宣言したのである。

3　フランスの国民形成からアメリカの国民形成へ

　このイギリスの「国民」主義について、18世紀から19世紀にかけて、二つの大きな対抗形成がおこなわれる。

　一つは、絶対王政のまま、このイギリスの、形成されつつある市民社会を基礎とした国民主義に対抗し、南北アメリカでもアジアでもアフリカでも基本的に負け続けて、18世紀の末に市民革命の大爆発を起こし、ナポレオンの指揮のもとに「国民」の急速な形成と膨張を起こしたフランスの対抗形成である。「国民」の概念は、のちにジョゼフ・エルネスト・ルナンが定式化したように、このフランスの経験をもとに世界史的な意味を持つようになったといえる（Renan 1882=1997）。

すなわちそれは、イギリスのそれのように、いわばのびのびと世界に広がったがゆえに内包的にも外延的にも茫漠としていたものにたいして、それに対抗し、あからさまに軍事力を行使して、内包的にも外延的にも明確化せざるをえなかったがゆえに、このうえなく具体的なものとなったのである。これに較べれば、統一前のドイツでフリードリッヒ・リストが主張した「経済学の国民的体系」は、万民経済にたいして国民経済を主張したにしても、まだ実質的根拠をもたない願望であった（List 1841=1970）。

　もう一つの対抗形成は、18世紀後半のイギリスの植民地でおこなわれた独立戦争と、結果としてのアメリカ合州国United States of Americaの形成である。もともとイギリスから渡った植民者たちが、本国の植民地統治に不満を持ち、自立して、新たな国家形成を認めさせたこの動きは、当初の13の州から最終的に50の州にまで拡大し、独特の共和制国家を形成している。

　この共和制国家は、旧植民地の植民者たちによって建てられたため、先住民にたいする配慮はなく、先住民たちは合州国が西部に拡大していくのを妨害する非市民としか考えられていなかった。「アメリカ人」の歴史では、1890年にフロンティアが消滅し、西部が勝ち取られたとされているが、先住民からすればこの年がひとまず征服された年である。

　またアメリカ合州国では、独立以前から、白人植民者たちがアフリカ系奴隷を使役して農業をおこなっていたため、独立後も奴隷制は当然のこととされ、大統領をはじめ白人市民たちは農業にかぎらず奴隷を使役していた。しかし、独立後、北部都市での工業化、産業化が進むにつれ、南部のプランテーション地帯から逃亡して北部都市に移住するアフリカ系奴隷が増え続けたことや、農業にかぎらず日常生活に取り込まれている奴隷たちへの共感が高まっていったことなどから、もともと理念的にはアメリカ憲法、とりわけその修正条項に違反していた奴隷制の廃止への世論が盛り上がり、周知のように1861-65年の南北戦争の結果、奴隷制は廃止された（修正第13条）。次いで1868年の修正第14条および1870年の修正第15条によって、市民権から選挙権にいたる人種差別も禁止された。しかし、このあと19世紀から20世紀にかけて、第二次世界大戦のあとに至るまで、事実上の差別が続いたことも、周知の事実である。

　事実上のアフリカ系市民解放は、1955年のアラバマ州モンゴメリーでのバス・ボイコット運動にはじまり、60年代に全米に広まった公民権運動をつうじて進められる。リトルロック高校事件、バーミンガム運動などをへて1963年にはマーティン・ルーサー・キングを先頭に立てたワシントン大行進が展開され、この間にケネディ大統領暗殺事件があったものの、1964年には公民権法Civil Rights

Actが制定されて、一応の決着を見た。この流れのなかで、先住民差別への謝罪ばかりでなく、第二次世界大戦中の日系アメリカ人差別などにたいしても、公式の謝罪や補償がおこなわれてきている。

4　アメリカの工業化と中南米政策

　この間、アメリカ合州国は、独立後まもなく米西戦争で工業化の端緒をつかみ、1830年代から産業革命の段階に入ったが、60年代の南北戦争で上記の奴隷制の試練にぶつかった。しかし、それを北部の勝利で克服して重工業中心の工業化を全面展開し、20世紀には世界の工場イギリスを脅かすまでになっていた。

　ここで問題なのは、もう一つ、アメリカが独立後、中南米およびヨーロッパにたいして取った政策である。アメリカは第5代大統領ジェームズ・モンローの1823年、アメリカ大陸とヨーロッパ大陸とのあいだの相互不干渉を宣言し、ヨーロッパ主要国の中南米への干渉を抑えるとともに、事実上中南米諸国のスペインやポルトガルからの独立を促して、アメリカの影響力を拡大強化しようとした。良い意味に取れば、自らの独立を見習わせて中南米諸国の独立を促し、中南米世界の親米的形成を図ろうとしたのであり、リアルに見れば、それをつうじてヨーロッパ諸国の中南米進出を押さえ込もうとしたのである。

　中南米では、1804年にハイチが黒人主体で独立し、以後クリオーリョ主体で中南米に独立運動が広まり、シモン・ボリバルやサン‐マルティンの指導のもと、メキシコ、ベネズエラ、パラグアイ、アルゼンチン、チリ、コロンビア、ペルー、グアテマラ、エクアドル、などが独立していった。モンロー宣言後も、ウルグアイ、ホンジュラス、ニカラグア、コスタリカ、エルサルバドル、ドミニカ、ボリビアなどが独立し、1868年にはキューバ、1903年にはパナマも独立する。ポルトガル領でも、ブラジルは1822年に独立し、その後帝国となったが、1889年には立憲君主国家となり、その後共和制に移行している。アメリカ合州国の北部では、カナダが1867年にほぼ独立し、自治州から1926年には連邦国家になった。

　アメリカ合州国はこうして、先住民をほぼ押さえ込んだあと、アフリカ系住民を解放して市民権を与え、中南米諸国を影響下においたまま、19世紀から20世紀にかけてイギリスをしのぐ経済力を確立して、第一次世界大戦に望むことになる。世界システムの第三期から第四期への転換と、第四期におけるアメリカの覇権は明らかであった。これにたいしてドイツおよび日本が挑戦するものの、この両国が第二次世界大戦への過程でいかに凄惨な負け方をしたか、あらためて述べるまでもない（前論文参照）。

5　ロシア・ソ連の覇権挑戦から中国の台頭へ

　独日両国に較べれば、ロシア・ソ連のアメリカ覇権への挑戦は、もっと内容のあるものであった。第一にそれは、イデオロギー的にマルクス・レーニン主義を掲げ、人類社会に社会主義という未来社会のヴィジョンを描いて見せた。第二にそれは、そのヴィジョンを具現するものとして国家経済計画体制を実現し、市場を廃止して国家計画で経済を運営し、それを基礎に社会を展開していく実験を示して見せた。そしてそれはある期間、人びとの生活レベルはともかく、核武装と宇宙開発計画については、アメリカを上回るような勢いを見せることができた。そしてそのうえで第三に、それは、このイデオロギーと国家計画体制で、植民地状態からの解放を実現した、あるいはしつつあった諸民族を元気づけ、それぞれの国民国家形成を促す役割を果たした。

　今日では、これらの背後に1930年代以降におけるスターリン独裁体制の形成と、それによる内部迫害および収奪、近隣民族を併合しての帝国主義的収奪、および東ヨーロッパ諸国民の従属化があったことは明らかである。しかし、多大の犠牲をともなってにしろ、ロシア・ソ連の成長が世界の植民地解放に貢献した事実は否定できない。アメリカ合州国が、自らが植民地解放から出発し、中南米の独立を促し、支えながら成長したにもかかわらず、世界全体の植民地解放に積極的な貢献ができず、かえってしばしば正面からそれを阻止・抑圧しようとした事実を思い起こしつつ、私たちはここで、けっしてロシア・ソ連だけを非難することはできない。

　世界システム第四期アメリカ覇権の最大の醜態は、1975年のヴェトナム戦争敗北であろう。アメリカ合州国は、20世紀に入って植民地解放が中南米からアジアに飛び火しても、フィリピンの独立を押さえ込むなどして事態の展開に積極的な態度を取ることができず、第二次世界大戦をつうじてインドネシアが独立する（1945年）に及び、ようやくフィリピンの独立を認めた（1946年）。その後、パキスタン（1947年）、インド（1947年）、ビルマ（ミャンマー、1947年）などが独立しても、周辺諸国の独立に積極的になることができず、フランスがヴェトナムの独立に手こずっていると、共産主義勢力の進出を抑えるとして代わって介入し、戦争を泥沼化して、第二次世界大戦に投下された爆弾の総量を超えるといわれる爆弾を投下したものの、それでも勝てず、ヴェトナム解放軍がサイゴンの司令部に到達するなか、ほうほうのていで撤退するという喜劇を演じた。

　1975年のヴェトナムのアメリカにたいする勝利は、全世界的な植民地解放の、

いわば総仕上げである。中国ではすでに1949年に中華人民共和国が成立していて、それでも台湾中華民国政府の代表権にこだわっていたアメリカは、1971年のニクソン訪中で中華人民共和国の代表権を認めざるをえなかったが、中国はこのあと1978年に改革開放政策に踏み切り、急速な経済成長をはじめ、1989年には天安門事件があったもののそれを押さえ込んで成長を続け、2010年には国内総生産GDPで日本を追い抜き、2028年までにはアメリカをも追い抜くのではないかといわれている。中国は、1949年までは事実上の植民地状態にあり、植民地化されるところまでには至らなかったが、今やグローバルなポスト植民地時代の先頭に立ち、アメリカ合州国と対峙している。

6　国際社会の発展途上性とコロナ・パンデミック

　第二次世界大戦後に形成されてきた国際社会の実態を見よう。国際連合の国家人口順リストによると、2019年段階で、人口10億以上が中国とインドの2カ国、1億以上が12カ国、5千万以上が14カ国で、その他は5千万未満である。中国とインドはもとより、1億以上でもアメリカと日本をのぞく10カ国、5千万以上でもドイツ、イギリス、フランス、イタリア、大韓民国をのぞく5カ国、および5千万未満のうち、スペイン、ポーランド、カナダ、サウジアラビア、オーストラリア、チリ、オランダ、ベルギー、チェコ、ギリシャ、ポルトガル、スウェーデン、ハンガリー、オーストリア、スイス、イスラエル、デンマーク、シンガポール、フィンランド、スロバキア、ノルウェー、ニュージーランド、パナマ、クウェート、クロアチア、スロベニア、ルクセンブルク、アイスランド、モナコ、リヒテンシュタインの30カ国以外の国は、世界銀行や国連によって発展途上国とされている（2016年時点で一人あたり国民所得GNIが12,235米ドル以下。台湾は中国の政策によって国連から国とみなされていないが、2017年の一人あたりGNIは49,800米ドルで先進国並み）。こうしてみると、世界はまだまだ圧倒的に発展途上なのである。

　にもかかわらず、これまでの先進国の無秩序な開発行為の結果、地球環境はすでに危機的な状態に陥っており、前々論文で見たように、今世紀中のなるべく早い時期までに大気の温度を産業革命以前の状態に戻さなければ、国際社会は、その存立の前提条件としての気候を制御できなくなる可能性が高い。南極の氷河の崩壊、北極の永久凍土の露出、エヴェレストなど高山地帯の氷解を始めとして、地球上の各地で海面が上昇したり、台風、ハリケーン、サイクロンなどがこれまでの記録を超えて激しいものになってきている。開発途上国の多くがまだまだ開発が必要だと感じているにもかかわらず、1992年の地球サミットでの気候変動

枠組条約以降、97年の京都議定書から2015年のパリ協定にかけて、先進国のみならずすべての諸国に温暖化防止のための計画策定を要求せざるをえなくなってきているのである。

　これにたいして、新型コロナ感染症のパンデミックが、グローバル化にブレーキをかけつつ各国に取らせてきている対策についても、前論文で見た。パンデミックはヒトの動きを抑え、高速交通機関の回転速度を押さえ込んできているばかりでなく、ヒトの運送から、モノの運送と情報流通の速度と形態の多様化に事業の重点を移させ、政府や企業もその活動のオンライン化を図らざるをえなくなったばかりでなく、個人単位で見ても都市から地方へ移住したり、そのうえで地方活動や農業にコミットするようになったり、消費行動においても食事、鑑賞、スポーツ、旅行、などにおいて新しい可能性を模索しはじめている。こうした諸変化が今後の社会にどの程度残りつづけ、根底的な変化を促していくのか、まだ不透明であるが、ヒトの動き、モノの利用などにおいてこれまで多くの無駄をしてきたことは疑いないから、消費行動の純度を高めていく方向に国際社会は動いていかざるをえないであろう。

　日本政府は、パンデミック以前から、科学技術基本計画として、ソサエティ5.0への移行を提唱している。狩猟社会、農耕社会、工業社会、情報社会をへて未来社会へという構想であるが、情報社会までの粗雑さはともかく、情報社会からサイバーフィジカル・システムとしての未来社会への移行がビッグデータの処理やAIの導入で可能になるのかどうか、もっと慎重な検討が必要であろう。国際社会の見てきたような歴史的な形成が、科学技術の展開と応用で解決していくのかどうか、楽観はできない。人類社会の展開をとおして貫かれてきたのは、見てきたように国民の覇権の推移であって、それは現在までのところ、どう考えても合理的に皆が納得する形で決着しそうにないからである。

7　「諸民族の国民」と世界システム第四期の覇権

　国民の形成とそのイデオロギーである国民主義、すなわちナショナリズムについて、汗牛充棟の文献を十分に検討することなど、とてもできない。ただ、それを試みた大澤真幸の研究（大澤2007）や、それ以前から世界的にもてはやされてきたベネディクト・アンダーソンの研究（Anderson 2006=2007）などをふまえて必要最小限を言おうとすれば、次のようなことになるのではないか。

　まず、今日の科学は人種というものの存在を厳密な意味では認めていない。従来から常識的に言われてきたコーカソイド（白人）、ネグロイド（黒人）、モンゴ

ロイド（黄色人種）という大雑把な三分法にしても、厳密な意味では使用できない。言えるのは、人類の歴史上地球上各地に、肌の色をはじめ同じような身体的特徴を持ち、同じような生産・生活様式と同じような言語・文化様式をもつ人びとが、大小規模の集団をなして活動してきたということである。これを民族と呼ぼう。

民族は、その経済をふまえて社会をなし、文化を展開しながら、なんらかの形で政治的に統合されてきた。民族間には力の差が生じ、それが軍事力で表現されるようになって、強い力の民族が周辺民族を従えてまとめる大集団ができる。その指導部には富と力が集中され、文明が展開されるが、生産力に限界があるため文明はある範囲を超えて伸びることができない。この文明間勢力争いの限界を打ち破ったのが大航海であり、世界システムの第三期までに民族を国民に展開したのがイギリスである。

その後、フランス、日本、ドイツなどが国民を形成してイギリスの覇権に挑戦したが、いずれも失敗し、イギリスの植民地から独立したアメリカが、国内的にも国際的にも国民の重層化を重ね、「諸国民の国民 Nation of Nations」としてイギリスの覇権を乗り越えたのである（Davidson 2000; Davidson et al. 2001; Gielten 2016）。「諸国民の国民」は正確には「諸民族の国民」というべきで、この場合に民族をなんというべきか、第二次世界大戦後のアメリカでは差別との関連で大問題となり、エスニシティ Ethnicity という概念がもっとも有名となった。2020年の国勢調査では、全米人口331,449,281人のうち、白人が61.6%、アフリカ系が12.4%、ネイティブ・アメリカンが1.1%、アジア系が6.0%、南洋系が0.2%、その他の人種が8.4%、混血が10.2%であり、これらとは別の観点からヒスパニック・ラテン系が16.3%いる（アメリカ合州国人口統計 Wikisource, 2021.9.10参照）。いずれにしても、いわゆる白人の比率は傾向的に下がってきており、21世紀も後半に入るまでには半数を割るであろうといわれている。

イギリスからの植民者たちが中心となり、先住民を従え、アフリカ系を奴隷にしたうえでその後解放し、ヒスパニック系に浸透されながら、ヨーロッパ、アジアその他から移民を受け入れてきた「諸民族の国民」は、この意味で今、大きな課題に直面している。上に見た全世界的な植民地解放という流れのなかで、全世界からの民族流入にさらされながら、いわゆる人種差別、ここでの流れでいえば民族差別をことあるごとに、くり返し批判されながら、「国民」のアイデンティティをどのように維持していくか、という課題である。アメリカ合州国とはどういう国なのか、アメリカ合州国人 United Statesian とはどういう国民なのか、アメリカ人は問われ続けてきたし、これからも問われ続けていくであろう。

2008年にはアフリカ系のバラク・オバマが大統領に当選し、強い抵抗にあってかぎられたことしかできなかったが、統治が8年続いた。その間の反動が積もりつもって2016年には共和党のドナルド・トランプが大統領選に辛勝し、あたかも「白人」の劣勢を盛り返そうとするかのような政治が4年間続いた。大統領選のさいにもその後にもくり返しいわれたが、トランプには「隠れトランプ」といわれる支持層があることは確実である。すなわち「アメリカ人の良識」からして表向き支持はできないが、無記名投票の仕組みを使って少しでも自らの意志を政治に反映させようとする人びとである。その背後には、20世紀から21世紀にかけて、世界的な植民地解放を主とする「白人」支配システムの崩壊によって、自らの社会的地位がじょじょに地盤沈下しつつあることへの不安がある。

　トランプ時代をつうじて、こうした「白人」層の不安を背景とする白人優位主義 White Supremacism が表だって現れるようにもなってきた。とくに、2020年の大統領選挙後、トランプが自らの敗北を認めようとせず、「選挙の不正」や「投票泥棒」を叫び続けたあげく、21年1月6日には支持者に国会攻撃を訴えて事実上クーデターに近い事件を引き起こしたことは、忘れられてはならない。さすがにアメリカの民主主義はこれに揺るがなかったが、これから先、人口構成の変化も絡んで、アメリカや「白人」の地盤地下を感じている人びとは増えていくであろうから、油断はできないであろう。アメリカがこれまでの趨勢をふまえて民主主義を守り続けるかどうかは、国際社会の今後を決めていくうえで最大の要因になってくる。トランプが2022年の中間選挙にどれほどの影響を及ぼし、24年の大統領選挙でふたたび候補に選ばれるかどうかは、アメリカばかりでなく国際社会そのものの今後を左右するであろう。

　他方、この前後をつうじてジョー・バイデンがしっかりと政権交代を励行し、コロナのパンデミックに冷静に対処して沈静化に努め、「諸民族の国民」すなわち多民族国家の政権構成と政策を、中間層の底辺からの立て直しと、それをふまえた民主諸政権との連携の方向に整備しつつあることは、評価される。アメリカ帝国主義と非難されてきた政権の政治経済的構成は、今や圧倒的にGAFAを頂点とする情報産業主導のものに変わっているが、自らの存続のためにも、地球環境を回復し、発展途上国の発展を支援しつつ、国際社会の民主化に精力を注いでいかざるをえないであろう。国際社会のモデルとなり、諸国民国家を牽引していく世界システム第四期の中心としては、今のところアメリカ合州国以外にないのではないか。

8　対抗国民としての中国

　全世界的な植民地・従属国解放の先頭に立ち、改革開放後のめざましい経済成長をつうじて国際社会変革に実績を上げてきた中国は、どうなるであろうか。

　1949年の革命後、混乱を続けた中国には、ソ連社会主義の実態が明らかになっていくなか、人民レベルに戻り、そこからまったく新しい社会を立ち上げるのではないか、という期待がつきまとっていた。鄧小平が実権を握り、改革開放をはじめたあとも、そうした期待は残っていた。1989年の天安門事件で民主化運動が粉砕されたあとまでも、そういう期待は残っていた。しかし、鄧小平時代から、江沢民時代、胡錦濤時代を経て、習近平時代にいたり、多くの期待は吹き飛ばされたといわざるをえない。

　改革開放後、天安門事件の前後をつうじて、中国は資本主義化したのだという見方がある（橋爪 2020）。それはそれで理解できるが、必ずしも国際社会の現実に光を投ずるものではない。むしろ、中国自身は、2021年の共産党創立100年までに「小康社会」を実現し、2049年の革命100年までに「現代的な社会主義国家」を実現するといっているのであるから、それらを文字どおりに受け取って、小康社会とはなんであるのか、現代的な社会主義とはなんであるのかを問うた方が、意義があるであろう。小康社会は、なんとか実現したと言われているので、これにケチをつけても始まらない。むしろ3000年以上にわたって続いてきた中国農村社会を変革し、今や都市人口が農村人口を上回っているという事実は、それなりに評価するべきであろう。同じ服装で同じような農作業をおこない、営々と中華帝国の基礎を支えてきた農村が変わったのであれば、それはたしかに現代国際社会の大変化といっても良いからである。

　そのうえで、中国はどこへ向かおうとしているのであろうか。都市部の一部では、政権に政治を委託した人びとが、評価の仕方によってはアメリカの富裕層よりも豊かになり、生活を満喫しているとも言われている。それも良い。苦渋の歴史を生き抜いてきた人びとに、ようやく可能になった生活を謳歌する権利がないなどとは言えない。しかし、それで中国はどこへ向かおうとしているのか。

　政権は、マルクス・レーニン主義、毛沢東思想、鄧小平理論に加えて最近は「中華民族の偉大なる復興」を掲げ、全中国の団結を訴えている。中国自ら「国民」フレームワークにはまり込んできているのである。しかし、「国民」としての中国にどんな新鮮みがあるのであろうか。中国3000年の歴史のなかには世界に誇るべきものが無数にあるはずであるから、中国はそれらのなかから厳選して

取り出したものをユニークな形で構成し、世界のこれからのあり方を示すことができるはずである。多くの国民がそれに納得し、それに入り込んでその内容を豊かにしながら膨らませていけるのであれば、当然それに入り込んで来るであろう。「自由・平等・友愛」を超えて、これからの人類のあり方行き方を示す標語があれば、それを出すべきである。また、「八紘一宇」を超えてアジアから世界を造り替えていく方向が出るのであれば、それも良い。中国はまさか、中華民族が「ゲルマン民族」を超えて、それ自体価値があるなどとはいうまい。ソ連には、その中味はともかく、「社会主義」は人類の未来であるという大義名分があった。中国の「現代的社会主義」がそれを超えて人類の未来を指し示すのであれば、中国はそれを堂々と主張するべきであろう。

　中国は、アメリカを中心として大西洋、太平洋に広がる通商公益圏にたいして、「一帯一路」の構想を出している。ユーラシア大陸を横断し、他方でインド洋から中東アフリカにいたるこの構想には、かつてのシルクロード、および海のシルクロードの構想が生かされており、大いに期待されるところである。しかし、問題はその中味ではないのか。中国が一帯一路に乗せて世界に広げうるものといえば、やはりその人民主義なのではなかろうか。中国人民が、欧米列強に次いで、それらの模倣しかできなかった日本の侵略を受けて、それらと闘い、それらを超えて世界に示そうとしてきたものは何だったのか。土に根ざし、生活を展開しながら象形文字を生み出し、それらによって、人の生き方・あり方に無限の示唆を与え続ける文化を生み出した中国は、どこへ行ったのか。「衣食足りて、礼節を知る」とは、中国文化のごくごく小さな一片である。中国人の多数が今衣食足りつつあるというのであれば、それはこのうえなく良いことだ。中国人民は、そこからこそ、これからの世界を構成し直す指針を出していけるのではないのか。

　今のところ中国は、チベット、香港、新疆ウイグルなどをめぐって、世界の批判を浴びている。そしてそれが、中国が一貫してその一部と主張してきた台湾の扱いにどのような影響を及ぼすのか、懸念が広がっている。「中華民族の偉大なる復興」が、現在の中国指導部が考える中華民族主義の徹底ということであるのならば、世界最大の人口を抱える巨大国の多様性への許容度について、世界の多くの人びとは心配するであろう。中華民族主義ともなれば、その大きく深い懐に、アメリカ合州国がこれまでに経験してきた民族の多様性とそれらの融合・重層をも超えるような、その意味でこれからの人類のあり方行き方を指し示すような度量を内蔵していないのであろうか。世界は注目しつつ見守っているのではないか。

9　日本「国民」の立ち位置と課題

　最後に、そこまで言うのであれば、私たちは、国際社会の現状と課題にかんする日本自身の立ち位置と取り組み方にふれないわけにはいかないであろう。

　じっさい現代国際社会の最大の問題、すなわち台湾と朝鮮半島の問題は、日本「国民」の近代化と、それが、世界システムの第三期から第四期にかけて、イギリスとアメリカの覇権にたいして試みた挑戦の結果にほかならないからである。日本は、19世紀半ばにかろうじて植民地化を免れ、近代国家を築いて、日清戦争から太平洋戦争にかけてのいわば50年戦争をつうじて、東アジアに覇を唱えようとした結果、日清戦争で植民地にした台湾と、韓国併合で植民地にした朝鮮半島という、大きな問題を残す結果となった。台湾も朝鮮半島も、今では日本の主権など及びもつかない大問題であるが、これらが、日本が東アジアに帝国を築こうとして、中国と朝鮮半島の人民に反撃され、ほうほうのていで撤退した結果であることは歴然としている。

　台湾については、中国は、それが中国の一部であるという認識を一貫して維持し、中国承認のさいにも貫いてきているので、アメリカを初めとする主要国も認めざるをえない状況が続いている。ただ、鄧小平時代に打ち出された「一国二制」の方針を中国が守っているあいだは良かったが、2012年以降の習近平政権になって「中華民族の偉大なる復興」に基づく、いわば中国化の政策が濃厚になってきているので、むずかしい問題である。中国の台湾政策にたいしてアメリカがどういう行動に出るか不確かであるが、日本としては、中国および台湾政府に働きかけ、できるだけ双方にとって良いやり方を取るよう促し、そのためにできることがあればするしかないであろう。

　朝鮮半島についても、状況は厳しい。韓国と北朝鮮が、どのような「共存」の形を取り続けるのか、それともなんらかの形の統一に向かうのか、日本は、これまでの歴史にたいする真摯な反省をくり返し、それを恒常的に態度に表しながら、少しでも役に立つことがあればしていくしかないであろう。

　いずれにしても重要なのは、日本が、近代化の過程とりわけ50年戦争の過程をつうじて、台湾や朝鮮半島、中国東北部から全土、さらには東南アジア諸国にたいして、侵略的な態度をとり続け、東アジアに覇権を築こうとした歴史を真摯に反省し、その結果として得た戦争放棄条項を含む現憲法を誠実に守り、東アジアから東南アジア、さらには世界に、諸国民の対等で互恵的な友好関係を築いていく方針を守り続けるよう、態度と行動で示し続けることである。このことを

つうじてのみ、日本は、古代諸帝国の歴史をふまえて大航海時代以降続いてきた「国民」の抗争、すなわちナショナリズムの時代を終息に向かわせ、世界を全民族の対等で互恵的な共存の社会すなわち世界共同体、さらには地球生態系との共存をもふまえた地球共同体にするために、努力し続けることができるであろう。

　そのために日本は、身近なところから国を開かなくてはならない。日本への観光、留学、転勤、居住（結婚などによる）もまだまだ少ないが、日本の難民・移民の受け入れにいたっては、その厳しさが国際社会でも度を超していて、くり返しさまざまな問題が起こり続けている。しかし、一般の日本市民はこれらの問題への関心がそもそもきわめて薄く、初歩的な意味でも国を開いて外国人を受け入れ、異なった文化をもつ人びととの交流をつうじて、おたがいに人間として高めあっていくという意識が乏しい。戦後日本の教育にも、50年戦争に帰結した日本近代化の歴史と、その後の戦後史の無方向性についての反省が少なく、日本人の世界市民性や地球市民性についての自己認識も乏しいので、日本の主権者の多くは、国際社会における日本の役割や日本人の責務について、曖昧な認識しか持っていない（和田 1996, 2015）。

　しかし、敗戦後75年以上経って、その間に日本国憲法が変えられず、日本の平和主義が、さまざまな形で危機にさらされながらも、基本的に維持されてきていることは事実である。その間に日本社会の高齢化は進み、さまざまな箇所での労働力不足が進むとともに、とりわけ高齢者対象の介護労働力の不足化が進んでいる。各種の外国人労働力を迎え入れる努力が進められているが、介護労働力の不足傾向はとりわけ不可逆的なものであるから、基本的な言語習得と文化理解のためにも、可能なかぎり先取り的な外国人労働力の導入が求められている。日本の主権者、すなわち日本「国民」は、こうした現実の要請をふまえて、国際社会とそのなかでの日本社会の位置と要請について、今後ますます厳しく考えていかざるをえないであろう。

【文献】

Anderson, B., 2006, *Imagined Communities: Reflections on the origin and spread of nationalism*, rev. & enl. ed., Verso.（白石さや・白石隆（訳）, 2007,『定本 想像の共同体：ナショナリズムの起源と流行』NTT 出版.）

Davidson, James West, 2000, *Nation of Nations: A narrative history of the American Republic*, Mcgraw-Hill College.

Davidson, J. W. et al., 2001, *Nation of Nations: A concise narrative of the American republic*, Mcgraw-Hill.

Gielten, T., 2016, *A Nation of Nations: A great American immigration story*. Simon & Schuster.

Hardt, M. & Negri, A., 2000, *Empire*, Harvard University Press.（水島一憲他（訳）, 2003,『〈帝国〉：グローバル化の世界秩序とマルチチュードの可能性』以文社.）

橋爪大三郎, 2020,『中国 vs. アメリカ：宿命の対決と日本の選択』河出新書.

List, F., 1841, *Das nationale System der politischen Ökonomie*.（小林昇（訳）, 1970,『経済学の国民的体系』岩波書店.）

大澤真幸, 2007,『ナショナリズムの由来』講談社.

Renan, J. E., 1882, 'Qu`est-ce qu`une nation?' Oeuvres Complétes vol.1, Calmann-Lévy, 1993.（鵜飼哲他（訳）, 1997,『国民とは何か』インスクリプト・河出書房新社.）

和田春樹, 1996,「日本の戦争責任を考える：part1 日本の戦争責任と東アジア」（和光大学創立30周年・和光大学総合文化研究所創設記念：シンポジウム・戦後50年を考える）『東西南北』pp.10-22.

和田春樹, 2015,『「平和国家」の誕生：戦後日本の原点と変容』岩波書店.

日本におけるマルクス主義と近代主義
—— 日本社会学の前提として

庄司興吉

　ポストコロナ期に向けて、日本の社会学は、提起されてきた諸課題にどのように取り組んでいくべきなのであろうか。現在の日本社会学は、1970年代以降、欧米から導入してきたマルクス主義、構造機能主義、構造主義、システム理論、ポスト構造主義などを批判的に継承し、超克する動きの延長上に展開されてきているが、それらの前提として70年代までに勝ち取られてきた諸成果を忘れていることが少なくない。そこでここでは、1970年代に出された一つの視点（庄司1975）をあらためて振り返ることをつうじて、ポストコロナ期へと向かう日本社会学の手がかりを探ってみたいと思う。

1　日本の近代化と社会科学の成立

明治維新と自由民権運動の展開
　日本の近代化は1868年の明治維新から始まった。
　幕藩体制の末期、力を蓄えていて優勢だった薩摩と長州のリードによるものだったが、このとき有力ながら取り残された土佐や肥前などから薩長中心の新政府形成に批判が出て、土佐の板垣退助などを中心に自由民権運動が起こされた。肥前の大隈重信も立憲改進党を設立してこの動きを促進した。
　板垣の自由党は、ルソーを掲げた中江兆民の思想などを背景に一時は大きな力を持った。福沢諭吉らと明六社を起こした加藤弘之も、スペンサーの前期思想をベースに天賦人権説を唱え、この動きに乗っていた（のちにスペンサーの後期思想をベースに転向するが）。
　しかし、これらの動きは明治政府のさまざまな働きかけにより、明治10年代後半（1880年代前半）までには下火となった。

大日本帝国憲法と天皇制国家の確立

長州出身の伊藤博文らは、ヨーロッパ —— とくに当時としては英仏に較べて遅れていたドイツやオーストリア —— に使節を派遣し、天皇に大権を持たせる憲法を起草して1889（明治22）年にこれを通し、翌1890（明治23）年に第1回選挙を実施して帝国議会を開設し、天皇に絶対的な主権を持たせる国家を設立した。

第1条に「大日本帝国ハ万世一系ノ天皇之ヲ統治ス」とある明治憲法は、事実上日本を天皇絶対主義の国家とする憲法である。

これによって天皇にたいするあらゆる批判ばかりでなく、明治国家そのものへの批判が事実上封じられた。1910（明治43）年に起こった幸徳秋水らのいわゆる大逆事件がその見せしめとなる。

大正デモクラシーと「民本主義」の形成

第一次世界大戦後、ドイツ・オーストリアと反対の側について戦った日本に民主主義のブームが訪れた。

日本資本主義は、1894-95（明治27-28）年の日清戦争をつうじて第一次（軽工業）の産業革命を達成し、1904-05（明治37-38）年の日露戦争をつうじて第二次（重工業）の産業革命を達成していた。したがって労働者階級の形成もそれなりに進んでいたので、第一次世界大戦後の民主主義ブームはそれなりに受け入れの下地もできていたのである。

第一世界大戦後のブームに乗って、吉野作造ら東大新人会のメンバーなどによるデモクラシー運動はそれなりに興隆した。しかし、吉野にも、デモクラシーの訳語として「民主主義」の語を用いることはできず、代わりに「民本主義」と言われたことは周知の事実である。

それほど大日本帝国憲法第1条の規定は大きかったのである。それでも、大正デモクラシーの運動はそれなりに盛り上がり、1925（大正14）年に治安維持法と抱き合わせに普通選挙法が成立して、25歳以上の男子普通選挙権が導入された。

2　日本マルクス主義の日本資本主義分析

櫛田民蔵 —— 農村の資本主義化と小作料の問題

資本主義の発達とデモクラシーの高揚は、社会科学に日本社会分析の必要性を感じさせる。

分析を要求した第一の分野は、当時まだ圧倒的な比重を持っていた農業と農村であった。

理論的には、1910年代にヨーロッパに留学し、帰国後、日本社会の貧困問題と取り組み、マルクス経済学の普及に大きな貢献をした河上肇（1879-1946）の役割が大きい（河上 1917）。

　河上の教え子で、マルクス経済学理解の深化に大きな貢献をした櫛田民蔵（1885-1934）が、農村で小作料の高騰に苦しんでいる農民のことを考えて、問題提起をした（櫛田 1931）。日本農村で農民たちは小作料の高騰に苦しんでいるが、これは日本農村の「封建制」のためなのか、それとも農村への資本主義の侵入によるものなのか。

　櫛田の見解は後者であった。小作料が現物納であることが多いのも、必ずしもそれが「封建的」であるためとはかぎらない。資本主義の発達は農業・農村にも及んでいるのであり、農村に遅れた要素はあるとしても、小作料は「前資本主義地代」ともいうべきものである。資本主義の勢いにたいして農民を守る策が取られなければならない。

猪俣津南雄 —— 金融資本主義化と日本的ブルジュワジーの政治的地位

　1915-21年にアメリカに留学した猪俣津南雄（1889-1942）は、第一次世界大戦、戦中戦後の世界的な雰囲気を感得していて、資本主義の発達に敏感であった。

　猪俣は、オーストリア学派の金融資本論をいち早く日本に紹介したうえで（猪俣 1925）、発達してきていた日本資本主義におけるブルジュワジーの政治的地位について、問題を提起する（猪俣 1927）。資本主義が発達し、金融資本が力を持ってくれば、ブルジュワジーが支配階級として力を持ってくるのは当然であるからである。

　猪俣はその立場から日本の無産階級（プロレタリアート）の戦略を立てるべきことを主張し（猪俣 1930）、世界資本主義は1927年を転期として「相対的安定化」の時期から「第三期」すなわち「没落への転向期」に入ったとして、資本主義への戦略を立てるべきことを主張した。

　この立場から、彼は統制経済を批判し（猪俣 1934a）、軍備、公債、増税の意味を大衆に理解させようとするとともに（猪俣 1934c）、農村を踏査し、「窮乏の農村」がいかに悲惨な状況にあるかを訴えようとする（猪俣 1934b）。『農村問題入門』（猪俣 1937）は、農村問題の深刻さを訴えつつ日本資本主義そのものへの対抗を主張する、彼の決死の闘いの産物であった。

野呂栄太郎の先駆的役割と『日本資本主義発達史講座』の刊行

　野呂栄太郎（1900-1934）は北海道の出身で慶応大学に学び、猪俣のもとでも

研究をおこなった。卒業論文で「日本資本主義発達史」を書いたが、その延長上で1930（昭和5）年に『日本資本主義発達史』を刊行し（野呂1930）、それに、その後に書いたいくつかの論考が加えられて、1935（昭和10）年に岩波書店から増補版として出されている（野呂1935）。

　この書で野呂は、唯物史観の立場から、大化の改新以前からの日本史を徹底的に書き直したうえで、明治維新の変革と産業革命の日本的特殊性を明らかにしている。そのうえで高橋亀吉の「プチ・帝国主義」論を批判し、封建的身分制度の廃除によって「階級対立の単純化」をおこない、なかんずく「農民からの土地収奪」によって資本の原始的蓄積をおこなって、資本家的生産様式を発達させてきた日本資本主義の実態に迫っている。その点からすると、猪俣の「現代日本ブルジョアジーの政治的地位」も、櫛田の「日本農村に於ける小作料の特質」も甘いという。

　じつはこの間に、日本共産党を指導してきたコミンテルンのテーゼ──「1927年テーゼ」に次ぐ「1932年テーゼ」──があり、日本資本主義を変革するための運動は、その政治的権力の中枢にある天皇制を直視しなければならぬと指摘されていた。櫛田や猪俣が大正デモクラシーいらいの日本政治の状況からしてこれらテーゼに批判的であったのにたいして、野呂はそれらをもっとまともに受け止めていた。

　野呂は、自らの日本資本主義発達史研究にもとづき、すでに32年テーゼが出るまえから、日本資本主義発達史にかんする総合的な共同研究の刊行を企画し、指導していた。野呂自身は、その後官憲に拘束され、拷問によって圧殺されたため、企画には執筆できなかったが、1932-33年に刊行された『日本資本主義発達史講座』（全7巻）は、総体として野呂の日本資本主義発達史研究の展開である。

3　日本資本主義の「全機構的」把握と資本主義論争

羽仁五郎の明治維新研究と服部之総の維新の背景および下地分析

　『講座』は7巻からなるが、1-2巻が第一部明治維新史、3-5巻が第2部資本主義発達史、第6巻が第3部帝国主義日本の現状、および第7巻が第4部日本資本主義発達史資料解説、である。

　明治維新史では、羽仁五郎（1901-1983）が、幕末に於ける社会経済状態、階級関係および階級闘争、政治的支配形態、思想的動向、政治闘争、および制度上の変革、までを執筆している。羽仁は、第一次世界大戦後のドイツに留学し、ハインリッヒ・リッケルトに歴史哲学を学び、イタリアを旅行してルネサンス以来

のその歴史、およびとくに歴史学者ベネデットー・クローチェに傾倒して帰ってきて、帰国後『講座』の刊行に加わった。ヨーロッパ近代を拓いたのは農民一揆であり、明治維新も基本的に同じであるという考え方から、幕末維新期の論文が勢い赴くままに書かれている。

社会学出身の服部之総（1901-1956）が、幕末における世界情勢および外交事情、および明治維新における制度上の諸変革について執筆し、これを補強した。服部は新人会のメンバーの一人でもあり、羽仁と較べて大正デモクラシーの雰囲気をよく肌身に感じていた。幕末から明治維新後にかけての日本経済を、『資本論』にいう「厳密なる意味におけるマニュファクチュア時代」として、産業革命の基盤を研究するための下地を敷こうとしたのもそういう配慮であった。

平野義太郎の機構分析と山田盛太郎の再生産分析

羽仁や服部の幕末維新史のうえに乗って、平野義太郎（1897-1980）が、明治維新における政治的支配形態、明治維新の変革に伴う新しい階級分化と社会的政治的運動、および資本主義の発達をふまえて、ブルジョア民主主義運動史、および議会及び法制史、を執筆する。平野は東京帝国大学法学部の出身で、1927-1930年にドイツのフランクフルト大学に留学し、カール・ヴィットフォーゲルやヴィルヘルム・ヴントの影響を受けて帰国し、『講座』に参加した。

以上の論文はすぐあとに『日本資本主義社会の機構：史的過程よりの究明』（平野 1934）として刊行されるが、その序文で平野は、およそ資本主義社会の研究は「全機構的把握」でなければならないことを明言している。法学部出身の彼は自分の役割が社会運動から法および政治の領域に及ばねばならないことを熟知したうえで、最大限の注意を払って明治維新以降の階級分化と社会的政治的運動の分析をおこない、それらを押さえ込んで建てられた天皇制国家を、検閲を最大限に避ける方法で記述しようとした。彼はその後体制に巻き込まれ、1945年には『大アジア主義の歴史的基礎』（平野 1945）を刊行することになるが、これについても今日では、ソ連に次いで中国の共産主義化は不可避とみて、それらとの関連で、アジアの植民地化を打破し、欧米中心の世界秩序の転倒に日本を導こうとする「偽装転向」だったのではないか、という説も出ている。

他方、山田盛太郎（1897-1980）は、経済学者としてマルクス理論の把握と応用に専念し、『講座』に加わって、「明治維新に於ける農業上の諸変革」、「工業に於ける資本主義の端緒的諸形態、マニュファクチュア・家内工業」、および「工場工業の発達」を執筆した。そのあとこれらをもとに刊行した『日本資本主義分析』では、山田は、日本資本主義を「軍事的半農奴制的」と規定し、日本資本主

義が、明治維新の地租改正他によって創出された小作料徴収の農業を「基柢」とし、絶対主義的支配機構によって強力的に創出された「軍事機構＝鍵鑰（キイ）産業」を「旋回基軸」としておこなわれた「生産旋回」、すなわち産業革命によって創出されたものとして把握している（山田 1934）。当時の検閲を意識しながら、独自の概念創出によって自説を枉げずに堂々と主張する戦術である。

　山田は、このときの分析に用いた理論をのちに『再生産過程分析表式序論』として刊行するが、これはマルクスの『資本論』が未完のまま残され、それをめぐって多くの論者がいろいろな説を展開するなかで、とりわけローザ・ルクセンブルクが、資本主義はその搾取機制のため一国体制内では再生産を維持できず、「領外の顧客」に矛盾の解消を求めざるをえないとしていたのにたいして、単純再生産のメカニズムを矛盾なく解明し、それに基づいて拡大再生産（縮小再生産を含む）の不可避性と矛盾を見事に解き明かした労作である（山田 1948）。この作品は日本マルクス主義の世界に誇りうる独創性を示している。

向坂逸郎 —— 日本資本主義論争の展開と空洞化

　こうして、『日本資本主義発達史講座』に執筆したマルクス主義者たちの諸論文とその後の労作によって、明治維新後の地租改正や廃藩置県など、および明治中期の大日本帝国憲法制定と帝国議会の開設を前提として、日清戦争前後から日露戦争前後にかけておこなわれた産業革命の特質と、それらによる日本資本主義「全機構」の確立過程と特質が明らかにされた。それはまさに、農村に於ける小作制度の「半封建的」あるいは「半農奴制的」特質を「基柢」として、絶対主義的な天皇制の軍事機構を「旋回基軸」としておこなわれた「生産旋回」すなわち産業革命の結果としての侵略的資本主義であった。

　この「軍事的半農奴制的」資本主義に、逮捕され死に至らしめられた野呂栄太郎を初めとして、これらのマルクス主義者の多くは弾圧され、平野義太郎の場合のように「転向」さえ強いられたのである。

　向坂逸郎（1897-1985）も 1922-25 年にドイツのベルリンに留学し、マルクス主義の研究をしてきた学究であった。しかし彼は、帰国後雑誌『労農』にかかわり、山川均、荒畑寒村、大内兵衛などと接し、櫛田や猪俣がすでに論陣を張っていた日本農村および日本社会全体の資本主義化を重視する見方に賭けた。『日本資本主義発達史講座』の刊行後、向坂は『労農』に依拠して『講座』に執筆した論客たちの論調を批判し、日本資本主義論争の口火を切る（向坂 1937）。講座派にたいして向坂らは労農派と呼ばれたが、両者の違いは、コミンテルンのテーゼを重視して日本資本主義の権力構造とその基礎にある半封建的生産関係を重視するか、

農村にまで浸透しつつあった資本主義の発達を強調して社会主義的な運動を重視するかにあった。

　その後の日本が辿った歴史的経過からすれば、日本農村に封建的な面が残っていたことと、日本資本主義が天皇制を絶対視して軍事力を強化し、朝鮮半島から中国東北部に侵略の歩を進めて、やがてアメリカとまで戦端を開いたことは明らかである。その意味で、講座派を中心とする日本マルクス主義の社会科学的分析力が優れていたことは認められなければならない。しかし、労農派にしても、ヒルファーディングやブハーリンらに学んでマルクス主義の社会科学的分析力を高め、日本農村の状態や日本資本主義の政治的支配構造への視点をそれなりに拓いたのであるから、その社会主義的志向の貢献は認められなければならない。問題はそれゆえ、こうした論争を含んだ日本マルクス主義の社会科学的分析力が第二次世界大戦後にいかに継承されていくか、であった。

4　エートス論的人間論と日本的近代化論

大塚久雄 ── 近代欧州経済史と人間の問題

　日本資本主義の発達とそれをめぐる論争に影響を受けた社会科学者のなかから、労農派も講座派も気がつかなかった問題に着目する者が現れる。

　大塚久雄（1907-1996）は、ヨーロッパ近代経済史の研究を株式会社発生の様子から始めたが、ルネサンス期から始まった株式会社創出の動きが、近代資本主義の展開からすれば「前期的」で、ほんらいの流れを生み出していないことに気づく（大塚 1938）。そこで彼はヨーロッパ経済史全体を見直し、のちの発展につながる「初期」的な動きがヨーロッパの辺境イギリスの農村部から出ていることに気づく（大塚 1944）。

　大塚は、この背景を理解するためにマックス・ウェーバーを読み、彼の宗教社会学、とりわけ『プロテスタンティズムの倫理と資本主義の精神』にカギがあることを見出す（Weber 1904-05=1955-62）。すなわち、重要なのは、たんに政治情勢や社会経済情勢の変化だけではなく、宗教改革のような、いっけん迂遠そうに見えながら人間行動に奥深いところから影響を与える精神上の変革なのだ、というのである。

　大塚は、ウェーバーのエートスの概念に、歴史を重要な曲がり角で左右する転轍機のような役割があったことを見出し、「近代化の人間的基礎」を強調するようになる（大塚 1948, 1968）。そのような観点からマルクス主義者の日本資本主義研究と論争を見直すと、そういう視点が欠けていなかったか。

川島武宜 —— 所有権法の理論と日本社会の家族的構成

　他方、平野と同じ法学者の川島武宜（1909-1992）は、もともと法解釈学すなわち法の解釈と運用に満足せず、法社会学すなわち法の社会的根拠の探究に関心を持っていて、マルクスの『資本論』を読み込んだあげく、近代法の根源をなす所有権法に人格としての資本の所有意志を見出した（川島 1949）。もともとヨーロッパの所有権は、ゲルマン法にいう「ゲヴェーレGewere」がそうであるように、共同体の集合所有を意味し、したがって重なりあうことも可能な概念であったが、近代法が個人にせよ集団にせよ人格を主体として「すべてか無か」の性格を持つようになったのは、近代資本主義の形成を背景としてのことなのだというのである。

　川島はここから、ましてヨーロッパにおけるよりももっと集団主義的な日本農村においては、入会権に典型的に見られるように、所有の主体も対象範囲も曖昧なのが当然であり、家族所有が村落所有に吸収され、やがては国家所有にまで一般化されていったのは、当然の勢いであったのだという。こうして日本社会では、個人の人格があいまいなまま、人びとが家族に吸収され、村落に吸収され、最終的には国家に吸収されていくのも当然だったのであり、すべての者が「天皇（すめらみこと）」の子であるという、「日本社会の家族的構成」ができあがっていったのである（川島 1948）。

　大塚の、宗教改革をつうじて信仰を内面化した個人と、川島の、資本として所有権の確立を意識した個人とは、いっけん直接の関係をもたないように見える。しかし、ウェーバーが『プロテスタンティズムの倫理と資本主義の精神』で明らかにしたことは、17世紀イギリス農村部のピューリタンたちのあいだで、この二つが歴史的一回性として同時に起こったということではなかったのか。そうだとすると、日本資本主義においても、「人間の問題」を抜きにして資本主義の分析や把握はできないのではないか。

丸山真男 —— 幕藩体制下の主体性認識と「無責任の体系」

　政治学者の丸山真男（1914-1996）は、官憲の思想弾圧の激しい時代に育ち、大学で政治学を選ぶとともに講座派の影響を受けた。ヨーロッパ政治思想史の研究をしたかったのだが、時代のためにかなわず、日本政治思想史研究をおこなう。ヘーゲルやフランツ・ボルケナウらの研究を日本研究に応用する姿勢は、ここから出たのだといわれている。

　のちに『日本政治思想史研究』に収録された戦時中の論文で、彼は、徳川時代の儒学者荻生徂徠にこれらヨーロッパ思想家の視点を適用し、徳川時代の日本に

すでに、「自然」にたいして「作為」を重視する近代的な思惟の萌芽が出ていることを主張した（丸山 1952）。18世紀初頭に起こったいわゆる赤穂浪士討ち入り事件で、浪士たちへの江戸庶民その他の好感を恐れ、処分の決断をためらう支配者にたいして、違法行為である以上それに見合った処分をしなければ法と秩序は維持されないとして、「作為」的な決断を迫ったというのである。この分析そのものには無理があるとの批判もあるが、丸山はこれによって近代的人間とはいかなる主体であったのかを示したことになる。

　第二次世界大戦での日本の敗戦後、丸山は、戦争を率いた日本の支配層の「思想と行動」を「超国家主義」と呼び、その論理と心理および行動様式を分析した（丸山 1956-57）。彼の分析によれば、それは「無責任の体系」と呼ぶべきものであったという。超国家主義者たちは基本的に自分自身の主体性を持たず、彼らの行動の最終責任を究極的には上位者に帰していく。軍はすべて上部の指揮命令で動くのが常識であるが、その上部は、事実上部下たちの突出した行動に引きずられながらも、その責任をさらに上部に帰していく。文民統制が徹底していれば、軍部の責任は政治的指導部に帰せられ、政治的指導部が民主的に選出されていれば最終責任は主権者としての国民に帰せられるはずであるが、すでに見た大日本帝国憲法のもとでは主権は天皇に帰せられている。しかも天皇は「万世一系」であるがゆえに、責任は過去に遡及され、結局はあいまいなままになっていってしまうのである。

　空間的に天皇に帰せられる最終責任が時間的に無限に過去にさかのぼり、けっきょく追及されないままになってしまうという、この構造は、上に見た川島の「日本社会の家族的構成」が、各家族の戸主から村落その他の長をへて最終的に天皇にいたり、「万世一系」の起点にまで遡及されてしまうのと同構造である。これは、日本の戦争責任が、大日本帝国憲法に基づく体制では明らかに天皇にあるにもかかわらず、天皇の戦争責任が追及されず、戦時体制に於ける政治的軍事的指導者の一部に帰せられて、彼らの処刑で終わってしまったことに対応している。丸山は、この問題を日本の思想そのものの問題とみて、明治期の思想家たちのなかでも、福沢諭吉は近代的主体の確立を目指して努力を続けたとみて研究を続けたが、福沢が日清戦争に次ぐ日露戦争のあと事実上「脱亜入欧」に同意したのではないかという、国内外からの批判にたいしては最後まで明確な答えは出せずに終わった（丸山 1986）。

5　社会心理学的人間論と日本的近代化論

清水幾太郎 ── 社会的人間論から社会心理学的視座の獲得へ

　エートス論的な近代主義の人間論にたいして、社会学はより社会心理学的な人間論を提起する。拠り所は、日本の最終敵となる方向に情勢が動いていたがゆえに、正面切って表には出せないアメリカの社会学と哲学、およびとりわけ社会心理学であった。

　清水幾太郎（1907-1988）は、1933年の『社会学批判序説』で、オーギュスト・コントの社会学をブルジュワジーのイデオロギーとして批判する（清水 1933）。次いで1935年の『社会と個人：社会学成立史』では、広い視野で社会学の成立を問題とし、社会学成立の背景に自立し始めた個人たちの活動があったことを指摘して、それらを規制する社会の学を樹立することが社会学創出の動機であったと主張する（清水 1934）。さらに1937年の『流言蜚語』では、前年の行動派青年将校のクーデター 2.26事件をめぐる社会状況を分析し、不安が高まる情勢のなかで流言蜚語が飛び交う必然性を指摘する（清水 1937）。

　1940（昭和15）年の『社会的人間論』は、こうした情勢がその後さらに深刻化し、人びとの不安が高まっていったなかで、明らかにアメリカの社会心理学を念頭におきながら、人間が社会のなかにどのように生まれ、家族、学校などをつうじてどのように社会化されてゆき、どのような社会的人間すなわち主体になっていくのかを、いっけんあたかも社会心理学入門のような論調で説き上げたものであった（清水 1941）。清水はこうして、丸山のいう超国家主義が日本社会をセメントのように固めていくなかで、なお人間が可塑的であること、けっして主体性をまったく奪われてしまうことはないこと、を示そうとしたのである。そしてこの人間論は、1941年の『新しき人間』（清水 1941）、さらに1942年の『思想の展開』（清水 1942）などで、いっけん転向と思われるような転調を伴いながら続けられていった。

　こうした清水に、敗戦が水を待っていた魚への洪水となったことは言うまでもない。清水は早速1946年に『民主主義の哲学』を書いてアメリカ風のプラグマティズムを紹介し、1948（昭和23）年には『社会学講義』を書いてアメリカの社会学を視野に取り込み、ヨーロッパの社会学と違って人間性を信頼し、それを基礎に育つ民主的な主体像を示した（清水 1946, 1948）。そこから展開は『ジャーナリズム』におよび、『愛国心』の病理的な形態にたいして本来の形を示し、そこからさらに『社会心理学』では、市民社会が大社会化とマス・コミュニケーショ

ンの発達とともに、大衆社会の様相を示してくることを予言的に提示した（清水 1948, 1949, 1950, 1951）。エートス論的人間論にたいする社会心理学的人間論の展開は、ここにほぼ全貌を現したといっても良かった。

宮城音弥と南博 ── フロイト精神分析と本格的社会心理学による 日本的精神構造の批判

　社会心理学的人間論の視野を広げ、それによって日本的精神構造批判の視野をも広げた者として、宮城音弥と南博がいる。

　宮城音弥（1908-2005）は、フランスに留学して精神医学を学び、帰ってきて主体性論争に参加した。1947（昭和22）年の『危機における人間』では、精神分析的社会心理学から人間の主体性にアプローチし、人間のもつ無意識的精神傾向への注意を促した（宮城 1947）。翌1948年に発表した「封建的マルクス主義」では、資本主義論争において日本資本主義の「封建性」にこだわったマルクス主義者たちの、精神構造そのものの封建性を指摘して、のちに「日本におけるスターリン批判の嚆矢」と評価された。1950年の『近代的人間』、1952年の『心理学入門』、同年の『新しい感覚』などをつうじて精神分析的要素を大幅に取り込んだ社会心理学を展開し、戦後日本における人間論の基礎の拡充に大きな役割を果たした（宮城 1950, 1952a, 1952b）。

　1953年の『夢』は精神分析の紹介として画期的で、1959年の『精神分析入門』、60年の『性格』、61年の『神秘の世界：超心理学入門』、67年の『天才』、68年の『人間性の心理学』などをつうじて、異常から超能力におよぶ精神世界を紹介し、人間論の幅を広げた（宮城 1953, 1959, 1960, 1961, 1967, 1968）。こうした角度から日本人の性格や県民性や歴史的人物に論及し、さらには日本人の生きがいを分析して、日本人論の幅を広げた（宮城 1969）。エートス論的人間論が、キリスト教を背景にしたヨーロッパの近代的人間主体を問題としていたのにたいして、同じヨーロッパの出自ながらフロイトの精神分析を基礎として、さまざまな精神病理にまで人間観の幅を広げ、人間論の適用範囲を広げた功績は小さくはないであろう。

　南博（1914-2001）は、戦時中にアメリカに留学して学位を取り、戦後帰国して一橋大学に最初の社会心理学講座を設け、アメリカ流の社会心理学を日本に広めた。1949（昭和24）年の『社会心理学：社会行動の基礎理論』は、事実上アメリカ風の社会心理学の最初の教科書である（南 1949）。同年の『アメリカの思想と生活』は、その前提となったアメリカでの生活と思想について述べたもので、日本におけるこの手の啓蒙書としては最初のものの一つである（南 1949）。この

角度から、南は、戦後に生きる人びとの不安に取り組み、コミュニケーションの重要性を指摘し、革命を成功させたばかりの中国にも注意を向けさせ、日本人が現代化していく戦後社会のなかで主体性を確立する方向を指し示そうとした（南1952a, 1952b, 1953）。

　その文脈でマス・コミュニケーションの重要性にかんする指摘も見逃すことができない（南1954）。彼はさらに、日本の、とくに若者たちの心理に注意を向け、不安や孤独を抜け出し、現代的な家族関係や人間関係を築いて日本社会を民主化していく方向性を指示しようとした。いわゆる日本人論ブームを巻き起こしたのも彼である（南1953）。精神分析を背景にしていただけに病理診断的な面の強かった宮城の社会心理学にたいして、生理も病理も含めた解放的人間観への視座を拓くことに貢献したと言えよう。

日高六郎と作田啓一 ── 全体主義批判から文化と価値の社会学へ

　社会心理学的近代主義をイデオロギーから文化の方面にまで広げた社会学者として、日高六郎と作田啓一がいる。

　日高六郎（1917-2020）は中国青島に生まれ、戦争末期に短期間、海軍技術研究所に所属した。日本の敗戦を見越してその先を見通そうとしていたといわれるが、彼の名を有名にしたのは、エーリッヒ・フロム『自由からの逃走』の翻訳である（Fromm 1941=1951）。ドイツ国民がナチズムに屈服させられた理由を明らかにしようとしたこの本の翻訳は、日高のなかにくすぶっていた日本国民の心情への思いを、フロイトの影響を受けながらも人間の社会性を広く解釈しようとしていたフロムの社会心理学に託そうとしたものであった。ナチズムを生み出したのがドイツの個々人の社会的性格ではなく、ドイツ国民の社会的性格であるとフロムが考えていたように、日高は、個々の日本人の社会的性格よりも、日本民衆の社会的性格こそが過去の軍国主義を生み出し、戦後の民主主義を混乱させていると考え、それをイデオロギーの問題として、またそれを生み付けていく教育の問題として考えようとしたのである。『現代イデオロギー』（日高1960）や『日高六郎教育論集』（日高1970）はその所産であり、この考え方は、『人間の復権と解放』（日高1973）、『戦後思想と歴史の体験』（日高1974）、『戦後思想を考える』（日高1980）、『私の平和論：戦前から戦後へ』（日高1995）へとつながっていった。

　他方、作田啓一（1922-2016）は、知識層まで含めて日本人の多くが、敗戦の体験から、ルース・ベネディクトの『恥の文化』（Benedict 1946=1948）による、西洋人の内面性を重視する「罪の文化」にたいする、日本人の外面性を重視する「恥の文化」という批判に声を上げられずにきていたなかで、日本人の文化ある

いは社会的性格のなかに内面の羞恥心があることを指摘し、日本文化のより深い
理解へと道を拓いた。『恥の文化再考』（作田 1967）である。そしてこれは作田が、
清水や宮城や南から日高らにいたるまでそこまで掘り下げられずにきていた、社
会をつくり、さらに人間をつくる価値の問題にまで、日本社会学の考察の深度を
掘り下げていくものであった。価値 Wert, value の問題は、マックス・ウェーバー
やパーソンズにおいて深く掘り下げられ、人間の社会的行為と社会そのものの存
立を可能とするものとして扱われていたが、作田は『価値の社会学』（作田 1972）
においてこれらの考察をさらに深く掘り下げる。それは、彼のルソー研究『ジャ
ン・ジャック・ルソー：市民と個人』（作田 1980）、『個人主義の運命：近代小説
と社会学』（作田 1981）、『ドストエフスキーの世界』（作田 1988）などで展開され
るような、合理主義だけでは解決できない人間と社会の基礎、合理か非合理かの
二者択一を超えて展開されてきた行為と文化の世界を照らし出そうとするもので
あった。『生成の社会学をめざして：価値観と性格』（作田 1993）や『生の欲動：
神経症から倒錯へ』（作田 2003）が最終的に示そうとしたように、これはじつは、
人間と社会の、いたるところにあるようで、具体的に所在を示すことの困難な、
それでいてその性格を決定づけていく、抽象的であるように見えながらはなはだ
具体的な、あえて言えば「生の欲動」としか言えないような人間的社会的存在な
のである。

　こうして日本の社会［科］学は、世界システムの一環として浸透してきた資本
主義の発達度とその特殊性を分析するところから出発し、そのなかで不可避的に
問われる人間の問題とりわけ近代的主体の問題を明るみに出して、こうした主体
の生成と民族性を問うことから、社会形成の基礎にある価値の問題にまで迫って
いったのであった。

6　戦後日本における社会科学の対決

　ヨーロッパのマルクス主義をマルクス・レーニン主義として受け止め、社会
主義革命を起こしながらスターリンの独裁を生み出していったソ連にたいして、
ヨーロッパの社会［科］学を、先住民を追い詰め、黒人を奴隷とし、その後「解
放」しながらも構造的に差別して、自由と実用の社会を生み出していったアメリ
カ。それらにたいして、アメリカのイギリスからの植民地解放に学びながら、中
南米からアジア・アフリカへと植民地解放の波を広げ、ソ連の「社会主義」にも
学びながら全人類解放への道を拓いていったラテンアメリカ・アジア・アフリカ
の民族解放運動。ヨーロッパはこの間に、フロイトを創始者として無意識という

広大な未開拓世界を発見し、それを含む人間と社会の新しい解放のための計画という問題を提起するが、この地球的規模の激動のなかで、19世紀半ばに覚醒し、近代国家を形成し始めた日本は、いかなる世界史的貢献をなしえたのであろうか。

主体性論争と戦後日本資本主義分析

17世紀に市民革命を起こし、18-19世紀に産業革命を起こして世界を制覇したイギリス中心の世界システムが、19世紀から20世紀にかけて日本に浸透し、日本資本主義を形成していった過程を、明治大正の民主主義・社会主義から成長した日本マルクス主義は分析しようとしたが、経済的発展と天皇主権の基盤との関連をめぐって見解が分かれ、論争が展開された。この論争は、日本軍国主義の「大東亜共栄圏」構想を粉砕し、朝鮮半島と台湾をも解放しつつ、沖縄占領と広島長崎への原爆投下によって日本本土を焦土に帰せしめた連合軍の軍事力によって、決着づけられる。すなわち、大日本帝国憲法の天皇主権は否定されて日本国憲法の「象徴」天皇制となり、農村の半封建的生産関係は農地改革によって払拭されて、日本国民は一律平等に主権者とされたのである。

敗戦によって解放され、活動を再開したマルクス主義者たちは、占領軍の、この民主化の意味をすぐには正確に把握できないまま、旧労農派系はとにかく社会主義を求めて動き出した。旧講座派系は、天皇制が象徴天皇制として残されたことに不満ではあったが、その政治的社会的機能の方向については正確な見当もつかないまま、国外に逃れていた指導部なども迎え入れて新しい態勢をつくろうとし、その過程で連合軍内部の米ソ対立などに振り回されて混乱した。その間、哲学をも巻き込んで大きな問題となったのは、近代主義が戦時中から彫琢し続けてきていた主体性の問題であった（清水他 1948）。軍国主義に振り回されて、台湾、朝鮮半島、中国から東南アジアの民衆に多大の犠牲を強いてきた日本民衆は、自らを解放する意志も持ちえないまま、いわば他律的に「解放」されて主権者となったものの、主権者となりうるだけの主体性をどの程度持っており、持っていないとすればそれをどのようにして獲得することができるのか。

マックス・ウェーバーを手がかりとするにせよ、ヨーロッパの宗教改革あるいはデカルト的哲学革新と絡んだエートス論的近代主義の主体性概念が、日本民衆に親和的でなかったことは明らかである。その意味で、世俗的で、宗教にも哲学にもいわば常識的なつながりしか持とうとしなかったアメリカ社会心理学の系統を引き継いだ日本近代主義が、日本民衆の漸次的主体化の指針となっていったのはいわば当然であった。これと並行して、アメリカ軍を主力とする連合軍の日本占領の意味が、米ソ冷戦の開始とともに明らかになり始め、日本資本主義が天皇

主権制から解放された代わりに、サンフランシスコ講和条約と日米安全保障条約による新たな「超越主権」のもとにおかれることになったことをめぐって、日本資本主義分析は新たな課題のもとに立たされ、新しい論争の渦を巻き起こしていくことになる（高内 1961）。

日本的市民社会論と大衆社会論争

　新たに主権者として認められた日本国民をめぐる主体性論争は、主権者の社会が市民社会であるとして、日本社会が市民社会たりうるかどうかをめぐる論争に展開していった。エートス論的近代主義が宗教改革や「自然と作為」の峻別を生み出す思惟革新を掲げて、市民社会に厳しい態度を取ったことはいうまでもない。これにたいして、社会心理学的近代主義の社会観は、自然と連続的で柔軟であった人間論に対応して連続的で柔軟であったから、日本的市民社会の形成についても相対的に楽観的であった。戦後日本のさまざまなところに出現した占領軍の兵士たちが、チューインガムやチョコレートで子どもたちを引きつけてアメリカ化していったのに加えて、戦後の民主教育がアメリカモデルの家庭や学校や職場を広めていったことから、日本社会は、数知れぬ誤解や勘違いを伴いながらもゆるやかに市民社会化していく。学校のクラス委員選出などでおこなわれるようになった選挙は、国政のみでなく都道府県から市町村でもおこなわれるようになった選挙と響きあい、ぎこちなく、深みを欠きながらも日本社会を市民社会化していったのである。

　これに加えて、超越主権のもと、旧植民地朝鮮半島の分断をめぐる戦争の特需で始まった日本の戦後復興は、瞬く間に経済成長に展開し、日本社会に質を問わぬ雇用機会と豊かさをもたらし始めたため、1950年代半ばから労働力、とくに若年労働力の都市部への移動が奔流となり始め、50年代後半以降は都市部の膨張が激化し始めた。日本社会は市民社会として成熟するまもなく、グレアム・ウォーラスのいう「大社会」となり始め、1930年代以降のドイツ・ナチズムや1950年代以降のアメリカ社会で本格化し始めた大衆社会の様相を帯びてくる。ナチスを生んだ「危機の大衆社会」は、「戦後民主主義」の未成熟ながら活動的な社会に飲み込まれ、リースマンの「孤独な群集」やミルズの「ホワイトカラー」は及びもつかないながら、田舎っぽいながらも活気あふれた大衆社会が出現するのである。日本の、未熟ながらの市民社会と、気品はともかく活気あふれた大衆社会は、大東亜共栄圏の夢を打ち砕かれ、都市爆撃と沖縄占領と原子爆弾で焼け野原にされた日本を、東西に分割されたままのドイツを超える戦後繁栄社会のモデルにまで仕立て上げるものであった（松下 1959→1969; 1962）。

マルクス主義とインダストリアリズムの対決へ

　1960年代から70年代にかけての日本は、こうして、社会［科］学にとって試練の時期となる。マルクス主義は、ソ連がスターリン批判のフルシチョフ時代から「再スターリン化」と批判されたブレジネフ時代に移行していき、中国がプロレタリア文化大革命の大混乱に陥っていくなか、日米安保体制下の日本を問い、学生たちのラディカリズムが大学闘争へと向かっていくなかで、資本主義の将来を問わなければならなかった。アメリカでも、公民権運動が大学へと波及するなか、ヴェトナム侵略戦争の激化が学生青年層をラディカル化し、これを背景に社会［科］学への批判が強まっていく。こうしたなか、アメリカ社会学を批判し、社会システム理論をマルクス主義的に改造して大学闘争後の日本の将来を予見しようとした分析は、限定的な力しか持たない（庄司 1977）。マルクス主義はそれ自体を超えて、国際社会が激動し世界社会化していくなかで、根底から社会［科］学を建て直そうとするしかなくなっていくのである。

　アメリカ社会学は1950年代の世界情勢を見つつ、インダストリアリズムの勝利を確信し始めていた（Kerr et al. 1960=1963）。1848年のマルクス-エンゲルスの『共産党宣言』を見よ、とそれは言う、彼らが要求したほとんどの項目が今日では実現されている、しかも、その延長上で革命を起こし「社会主義社会」を築いてきたというソ連においてではなく、今日の米欧の産業社会においてである、と。「資本主義」と批判されながら企業活動を奨励し、工業からあらゆるサービス産業までを展開してきた今日の産業社会では、技術革新がたえまなく起こり続け、政府の経済政策によって投資が拡大され、再分配が強化されてきたなか、労働者の多くは職を得、労働組合の活動も活発となり、アメリカのように労働者の政党がない場合でも、それに変わって機能する政党が政権に大きな影響を及ぼすようになってきている。「社会主義」を追求している社会も、それが実質的に成功していけば同じような社会になっていくのではないか。その意味で、対立すると見られてきた両体制は「収斂」し、対立を煽ってきたイデオロギーは「終焉」していくのではないか（Bell 1962=1969）。

　こうした理論状況のなかで、日本の社会［科］学は、アメリカに次いでヨーロッパから流れ込んでくる、新たな時代の諸理論を受け入れていくことになるのである。

【文献】

Bell, D., 1962, *The end of Ideology: On the exhaustion of political ideas in the fifties*, Free Press.（岡田直之（訳），1969,『イデオロギーの終焉：1950年代における政治思想の枯渇について』

東京創元新社.)

Benedict, Ruth Fulton, 1946, *The Chrysanthemum and the Sward: Patterns of Japanese culture.*（長谷川松治（訳）, 1948,『菊と刀：日本文化の型』社会思想社.）

Fromm, E., 1941, *Escape from Freedom*, Holt, Rinehart & Winston.（日高六郎（訳）, 1951,『自由からの逃走』創元社.）

日高六郎, 1970,『日高六郎教育論集』一ツ橋書房.

―――, 1973,『人間の復権と解放』一ツ橋書房.

―――, 1974,『戦後思想と歴史の体験』勁草書房

―――, 1980,『戦後思想を考える』岩波新書.

―――, 1995,『私の平和論：戦前から戦後へ』岩波新書.

平野義太郎, 1934,『日本資本主義社会の機構：史的過程よりの究明』岩波書店, 改版第 1 刷 1948, 第 20 刷改版 1967.

―――, 1945,『大アジア主義の歴史的基礎』河出書房.

猪俣津南雄, 1925,『金融資本論』希望閣.

―――, 1927,『現代日本ブルヂョアジーの政治的地位』南宋書院.

―――, 1930,『日本無産階級の戦略』文芸戦線出版部〈文芸戦線叢書 第 6 篇〉.

―――, 1934a,『統制経済批判』改造社〈日本統制経済全集 9〉.

―――, 1934b,『窮乏の農村：踏査報告』改造社.1982, 岩波文庫.

―――, 1934c,『軍備・公債・増税：大衆の理解の為めに』改造社.

―――, 1937,『農村問題入門』中央公論社.

河上肇, 1917,『貧乏物語』弘文堂; 1947, 岩波文庫.

川島武宜, 1948,『日本社會の家族的構成』學生書房.

―――, 1949,『所有権法の理論』岩波書店.

Kerr, C., Dunlop, J. T., Harbison, F. H., & Myers, C. A., *Industrialism and Industrial Man: The problems of labor and management in economic growth.*（川田寿（訳）, 1963,『インダストリアリズム：工業化における経営者と労働』東洋経済新報社.）

櫛田民蔵, 1931,「我が国小作料の特質について」『大原社会問題研究所雑誌』6 月. 櫛田民蔵, 1979,『櫛田民蔵全集第 3 巻　農業問題』社会主義協会出版局.

―――, 1978-81,『櫛田民蔵全集』社会主義協会出版局.

『日本資本主義発達史講座』全 7 巻, 岩波書店.

丸山眞男, 1952,『日本政治思想史研究』東京大学出版会, 新装版 1983.

―――, 1956-57,『現代政治の思想と行動』未来社, 増補版全 1 巻 1964.

松下圭一, 1959,『現代政治の条件』中央公論社, 1969, 増補版.

―――, 1962,『現代日本の政治的構成』東京大学出版会.

南博, 1949,『アメリカの思想と生活』真善美社.

―――, 1949,『社会心理学：社会行動の基礎理論』光文社.

―――, 1952,『生きる不安の分析：自殺への誘惑は避けられないものだろうか』光文社.

―――, 1952,『コミュニケーシォン活動』日本電報通信社.

―――, 1953,『中国：ヨーロッパを追い越すもの』光文社.

―――, 1953,『日本人の心理』岩波新書.

―――, 1954,『現代のマス・コミュニケーション』要書房.

宮城音弥, 1947,『危機における人間』白日書院.

―――, 1950,『近代的人間』金子書房.

―――, 1952a,『心理学入門』岩波新書.

———, 1952b, 『新しい感覚』筑摩書房.

———, 1953, 『夢』岩波新書.

———, 1959, 『精神分析入門』岩波新書.

———, 1960, 『性格』岩波新書.

———, 1961, 『神秘の世界：超心理学入門』岩波新書.

———, 1967, 『天才』岩波新書.

———, 1968, 『人間性の心理学』岩波新書.

———, 1969, 『日本人の性格：県民性と歴史的人物』朝日新聞社.

野呂栄太郎, 1930, 『日本資本主義発達史』鐵塔書院.

———, 1935, 『日本資本主義発達史』岩波書店.

大塚久雄, 1938, 『株式会社発生史論』有斐閣; 大塚久雄著作集第1巻, 1969, 岩波書店.

———, 1944, 『近代欧洲経済史序説』日本評論社; 大塚久雄著作集第2巻, 1969, 岩波書店.

———, 1948, 『近代化の歴史的起点』学生書房.

———, 1968, 『近代化の人間的基礎』筑摩書房.

向坂逸郎, 1937, 『日本資本主義の諸問題：資本主義と農村の社会的分化』育成社.

———, 1947, 『日本資本主義の諸問題：資本主義と農村の階級的分化』黄土社.

作田啓一, 1967, 『恥の文化再考』筑摩書房, 新装版 1976.

———, 1972, 『価値の社会学』岩波書店, 2001, 岩波モダンクラシックス.

———, 1980, 『ジャン‒ジャック・ルソー：市民と個人』人文書院.

———, 1981, 『個人主義の運命：近代小説と社会学』岩波書店［岩波新書］.

———, 1988, 『ドストエフスキーの世界』筑摩書房.

———, 1993, 『生成の社会学をめざして：価値観と性格』有斐閣.

清水幾太郎, 1933, 『社會學批判序説』理想社出版部.

———, 1935, 『社会と個人：社会学成立史』刀江書院.

———, 1937, 『流言蜚語』日本評論社; ちくま学芸文庫, 2011.

———, 1940, 『社会的人間論』河出書房, のち創元文庫・角川文庫.

———, 1941, 『新しき人間』河出書房.

———, 1946, 『民主主義の哲学』中央公論社.

———, 1948, 『社会学講義』白日書院.

———, 1949, 『ジャーナリズム』岩波書店［岩波新書］.

———, 1950, 『愛國心』岩波書店［岩波新書］；ちくま学芸文庫, 2013.

———, 1951, 『社会心理学』岩波書店.

———他, 1948, 「座談会 唯物史観と主体性」日高六郎（編）『近代主義』現代日本思想体系 34, 筑摩書房.

庄司興吉, 1975, 『現代日本社会科学史序説：マルクス主義と近代主義』法政大学出版局.

———, 1977, 『現代化と現代社会の理論』東京大学出版社.

高内俊一, 1961, 『現代日本資本主義論争』三一書房.

Weber, M., 1904-05, *Die protestantische Ethik und der "Geist" des Kapitalismus GAzRS*, Bd.I, 1920.（梶山力・大塚久雄（訳）, 1955-62, 『プロテスタンティズムの倫理と資本主義の精神』岩波書店.）

山田盛太郎, 1934, 『日本資本主義分析：日本資本主義における再生産過程把握』岩波書店.

———, 1948, 『再生産過程表式分析序論』改造社.

ポストウエスタン・ソシオロジーと日本の社会学
—— 一つの問題提起

矢澤修次郎

1 問題の所在

　近年ポストウエスタン・ソシオロジーという名称を見る機会が増えてきているように思われる（Yazawa 2018）。ポストという接頭辞は、脱とか後とかを意味するものだから、この名称は極めて曖昧かつ広義の意味しか持っていない。多くのものを含みうる、いわば広義の普通名詞的な表現である可能性がある。しかし中には意識的にそれを作ろうとする狭義のポストウエスタン・ソシオロジーもあれば、方法としてのポストウエスタン・ソシオロジーと呼べるものもある。前者の例としては、U. ベックのコスモポリタニズムを挙げることができるだろう（Beck 2016）。

　それでは方法としてのポストウエスタン・ソシオロジーとはどのようなものか。それは日本の社会学にとっていかなる意味を持ちうるのか。以下ではこれらのことを明らかにする。そしてそれが、日本の社会学にとって持つ意味を考えてみたい。

2 方法としてのポストウエスタン・ソシオロジー

　フランスの社会学者で、主要研究テーマの一つに「中国社会と社会学」を持つロランス・ルロー–ベルジェ Laurence Roulleau-Berger は次のように問う。このグローバル化の時代において、知識生産のシステムの構造が変化し、その生産地も、欧米以外の地域の比重が高まっているにもかかわらず、その重要性と意味が認識されず、依然として欧米中心主義が支配的なのはなぜなのか？　その現状を克服するには何がなされなければならないのか？　その結果としてどのような社会学が作り出されなければならないのか？（Roulleau-Berger 2014）本論文は、ルロー–ベルジェの諸々の問いに対するいくつかの回答である。

ルロー－ベルジェによれば、社会科学における強固な西洋中心主義の現状は、研究者の不注意や勉強不足に帰せられる問題ではない。それは、西洋の科学によってのみ、普遍的な社会科学的知識が作られると考える、問われる事のない前提の結果である。そこでまず西洋科学の科学論、認識論が問われる必要がある（Ibid. chap.1）。

　生きることが与えてくれる根源的な問題関心、問題認識、そして恐らくG. バシュラール、カンギレーム、P. ブルデューなどによって代表されるフランス認識論の伝統、さらにはさまざまなフランス思想（R. バルト、G. ドゥルーズなど）によって支えられ、ルロー－ベルジェは、物事をこれまでとは全く異なる形で認識できる一つの認識空間に入ることができた[1]。

　さて、この認識空間においては、極めて多種多様な形態の知識がこれまた複雑な関係性を持ちながら存在している。ここまでだったら一般的な知識空間においても認識することができるだろう。しかし作られた特別の認識空間においては、その先を見て取ることができる。すなわちルロー－ベルジェは、複雑な関係性を混沌として放置するのではなく、関係性の最も重要な特徴を認識的不正義として認識し、取り出したのである。

　ここで言う認識的不正義とは「一集団の認識的フレームワークが他の集団のプレッシャーを受けて変化させられる」（Roulleau-Berger 2014: 14）事態を指している。もちろんこの過程自体詳しく考察されるべきであるが、彼女が中でも注意していることは、何よりもまず、極めて多様な形の知識が作り出されていることである。多様な形態の知識が存在し、いや存在するからこそ、それらの知識がどのように作られるのか、その過程を明らかにし、多様な形の知識の存在を確証することが重要になるのである。

　さまざまな知識形態の中には、相対的に自律的に形成されたものもあるし、他の知識と実態に関連する形で形成されたものもある。先進的に知識を生産してきたヨーロッパやアメリカの影響下に作り出された知識もあれば、それらとは関係なく形成された知識、それらとは連続性を持たない知識もある。ヨーロッパやアメリカではあまり高く評価されない知識もあれば、ヨーロッパやアメリカにおける原理とは相いれない原理によって形成された知識もある。

　しかし今日の知識空間は、西洋産の知識と関係し、連続性を持つ知識がスポットライトを浴び、その他の多様な知識は暗闇の中に放置され、あたかも存在しないかのような状況にある。なぜ西洋中心主義と呼ばれるような状況が生み出されたのか。その答えをうるためには、知識生産過程の詳細な検討を必要とするが、アリストテレス以来の西洋論理学の伝統を基盤とする以外に科学的知識を生産す

る道はない、と信じられてきたことが大きいと考えられている。

　知識空間には極めて多様で異質な知識が存在しているにもかかわらず、西洋の原理に依拠して作られ、それと関係し、それと連続性を持って形成された知識だけがあるかの如く把握すること、ルロー−ベルジェはそれを認識的不正義と表現するのである。彼女はポストウエスタン・ソシオロジーを「認識的不正義と戦い、知識の境界間の等価性の地平を構築すること」と定義した（Roulleau-Berger 2014: 14）。

　そこで彼女は、現実を正確に把握し、問題を正しく解決することのできる社会科学を構築するために、そして西洋中心主義から脱却するために、新しい知識空間を構築しようとする。その空間はできたらトランスナショナルな空間が良い。要するに、著しく多様な知識形態をはっきりと認識することができ、西洋中心主義から脱却することを可能にしてくれる空間である（Ibid.）。

　もちろん、そのトランスナショナルな知識空間はあらかじめ決められた一つのものではない。複数の、多くのものが考えられる。そのうちルロー−ベルジェが選択したのは、フランス社会学と中国社会学が交差する認識空間であった。

　彼女のこの選択は、彼女の専門の一つが中国社会学研究であったから、ごく自然なものであると同時に適切なものであった。中国社会学は、20世紀初頭以来、日本社会学の影響も含めてそれなりの発展をとげ、戦後においては、1960-70年代における空白を経験しながらも、1979年以降、多くの人々が目を見張るような展開を見せている [2]。近い将来、欧米を中心とした社会学圏と中国を中核とした社会学圏が形成されるかもしれないという予想も、あながち的外れではないだろう。

　ルロー−ベルジェによれば、我々が必要としているトランスナショナルな認識空間は、西洋中心主義からもオリエンタリズムからも自由な空間である。ということは、その二つを特徴付けている二項対立的な思考様式から自由な認識空間を必要としているということである。またこの空間は、西洋的知識とは異なりながらもそれと等価な知識を、自己反省＝再帰的な形で生産する場所、サイト、地点を含んでいる必要がある。そしてその空間において、異質なもの同士が相互作用し、ダイアローグを通して、新しい知識が生産されるのである。

　これまでも述べてきたように、このトランスナショナルな認識空間においては、極めて多様な知識がこれまた多様で複雑な関係を結びながら存在している。そこで我々は、この空間においては、新しいパースペクティブ、新しい概念、新しい理論を構築する方向に向かわざるを得なくなる。ルロー−ベルジェは、こうした新しいパースペクティブ探究の努力をポストウエスタン・ソシオロジーと呼ぶ

のである。

　さらに彼女は、多様な知識の複雑な関係のうち、連続性、不連続性、交差、矛盾、空白などの関係性に注目する。そのうち最も重要なものは、連続性、不連続性の区別である。

　さまざまな異なる地点に根差した知識の関係するトランスナショナルな認識空間を作り、そこにおいて、西洋の知識を模倣するのではなく、また文脈、状況を異にする類似の知識を安易にブレンドするのでもなく、それぞれ単独であるケースを含めて、複雑なさまざまな知識の連続性、断絶性、交差、矛盾、インタバルなど、両知識がそれぞれ単独であるケースを含めて、複雑な関係をひとつひとつ明らかにし、そのことを通じて、さまざまな地点の知識を結びつける概念フォーマットや基礎概念のエラボレーションをしてゆく、それがポストウエスタン・ソシオロジーへの道を開くのである。この文脈において、異なる知識の連続性、不連続性は大きな意味を持っている。この点はのちに詳述することになるが、ここでは連続性はもちろんだが、異なる知識、不連続性も排除されるのではなく、両者が媒介され、新しい知識がリゾーム的に発展してゆく可能性が注目されていることだけを、書き留めておくことにしよう。

3　ポストウエスタン・ソシオロジーの評価と問題点

　筆者はこれまで、ルロー–ベルジェの本の論理構造を明らかにすることを目指して、その主張を要約してきた。その作業の中でなによりも重要だと思ったことは、彼女の著書全体を貫く論理構造をもっと明確にする必要があるのではないかということである。これまでの要約においても、彼女の論理はこうではないかと推測せざるをえない箇所がいくつかあった。要するにポストウエスタン・ソシオロジーの論理構造をより明確にする必要があるのではないか。

　ルロー–ベルジェの理論的立場は、フランス・エピステモロジーの伝統を踏まえた空間論、ブルデューの実践理論などであろう。勿論、それらの忠実な担い手ではなくて、それらを彼女なりに展開したものであろう。経験としての認識を深める、そしてその中で、認識主体は、認識の仕方の変革とともに、知識がナショナルな産物であるというよりも、そうした過程の様々な状況、リージョン、プレイス、関係の産物であることを発見する。そうした過程の結果として、彼女の立場が作られたのであろう。

　個人を中心として経験的には理解できる認識空間の形成は、理論的にはどのように説明できるのだろうか。筆者の見る限りでは、それはブルデューの社会空間

論が与えてくれるのではないか [3]。それは、1990年代後半に行われた地理学分野における空間論の復興の試みにおいても、「社会空間化の理論」の社会学分野における先駆として注目された [4]。

ブルデューによれば、性向としての人間は、性向から響導原理をうるとともに、現実にたいして文化的なカテゴリーを付加することによって、現実を知覚、認識しつつ行為をする。このようにして行われる行為は、人間組織化、関係形成行為である。それはまた、社会空間化行為にほかならない。そしてその組織化は、官僚制的組織ではなく、より一層フレキシブルな組織であると考えられる。

以上のような理論がルロー–ベルジェによって採用されるかどうかは、勿論、わからない。しかし、いずれにしても、彼女はフランス・エピステモロジーの伝統（バシュラール、カンギレーム、フーコーなど）にたって、トランスナショナルな認識空間、一切の二分法的思考を超えた関係論的思考空間をつくろうとしたことは確かである。

彼女の著書の要約部分にもあるように、形成された認識空間は決して平坦なものではない。そこには理論間の対立、矛盾をはじめとして様々な関係がある。場合によってはいかなる関係も持たないこれらの関係の意味するものを汲みとり、新しい理論を作りあげようとすることは、社会学の発展にとって、大いに資する可能性を持っている。この方向をもっと確実なものにするためには、認識空間の構成要素は何か、時間、空間、身体、言語と認識の関係はどう考えたらいいのかなど、各理論の認識論にまで立ち返った検討、認識技法の検討などなどの課題が解決される必要がありそうだ。

西洋社会学が中国社会学との間にトランスナショナルな認識空間を作るという方向性に疑問を呈する向きもあるかもしれない。しかしこれは、ルロー–ベルジェの内的な促しによるものであると同時に、地球社会の中心がアメリカから太平洋を渡るとの予測は1970年代以降繰り返されており、それほど奇異ではない。また中国社会学だけではなく、日本や韓国などを含めた東アジア社会学である場合には、全く問題はない。

彼女の著書は、中国社会学史、中国社会学の現状を知るためには、最良の書の一つである。

ところで、彼女が著書第一部3章を、ブルデューからの引用で開始していることが象徴しているように、彼女は社会調査も認識論の一部と考えているのだろう。トランスナショナルな認識空間に於いては、絶えず理論と調査はセットであり、切り離すことはできない。そしてトランスナショナルな認識空間における国際共同調査は、フランスにおける調査であれ、中国における調査であれ、どこの調査

であっても、究極的には調査チーム全員の調査に行き着くことになる。このような調査は、それぞれの国の調査はその国の国民である研究者が行い、それぞれの調査の結果を持ち寄り比較するという、これまでの国際共同研究の常識を超えている。そこで調査者は、社会調査のあらゆる問題を理論的に検討し直すと同時に、調査の経験を理論化する必要に迫られる。著書の第一部3章は、彼女のこうした努力を書き留めたものであろう。今後、新しい国際共同社会調査のメティエの開発、体系化が急がれよう。

　さて第二部の4章から8章においては、フランスと中国における現代社会の主要問題に関する社会学的研究の到達段階、現状の検討が行われている。ここではまず初めに、フランスにおいてはフランス・エピステモロジーの伝統、科学の発展は断絶を含んだ連続的なものであり、また科学的方法は領域、専門分野、パラダイム、リージョンによって、必ずしも同じではないとするregional rationalismが存在し、中国においては中国の単独性を主張する議論があることを確認した上で、調査法、多地点に根を持つ社会学における方法論的コスモポリタニズムの重要性、エスノグラフィーにおける意味解釈の問題などの点に関して両社会学の議論をすり合わせている。検討、確認されている問題は、都市社会におけるsegregation、経済社会における不確実性、移民、国家、社会的葛藤、集合行為、環境リスクなどである。勿論これらは、彼女がこれまでに取り組んできた、またこれからも取り組む社会学的問題でもある。

　以上によって、トランスナショナルな認識空間において、両社会学が如何なる関係にあるかを抽出、判断し、それが何を意味するかを理解する準備が整った。

　ルロー－ベルジェは両社会学の関係を、社会学的知識が連続的である場合と、不連続的である場合とに大別して提示している。理論的知識が連続的で共通概念が見出されると判断されたのは、1 構造過程、支配、抵抗、2 社会階層と不平等、3 移動、4 社会的ネットワークと社会資本、5 自立性と主体性、6 WeとMeのフロンティア、の6つである．また不連続であると判断されたのは、1 公共空間と規範の複数化、2 主体化と承認のための闘争、3 ヨーロッパにおける社会と中間スペース、4 中国における拡散された宗教性、の4つである。

　そのような判断がどのようにしてなされたのか、その点を少し詳しく見てみよう。まず何をもって連続的であるのか不連続的であるのか、その判断基準が問題にされなければならないだろう。その基準に関しては、ルロー－ベルジェは必ずしも厳密な規定を与えていないように思われるが、様々なイシューに関する理論的空間を共有しているかいないかに置かれていると判断することができる（Roulleau-Berger 2014: 14）。

彼女はまず、「支配とオートノミー」に関するブルデュー以降のフランスの研究史を検討する。彼女によれば、フランス社会学においては、単一の社会システムによる支配というのは、もはや考えられない。考えられているのは多元的支配である。それと同時に、経済支配、政治支配、文化的支配、人種民族的支配は、それぞれ切り離して考えられ、それらがさまざまな場所や状況にある人々によって担われ関係付けられることによって行使されるのであるから、支配は多元的、関係的、多状況的である。他方フランスにおいては、各集団はそれぞれ相対的なオートノミー autonomie を持っており、各集団は他の集団との葛藤、対立、抗議、連帯、同調などの関係形成によって、弱い集団であっても強い集団にみずからの声を聞かせることができる。すなわち支配とレジスタンスの共存、同時存在とも言える特徴がこうした状況、文脈を利用して、プレケリアス・ワーカー precarious worker、失業者、移民などの弱者集団はレジスタンスを組織することを行うのである。フランス社会学は、フランスの弱者集団が、このような方法によってレジリアンス空間を作り、それをステップとしてフランス市民社会の自律的構成主体となろうとする過程を捉えている。

　それではこの問題は、中国社会学ではどのように研究されてきたのか。確かに中国は、経済的権力、政治的権力、社会的権力が一点に集中する強い国家を持つ社会である。政策に関しても、国家がそれを決定し、それを伝達し、社会はそれをさまざまな形で実施する。この点では、中国はフランスとは大いに異なると判断せざるを得ない。しかし権力が行使されると人々は、Guanxi（関係）をはじめとするあらゆる適応戦略を使って抵抗のための空間を作っている。この点では、中国はフランスと共通する。実際のところ、都市、移民、労働社会、貧困などの研究においては、両社会学には共通の議論を見出すことができる。

　本稿の議論に大いに関わる一つのイシューを取り上げて、考察を深めておきたい。それは、オートノミーすなわち自律性と主体性である。

　このイシューに関する議論はお互いに異なる経過を辿った。西洋は、個人化を単線的、前進的過程と捉えてきた。これに対して中国は、極めて大きな体制的、革命的変動を経験したために、西洋の考えを共有することはなかった。勿論中国社会学においても、J. S. ミルや N. エリアスや U. ベックの自由論は議論されたものの、個人化の過程としての歴史観を前提にすることはできなかった。

　1979年以降中国社会学は、個人のオートノミーを前提にして再出発をした。しかしそれは容易に集合主義に転化することを許す性質のものであり、また個人のオートノミーは許されても集団のオートノミーは許されなかったりするものであり、社会主義市場経済の発展の中で、トックビルの集合的個人主義の概念が注目

される性質のものであった。

　もっとも 1990 年代になると西洋社会学において構造主義から主体主義への転換が起こった。従来フランス社会学では、個人のオートノミーは一方では共有されたaspiration として、他方では拘束的な規範として規定されてきた。主体主義への転換は、後者よりも前者が重視されることになったということである。すなわち、この流れを代表する社会学は、社会のルールの変化に対応しながら、個人がどのようにオートノミーを維持するのか、また心理学やメンタルヘルスと協力しながら、個人がオートノミーを維持するのが如何に難しいか、を明らかにした。この意味で社会学は個人社会学から個人の社会学へと移行したのである。いま現在中国社会学は個人の社会学へと展開していないものの、社会的苦しみの社会学は展開しつつあるので、展開の可能性は十分にあるだろう（Roulleau-Berger 2014）。

　確かに、全く異なる経済、社会、歴史的文脈において作られた知識が、先に示したような、広く共有されうる知識であることは、驚くべきことであろう。こうした事実を認識しないことを、ルロー－ベルジェが認識的不正義と呼ぶのも誤りではないであろう。しかしそれなるが故に、この空間がいかなるものなのか、如何なる構造、形態を持つものなのか、そうした議論がどうしても必要になるのではないか。例えばブルデューは、空間をハビトゥス、界、資本との関連において概念化している。こうした議論がない場合には、認識空間の存在を表す共有された知識の存在をしめすにとどまることになる。

　ルロー－ベルジェは、共有されない知識の領域として、1 公共空間と規範の多様性、2 ヨーロッパにおける社会と中間スペース、3 主体化と承認の追求、4 宗教、の四領域を挙げている。この議論は、多くの人々が容易に理解できるものであろう。しかしこのことは、これらの領域の知識が重要でないことを意味しない。いやむしろ、こちらの方がより一層重要なのかもしれない。この点は彼女自身も認めている。では共有されない知識は何を意味しているのか。それは、ポストウエスタン・ソシオロジーの形成においてどのように関わるのか。これらの点は必ずしも明らかではないようである。

　最後に彼女の結論は以下の如くである。すなわち、「今日様々な地域間にトランスナショナルな認識空間が作られ、西洋社会学を頂点とする知識のハイラーキーを突き崩すプロポジションとなるような重要な知識が生産されつつある。それはポストウエスタン・ソシオロジー革命と呼ぶことができる」（Roulleau-Berger 2014: 181）、と。この結論は彼女の著書の限りでは妥当なものであろう。しかし読者としては、ポストウエスタン・ソシオロジーが、ここからどのような

筋道をたどるのか、その点を聞きたいであろう。次の研究成果が待たれるところである。

4　ポストウエスタン・ソシオロジーと日本の社会学

　本稿はこれまで、ルロー–ベルジェの著書のレヴューの形を取って、方法としてのポストウエスタン・ソシオロジーとは何か、その意義、その問題点などを明らかにしてきた。それではなぜ筆者はこの問題に関心を持ち、その議論を発展させようとするのか。

　筆者のこの問題意識は、筆者の長きにわたる研究活動（留学、客員研究員、国際会議）、国際学会活動 [5] の経験から得られたものである。すなわちこの問題意識は、世界の各地域の研究者が他の地域の研究者に何を求めているのか、各地域の社会学者の基本的な姿勢などが、筆者をこの問題に誘ったのだと考えられる。

　例えば韓国や中国の社会学者は、自国の歴史や思想の伝統との関連を意識しながら社会学する度合いが、日本の研究者よりも大きいように思われる [6]。もちろん筆者のこの印象は、あくまでも個人的な印象であって、事実ではない可能性もあるが、今はそれは問わない。むしろ、なぜ筆者にそのような印象がもたらされたのかを考えてみなければならない。

　筆者の印象を作り出した大きな要因として考えられる第一のものは、中国や韓国では儒教や道教といった伝統的な思想が、それらとの関連を意識して社会学する必要性が感じられる程度に、社会の中に生きているのではないかということである。それに対して日本は儒教社会とは言いがたく、縄文以来外来文化を積極的に取り入れる文化の伝統、鶴見和子のいう「多重構造型」[7] の文化の性格が強く、日本で生み出された宗教も、世俗外的禁欲の性格が強かった。そして明治以降は、西洋思想がその影響力を増すが、やや教養主義的受容にとどまる傾向なしとしない。

　R. コリンズは、グローバル思想史をギリシャからの道と中国からの道を対比する形で描いている。その中で日本思想は、中国仏教の転換者として位置付けられ、空海や禅仏教が紹介され、そこから徳川時代までの思想の流れが分析されている。ここでは歴史に深入りすることはできないが、彼が、徳川時代に、仏教、儒教、自然主義などの思想の収斂が起こり、日本を近代化するのに大いに貢献したことを指摘していること、そしてなお一層興味深いのは、にもかかわらずその後日本が開かれたと理解するのは神話である、と指摘していることである（Collins 1998: 322-368）。

近世と近代の連続性を強調すれば、開国の重要性は減少する。このことになんらの不思議はない。それでは開国とはなんだったのか。開国とは、日本が植民地にならずに独立した国民国家を作るという見えざる枠組みのもとで、あらゆるものがテストされたということだろう。明治における西洋思想の導入は、この見えざるフィルターとの関連で行われたと考えられなければならない。

　したがって明治思想史の検討すべき問題点は、明治政府が国民全層の動員のために、天皇制イデオロギーによる教化を強め、思想の枠組みを固定したこと、日本思想と西洋思想の関係あるいは西洋思想の導入によって、いかなる多重化思想、文化が作られたのか、科学技術と人文思想の分断、思想の社会的広がりの欠如、などであろう。社会学も決して例外ではない。

　考えられなければならないことは、アジアの他の諸国では科学、とりわけ社会学が、アカデミズムを超えて、広く政治や社会において受け入れられ、生きていることである。中国、台湾においては、社会学の有効性ははっきりと認められており、韓国においても日本以上に認められているように思われる。

　以上の経験を踏まえて日本の社会学を振り返るとき、日本の社会学は、西洋の社会学を日本の現実に合わせて改編、土着化する性格が強いことに気付かされる。日本の社会科学においてはindeginization（土着化）とendogenization（内発化）は区別することが難しい（Yazawa 2021）。内田義彦は、日本の社会科学は西洋思想の勉強（streben）からresearchへの転換を必要とし、ようやく1960年代において日本的独自性を獲得したと考えたが（内田 2000）、果たしてそれは何なのか、社会学の分野はどうなのか、考えてみなければならない。

5　ポストウエスタン・ソシオロジーと方法としての 日本社会学史

　ここまで論じてくると、筆者はどうしても日本の社会学史が、ポストウエスタン・ソシオロジーが逢着している、如何にして西洋社会学の諸理論の再構成を進めるのかという問題に、大きな示唆を与えることができるのではないか、という問題提起をする必要性、有効性を感じる。

　ポストウエスタン・ソシオロジーにおいて、いかにしてどのような理論の再検討、再構成に至るのか、あるいは理論の再構成が、西洋社会学の危機の認識以降の西洋社会学の再構成の試みとどのような関係にあり、あるいはどのような理論と最も整合的なのかといった点は必ずしも明らかではない。私自身は、それをピエール・ブルデューの理論と考えているが、ポストウエスタン・ソシオロジーの

提唱者には同意を得ていない。あるいはコスモポリタニズムの理論とも一定の重複する点を見いだすことができる。

　私はこの問題点を突破するために方法としての日本社会学史を提案したい。すなわち空間、位置、場所とその歴史がどのような認識、知識をもたらすのかを解明するのである。それは、異なる2つ以上の認識空間を接合することによってどのような新たな認識が得られたのか、独自な、一般的なあるいは普遍的なものが何なのか、社会学が捉え得たものは何か、あるいは捉え損なったものは何なのか、ノンヘゲモニックな社会学を確立するには今のところ社会学は何の前につまずいているのか、社会学者の学問意識、社会学はどれだけ人々によって生きられたのか、社会学を取り巻く制度はどのようなものか、そうした様々なことを理解することができるだろう。この作業は日本の社会学者だけではなく、新たに形成された認識空間にある別の位置を占める研究者によっても検討されるわけであるから、認識はより一層深まるに違いない。

　今日本の社会学史において特に解明されるべき問題について、検討しておくことにする。

　（1）日本社会学の成立を支えた日本の思想
　（2）日本社会学の成立。建部遯吾の普通社会学
　（3）日本社会学の確立。米田庄太郎、高田保馬の社会学
　（4）アカデミズム以外の社会学の展開。長谷川如是閑の社会学
　（5）国民国家喪失と国民国家再建の社会学。戦争の意味するもの
　（6）西洋社会学の危機への対応
　（7）共生社会の課題

　以下各問題の概略を論証なしに簡単に述べておくことにする。その詳細な検討は今後の課題である。
　（1）に関してはすでに述べた。
　（2）日本の社会学の成立は決して単線的なものではない。少なくとも官僚の社会学の流れ、民間社会学の流れ、講壇社会学の流れを辿らなければならない。以上のような3つの流れが相互に交差し交流する中で、1886年か1887年ごろ、それまでは世態学、人間学、社会学などと訳されていたsociologyは、社会学という訳語に統一され、社会学の専門用語もほぼ確定されていったのである。建部遯吾の普通社会学は、世紀の転換点における、以上のような社会学の成果を踏まえた、社会学発展の最高峰の一つであると考えることができるだろう。

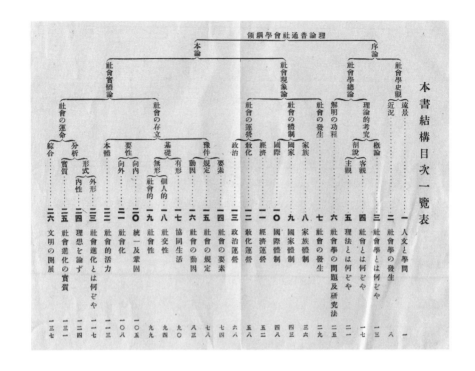

　彼のgeneral sociologyは、社会学内部のイッシューはもちろん、社会学を取り巻く多くの関連イッシューをも反映しており、問題を考察するには最適である。
　彼の社会学は、12世紀中国の朱子学者陸象山の哲学をベースにして、A. コント以来50年の西洋社会学の蓄積を咀嚼する形で作られた総合社会学である。また彼の社会学は、個人と社会の目的を達成するためのものであり、かつまた個人と社会の運命を見定め、新しい文明を作るためのものであった。なぜ彼はそのような社会学を構想したのだろうか。彼は日本の国体が豊かな実践に彩られているものの、思想性に欠けると考え、明治維新以降伝統的な旧思想がその有効性を失った思想的空白を埋めるべく、社会とは何か、近代的な社会像を提供しようとした。そのさい彼は、さまざまな文明を取り入れて自らの文明を作り上げてきた日本は、新たな近代文明を取り入れ、世界文明を作り出せる位置にあると考え、社会学をもってそれを実践しようとしたのである。社会学内在的に言えば、彼の社会学は、二元論を廃し、理論と実証、理論と経験的研究、理論と応用の統一を目指した。彼は西洋社会学から学ぶだけではなかった。彼は西洋社会学との相互作用を求めた。彼は自らの主著にフランス語の要約をつけ、彼がパリ社会学会の

■新刊 ─────────────

日比野愛子・鈴木舞・福島真人 編

ワードマップ 科学技術社会学 (STS) テクノサイエンス時代を航行するために

現代社会はテクノサイエンスからできている。その迷路に切り込むための最先端の手法，科学技術社会学（STS）のエッセンスを自然，境界，過程，場所，秩序，未来，参加という7つのキーコンセプトで，理論と実践の両面からひも解く画期的な入門書。

ISBN978-4-7885-1732-5　四六判200頁・定価2530円（税込）

猿谷弘江

六〇年安保闘争と知識人・学生・労働者 社会運動の歴史社会学

戦後最大の社会運動といわれる六〇年安保闘争。にもかかわらずこの運動の実態はあまり明らかになっていない。知識人・学生・労働者という三つの主体に焦点を当てて，この運動の力学と構造を社会学的に解き明かす。気鋭の研究者による意欲的試み。

ISBN978-4-7885-1717-2　A5判392頁・定価5500円（税込）

実重重実

感覚が生物を進化させた 探索の階層進化でみる生物史

ダーウィニズムの言うように，進化は遺伝子の突然変異に始まり，生物は受動的に環境から選別されるだけの存在なのだろうか。21世紀生物学の知見を踏まえ，生物の感覚や主体性も生命の階層進化に関わっていることを，様々な事例で生物の歴史からたどる。

ISBN978-4-7885-1730-1　四六判272頁・定価2750円（税込）

やぎひろみ 著・横山ふさ子 絵

いのちに寄り添う自宅介護マニュアル これから介護と向き合うあなたに

誰にも訪れる老いや衰えは，命をまっとうする尊い過程ともいえる。高齢者の食，住，排泄，睡眠などを無理なく自然にサポートする工夫を，自宅で母親を10年間介護した著者が紹介。身近なグッズ利用やアイディアも満載の，新しい視点の介護マニュアル。

ISBN978-4-7885-1728-8　A5判184頁・定価1980円（税込）

■新刊

西村ユミ・山川みやえ 編

ワードマップ 現代看護理論 一人ひとりの看護理論のために

看護理論は取っつきにくくて難しい？　実践から理論を捉え直し，理論を実践に活かすために，現場の言葉をキーワードに看護理論のエッセンスを事例に照らしながら平易に紹介。臨床経験豊かな執筆陣による看護師「一人ひとりのための看護理論」の提案。

ISBN978-4-7885-1724-0　四六判 288 頁・定価 3080 円（税込）

戈木クレイグヒル滋子 編著

グラウンデッド・セオリー・アプローチを用いた研究ハンドブック

グラウンデッド・セオリー・アプローチは解説書も多くあるが，学ぶことと実践の間には大きな隔たりがある。GTAの基礎を学んだ人が実際に用いる際のサポーターとなるよう，研究事例で留意点を懇切に解説した，実践的ハンドブック。

ISBN978-4-7885-1727-1　Ａ５判 192 頁・定価 2310 円（税込）

B.A.ティアー／舟木紳介・木村真希子・塩原良和 訳

論文を書く・投稿する ソーシャルワーク研究のためのポケットガイド

原稿を書くうえでのコツや遵守すべき要項とは？　投稿先の学術雑誌をどのように選び，どんな点を考慮して投稿，再投稿に臨めば良いか？　論文を書き，投稿するために押さえておきたいポイントを，簡潔かつ具体的に解説したガイドブック。

ISBN978-4-7885-1725-7　四六判 128 頁・定価 1760 円（税込）

北出慶子・嶋津百代・三代純平 編

ナラティブでひらく言語教育 理論と実践

異なる価値観や生き方がすぐ隣り合わせにある言語教育の現場は，現代社会が取り組むべき課題にあふれている。そこで着目したのがナラティブ・アプローチである。単なる語学学習を超えて社会課題の解決にもつながる言語教育の新たな可能性とは。

ISBN978-4-7885-1731-8　Ａ５判 208 頁・定価 2640 円（税込）

渡辺恒夫

明日からネットで始める現象学 夢分析からコミュ障当事者研究まで

現象学は難しそう？　いや，自分自身の体験世界を観察してその意味を明らかにする身近な学問なのだ。明日の朝から夢日記を付けてウェブにアップ！　ネットの「コミュ障」の相談事例に挑戦！予備知識無しに現象学するための，画期的手引き。

ISBN978-4-7885-1729-5　四六判 224 頁・定価 2310 円（税込）

繁桝算男 編

心理学理論バトル　心の疑問に挑戦する理論の楽しみ

スポーツも学問も，良いライバル関係あってこそ進歩が生まれる。興味深い心理学の最先端のホットなテーマを，理論や仮説，その解釈の対立関係という視点からわかりやすく紹介。一般的なテキストにはない，心の謎に迫る心理学の楽しさを味わう一冊。

ISBN978-4-7885-1741-7　四六判232頁・定価2530円（税込）

李光鎬・渋谷明子 編著／鈴木万希枝・李津娥・志岐裕子 著

メディア・オーディエンスの社会心理学 改訂版

私たちのメディア利用行動やコミュニケーション等に関する社会心理学的な研究を体系的にまとめたテキストとして好評を得た初版を，メディアの利用状況の変化を反映してアップデート。自主的に学ぶための方法論・尺度等に関するコラムや演習問題も充実。

ISBN978-4-7885-1721-9　A5判416頁・定価3300円（税込）

P.J.コー 編／中村菜々子・古谷嘉一郎 監訳

パーソナリティと個人差の心理学・再入門　ブレークスルーを生んだ14の研究

遺伝学や神経生理学の知見を加え膨大で多様になっているこの領域を切り開いた革新的な14の研究を取り上げ，その背景と理論・方法の詳細，結果，影響，批判について懇切に解説。入門者のみならず，研究者も立ち止まって学び直すための必携の参考書。

ISBN978-4-7885-1723-3　A5判368頁・定価3960円（税込）

荒川 歩 編

はじめての造形心理学　心理学，アートを訪ねる

「心理学は美術や芸術を測ったり言葉で説明して解明できると思ってるの？」率直な疑問をぶつける美大生と心理学専攻生が会話を交わしながら，知覚のしくみ，世界の認識と脳や文化のかかわり，絵やデザインの創造と鑑賞について学ぶ新感覚のテキスト。

ISBN978-4-7885-1722-6　A5判208頁・定価1980円（税込）

日本質的心理学会『質的心理学研究』編集委員会 編

質的心理学研究 第20号 【特集】プロフェッショナルの拡大,拡張,変容

複雑化する社会，想定外の事態，多様な生き方に専門職はどう応えることができるのか。特集は拡大，拡張，変容するプロフェッショナルを捉えなおす契機となりうる論考2本を掲載。一般論文は過去最多の16本。書評特集ではアジアの質的研究を概観する。

ISBN978-4-7885-1714-1　B5判360頁・定価4180円（税込）

渥美公秀・石塚裕子 編

誰もが〈助かる〉社会　まちづくりに織り込む防災・減災

ふだんのまちづくりに防災・減災を織り込むことで，誰もが「あぁ，助かった」といえる社会をつくるための実践ガイドと事例集。

ISBN978-4-7885-1712-7　A5判164頁・定価1980円（税込）

坂口由佳

自傷行為への学校での対応　援助者と当事者の語りから考える

中高生の自傷行為。援助者である教師と当事者である生徒双方の豊かな語りの分析から，学校での望ましい対応の在り方を探る。

ISBN978-4-7885-1711-0　A5判280頁・定価3960円（税込）

J.ヘンデン／河合祐子・松本由起子 訳

自殺をとめる解決志向アプローチ　最初の10分間で希望を見いだす方法

初回セッションの最初の10分間をどう構築するかが自殺予防の鍵を握ると説く著者が，希望を見いだし生かす方法を丁寧に解説。

ISBN978-4-7885-1702-8　A5判288頁・定価4730円（税込）

赤地葉子

北欧から「生きやすい社会」を考える　パブリックヘルスの証拠は何を語っているのか

少子高齢化が進む中，子どもを安心して育てられる社会とは。北欧の事例を交えつつ，パブリックヘルスの視点からヒントを提示。

ISBN978-4-7885-1718-9　四六判196頁・定価2200円（税込）

T.R.デュデク&C.マクルアー 編／絹川友梨 監訳

応用インプロの挑戦　医療・教育・ビジネスを変える即興の力

企業や医療，教育，NPO等の研修やワークショップで実践が広まっているインプロの考え方と実際の進め方，勘所を懇切に解説。

ISBN978-4-7885-1701-1　A5判232頁・定価2750円（税込）

園部友里恵

インプロがひらく〈老い〉の創造性　「くるる即興劇団」の実践

高齢者たちが舞台に立って即興で物語を紡いでいくインプロ集団の取り組みから，〈老い〉への新たな向き合い方が見えてくる。

ISBN978-4-7885-1708-0　四六判184頁・定価1980円（税込）

藤﨑眞知代・杉本眞理子

子どもの自由な体験と生涯発達　子どもキャンプとその後・50年の記録

解放的で自由な体験が，子どもたちの人生と周囲の大人に与えた影響とは。幼少期から50年におよぶ生涯的縦断研究の記録。

ISBN978-4-7885-1716-5　四六判280頁・定価2530円（税込）

会員であることを明示し、フランスの社会学雑誌に論文を載せたのである（建部 1904; 1902-1914; Yazawa 2020）。図に示したのは、彼の普通社会学の基本的骨格を示したものである [8]。

（3）建部の general sociology は、大正期に入ると、米田庄太郎や高田保馬の社会学に取って代わられる。とりわけ高田の社会学は、当時の西洋社会学の水準に達していたと判断することができる。それは、彼は自分の社会学を関係社会学と称し、多くの社会学者が存在するけれども、関係社会学と言えるのは、テンニースと自分の社会学だけだと豪語している。

（4）1930年代以降の日本社会学は、再び民間の社会科学者の考察に注目しなければならなかった。それは大学が、国権によって統制されてしまい、社会科学の自由な展開を許されなかったためである。ここでは長谷川如是閑に注目する。

彼は高名な新聞記者であり、後に独立して評論家になった人である。したがって彼は、専門的に社会科学を研究したのではない。彼にとって、とりわけ社会学が重要だったのでもない。彼は現実を把握し、それを広く大衆に伝えるために社会科学を必要としたのである。

長谷川は、社会の本質を生活形態と考える。そして彼は、生活形態を行動の体系として捉え返すことを試みた。彼はそれを、A. コントと K. マルクスによって果たそうとしたのである。

これは、長谷川如是閑が指摘したように（長谷川 1928）、科学としての社会学を目指す限り社会と社会学は具体的な生活形態の分析に焦点を絞るほかなかっただろうから、自然の流れだったであろう。

（5）私見によれば、私たちはこれまで、第二次世界大戦以前と以後に、大きな断絶があるかのように考え、社会学史も戦前あるいは戦後に限定されて研究されることが多かったように思われる。そうなっているのには、それなりの理由があり、もちろん誤りではない。しかし私は、両時期を一括して、ファシズムと戦争が日本社会にとって意味したものと、平和と民主化が日本社会にとって意味したものとを、連続させてみることを試みたい。そうすることによって、戦争が人間、社会、文化、国際機関、国際社会、に何をもたらしたのかがより明瞭になるだろう。また平和憲法に基づく日本社会の民主化がどこまで身体化、価値化されたのか、それに社会学はどう関わったのかをよりよく明らかにすることができるだろう。

（6）20世紀後半から今日に至るまで、最も重要なことの一つは、西洋における人間と社会を貫流していたプラトン主義とデカルト主義の思考様式が根底的に問われるようになっていることである。社会学においても、それは例外ではない。

A.グールドナーの西洋社会学の危機論は、パーソンズをプラトンのような人と考えており、それをG.マルセルやM.ハイデッガーを用いて批判する形をとったものであり、J.ハーバーマスの合理的コミュニケーション社会論の再構成を狙ったものであった。しかし問題は、彼も、機能主義に対する宮廷革命として現れた様々な社会学理論も、この課題を達成するには足りなかったことである。

　(7) 21世紀の社会学は一体何の前にその発展を阻まれているのだろうか。どうすればノンヘゲモニックな普遍的な社会学を確立することができるのだろうか。社会学は、この問題をそれぞれの位置、場所から真摯に考えなければならない。社会学の前に立ちはだかる重要な問題の一つは、重大な差異を持つ人びと、他者とともに社会を構成することが依然として困難なことである。この問題を解決するために日本社会学から何が提供できるのか。この問いが問われ、日本社会学の成果を具体的に提供するのが、真の意味での社会学の国際化であろう。今のところ、生活者論、日本国憲法に根ざした共生社会論などが評価されているようだ。

6　結論

　まもなく日本社会学会は創設から100年を迎える。全てを総括して考えるに、歴史が一巡して原点に立ち戻った感を抱くのは、私一人ではあるまい。

　20世紀初頭の建部社会学は、社会進化の高次元として国家を捉え、強い国家の運営managementを肯定し、そこから新しい文明、世界文明を構築することを目指した。戦後の日本社会学は、戦前の社会学との連続性においてアメリカ社会学を導入し、文化とパーソナリティ、行為の総合理論、システム論という形で全体論（Bell 1980）を導入して発展した。その発展は目を見張るものがある。しかし戦争、そのための総動員体制が作り上げた枠組み、拘束、その影から脱するのには、かなりの時間を要した。今こそ社会学は戦争が消し去ってしまった初発の問題意識を取り戻し、グローバルな知的空間において社会学し、日本独自の社会科学を作り出し、新しい地球文明を作り出すのに貢献する必要がある[9]。

【注】
[1] ルロー=ベルジェはこのことを明示していない。したがってこれは、筆者の解釈である。
　　 フランス・エピステモロジーの伝統に関しては、磯（2020）参照。
[2] Tayler（2004）は、西洋社会の地方化を説いている。
[3] ブルデューの社会空間論に関しては磯（2020）を参照のこと。
[4] この点に関しては、矢澤修次郎（2020）を参照のこと。
[5] 国際社会学会（International Sociological Association）、東アジア社会学者ネット

ワーク（East Asian Sociologist Network），東アジア社会学会（East Asian Sociological
   Association）など。

[6] 韓国で開催されたある East Asian Sociologist Network の際、各国代表者に、ある新聞社
   から、現代社会における儒教の意義について見解を寄せてほしい、との要望が寄せられたこ
   とがある。

[7] 鶴見和子（1998）、また丸山真男の歴史の古層論、加藤周一の日本文学史研究を想起してほ
   しい。

[8] これは彼の『理論普通社会学要綱』の冒頭に付せられたものである。

[9] このことを目指した現代の社会科学者は、国際法の大沼保昭（1998）であった。

【文献】

Beck U., 2016, *Cosmopolitan Vision*, Polity.

Beck U. & Edgard Grande, 2007, *Cosmopolitan Turn*. Polity.

Bell, Daniel, 1980, *Social Sciences since the Second World War*, Transaction Books.

Collins, R., 1998, *The Sociology of Philosophy*, Belkanap Press. Harvard University Press,
   Cambridge, Mass.

長谷川如是閑, 1928,「社会の本質」『大思想エンサイクロペヂア 13 社会学』春秋社.

磯直樹, 2020,『認識と反省性：ピエール・ブルデューの社会学的思考』法政大学出版局.

大沼保昭, 1998,『人権・国家・文明：普遍主義的人権観から文際的人権観へ』筑摩書房.

Roulleau-Berger, Laurence, 2014, *Post-Western Revolution in Sociology*, Brill, Leiden.

建部遯吾, 1904,『理論普通社会学綱領』金港堂.

──, 1902-1914,『普通社会学』1-4 巻, 金湊堂.

Taylor, C., 2004, *Modern Social Imaginaries*. Duke University Press,

鶴見和子, 1988,「土着文化の普遍化への道」『土着文化と外来文化』総説, 講談社.

鶴見和子, 1998,『コレクション鶴見和子曼荼羅〈4〉土の巻：柳田國男論』藤原書店.

内田義彦, 2000,『学問と芸術』藤原書店.

Yazawa, Shujiro, 2018 "Introduction to Post-Western Sociology" 成城大学グローカルセンター
   『グローカル研究』No.5.

─────, 2021," The Indigenization of American Sociology and the Universalization of
   Japanese Sociology", DOI, https://doi.org/10.1111/ *johs.1232Journal of History of Sociology*,
   34(1).

矢澤修次郎, 2020,「地球情報社会とグローカルの意味するもの」『グローカル研究の地平』東信
   堂.

《身近なところからの社会改革》

コロナ状況下での学校
—— 広がる教育格差とポストコロナ期の学び

細田満和子

　新型コロナウイルス感染症拡大予防のため、多くの国や地域においては外出の自粛や禁止が実施され、日常生活に大きな変化が生じた。学校も例外ではなく、幼稚園から大学まで、児童・生徒・学生たちは学校にいけずに、家の中にいなくてはならないという制限された状況が続いた。しかし、そのような状況においても、学ぶことは子どもたちの権利として続ける必要がある。教育はすべての子どもたちに平等に与えられるべきで、教育によって平等が実現されることが目標の一つであったが、しかし実際には国、地域、家庭などで教育格差があることが、このコロナ・パンデミックの中でより鮮明になり、深刻な問題と認識されてきた。本稿では、コロナ状況下での教育格差について具体的事例を挙げながら概観しつつ、ポストコロナ期の学びの可能性について検討する。

1　はじめに

　新型コロナウイルス感染症（COVID-19, 以下コロナと記す）が2020年の初め頃から世界的に拡大している中、感染拡大防止のためには社会的距離を取る事が重要であることが示されてきた。そのために多くの国では、公共施設や飲食店だけでなく学校も休校にしてきた（Lancker & Parolin 2020）。ユネスコ（国連教育科学文化機関）によると、180以上の国と地域で全国的な学校閉鎖が実施され、世界の学生の91.3％以上を占める15億7,600万人が学校閉鎖のために学校に行けなくなった。ユネスコ事務局長のオードレ・アズレ氏は、「以前は考えられなかったことだが、学校のない世界というのが現実になった」と述べた [1]。
　日本では、コロナの発生を巡って非常事態宣言が出され、内閣総理大臣（政府の新型インフルエンザ対策本部長）の要請によって、2020年3月2日から全国で一斉臨時休校が実施された [2]。その後、春休み明けの4月7日に政府の緊急事態宣言が行われ、4月10日時点で小中学校の67％が休校となり、多くの高校や大学も

休校になった。さらに4月16日に「新型コロナウイルス感染症対策基本法」が改訂され、全都道府県で緊急事態措置が適用されることになり、学校閉鎖が継続した。

　学校閉鎖の対応として、小学校から大学まで多くの学校がオンラインの遠隔授業を開始した [3]。その一方で、遠隔授業なしに自学自習を推奨する学校も多かった。この違いは、教師がオンライン授業の準備を積極的に行えるかどうかにあった。また同時に、生徒がオンラインで授業を受けたり、自宅で学習したりするための環境が整っているかどうかでも違っていた。そしてこのような状況は、教育格差がさらに拡大するのではないかという懸念を抱かせるものであった [4]。

　本稿では、まず、従来からの教育格差の構造を説明した上で、コロナ発生時の教育格差の実態を、オンライン教育を中心とした児童生徒の学習環境の格差という観点から理解する。最後に、そのギャップを解消するポストコロナの時代における学びの可能性についての検討を試みる。

2　教育格差とは何か

　「教育格差educational disparity」は、近年、社会的に大きな問題として注目されてきている。「教育格差」というのは、勉強ができる子・できない子がいるといった問題ではなく、出身階層（家庭の経済状況）や出身地域など、本人の能力とは無関係の初期条件と教育の結果（学歴や職業・収入）とが強く相関しているという問題を指している（松岡 2007）。

　日本は表面的には平等に見えるが、社会・経済的地位によって住んでいる地域や場所が違い、公立小学校であっても親が大卒ばかりの学校もあれば、そうではない学校もある。また都道府県別で大学進学率も異なる。2016年の時点で、東京都の大学進学率は最も高く72.7％であるが、沖縄県では36.7％、青森県では37.2％と低い値になっている [5]。ここから、大学進学を当然のこととして小学校教育に期待をしている地域と、そうでない地域があることが分かる。また同じ教員でも、進学率の高い地域とそうでない地域では保護者から受ける期待やプレッシャーは全く異なり、教員の教育への熱意に差が出てくることも指摘されている。格差が生じるのは学校教育だけではない。社会的・経済的に恵まれている家庭は学校外の時間に、学習塾や習い事、オンラインで英会話レッスンを受けるなど学習と共に教養に関わる領域に接する機会が多く、多様な人々との交流もある。一方で、社会的・経済的に恵まれていない場合は、学校教育以外の学びの機会に乏しくなってしまい、人的交流も限られてしまう。

こうしたもともとあった「教育格差」に加え、コロナによる休校によって更なる教育格差が生じてきた。私立学校では次々にオンライン授業を取り入れているが、公立校でオンライン授業を実施している学校はわずかである。文部科学省は2020年4月21日に、休校中の公立学校が実施する家庭学習についての調査結果を公表した[6]。2020年4月16日時点で休校中、または休校予定の1213の自治体のうち、教師と子どもが双方向でやりとりできるオンライン授業に「取り組む」と回答したのはわずか5%であった。65の自治体では、新しい教科書の配布さえ済んでいなかった。

　現時点の日本では、ふつうの公立校の多くではオンライン授業をする環境が未だ整っていない。それは、パソコンやタブレットといったデバイスや通信環境が十分に整備されていないこともあるし、教員がオンライン授業をするのに十分な能力を備えていないこともある。また、多くの公立校の子どもたちの家庭でも、子どもが専用に使えるパソコンはなく、一家に1台とか、きょうだいで共有していることもある。またWi-Fiが使えなかったり、スマートフォンのデータ容量が制限されていたりと、インターネット環境の不備もある。このように、学校でも家庭でもオンライン学習の環境が整っていない場合は多い。

　大学においても同様で、すべての大学生がパソコンを持っているわけではない[7]。2017年の調査では大学1-3年生のPC所有率を見ると、「自分専用のデスクトップPCを持っている」「自分専用のノートPCを持っている」「家族共有のデスクトップPCを持っている」のいずれかを回答したのは92.7%であり、1割近くがパソコンを持っていない状況であった。

3　なぜ教育格差が生じるか

　本来教育はすべての学習者に平等に与えられるべきで、教育を受けることによって平等が実現されることが教育の目標の一つであった。しかし、災害やパンデミックなどの非常時には、もともと社会的に弱い立場の人たちは、さらに困窮したり、心理社会的に苦しんだりすることが、先行研究から明らかになっている[8]。教育格差は、教育システム外部の要因によって生じることも指摘されているが（広田 2007）、このパンデミックの中で、国、地域、家庭などによってさらなる格差が生じてきた。ここではこうした教育格差の問題が生じる社会構造を具体的に見てゆく。

　第一に挙げられるのが貧困である。貧困家庭とそうでない家庭では、全体的な進学率や中学校・高校卒業後の就職と中退率などに顕著な差が生まれる。貧困の

形は、生活保護を受けている家庭、ひとり親の家庭、養護施設で暮らす子どもなど、家庭によって様々である。「家族の生活をより楽にしたい」という理由から、義務教育を終えて働き始める場合もある。またたとえ収入が満足にある家庭であった場合でも、「親を置いて自分だけが家を出て大学に行くことはできない」という理由から進学を諦めることもある。しかし、教育を受ける機会を失ってしまうと、結果として低所得の仕事で生活を送ることになり、貧困の連鎖が続いてしまうケースも多く見られる。

また、近年は学校の授業だけでなく、塾や習い事など学校以外の教育を受ける機会も増加傾向にあり、そのためには入学費や学費・教材費なども必要になる。貧困層家庭ではそうした費用を捻出することができず、子どもたちは学校外の習い事を諦め、放課後の時間をひとりで過ごすことも増えてしまう。

第二に、地域格差である。これは、「みえる格差」と「みえない格差」に分類される。「みえる格差」とは、学校施設の老朽化や学校教育関連設備の充実度、一学校当たりの児童生徒数、社会教育施設の設置もしくは整備状況、社会教育関連職員数、学校や社会教育施設へのアクセス状況などが該当する。例えば、山奥にある学校に通学している人と、首都圏の学校に通学している人とでは塾や習い事の選択肢の幅も大きく変わる。また、貧困対策や教育支援活動も、首都圏に通う学生の場合は、交通アクセスも整っていることから利用できる可能性が高いが、地方だと場所的な問題から教育関係のボランティアの支援を利用することが難しい場合もある。

一方、「みえない格差」とは、統計上のデータに表れない、その地域に暮らす人しか分からない要因による格差を指す。具体的には、学校内外の子どもの安全を守るための地域住民の取組状況や地域の子育て支援の活動状況（子育てや子どもの体験を育てるNPO活動など）、外国人児童・生徒や貧困家庭への支援活動状況などである。セーフティ・ネットの存在はそこに住んでいる人でないとなかなか見えてこないものであり、統計上のデータにも表れないことが多い。しかもそれらは地域に根差しているのですぐに変えられるものではなく、地域に暮らす人々が長い時間をかけて培ってきた人間関係に起因するものが多くある。

第三に社会制度が挙げられる。OECD（経済協力開発機構）先進国で比較した調査によると、2017年度の国内総生産（GDP）に占める教育に関わる支出（初等から高等教育の教育機関に対する支出のうち国や行政が負担するもの）の平均は4.9％で、最も比率の高いノルウェーは6.7％に対して、日本は4.0％と低かった（OECD 2020: 280）。ただし、日本での子どもの教育にかかる費用は決して低いわけではない。この結果から、日本では子どもの教育費は、家庭が自己負担すべき

という考え方が強いことがわかる。だから日本では、家庭の経済状況が子どもの教育に大きく影響してくるのである。一方、スウェーデンでは小学校から大学卒業までの学費負担はほとんどない。これは、教育は公的に保証するという福祉国家的な教育観が影響しているからである。「子どもは社会全体で育てる」という考えが深く根付いているといえよう。

　以上、日本では公教育はあるが、かなりの程度は各家庭それぞれの裁量に寄っており、教育格差が広がっていると言える。そして、コロナ禍において、その格差が広がっていることが指摘される。

4　コロナ状況下での学習環境の格差

　政府から学校を休校にせよと突然の要請を受け、各学校では様々な対応を短期間に迫られることになった。私立の学校の中には、LMS（Learning Management System 学習管理システム）をいち早く導入するところも少なくなかった。LMSは、具体的にはe-Learningを実施する際のプラットフォームとなるシステムのことで、マイクロソフトやグーグルなどのグローバル企業のものや、国内のものなどさまざまである。LMSによって、学校教員は生徒たちとオンラインでコミュニケートして、「学習教材」や「進捗状況」「学習成果」などを一元的に管理することが可能になった（Chaw & Tang 2018）。

　ある私立の中高一貫校ではグーグルのシステムを使い、休校中も毎日オンラインの授業が行なわれていた。例えば、ある一日を見てみよう。朝は、教師がメール形式で生徒の出欠を取り、生徒は体温や健康状態を報告する。午前中は、国語と数学、英語の3教科の授業が設定され、教員があらかじめ収録しておいた授業動画を利用してオンライン授業が行われた。午後には他の教科もある。こうした学習が可能なのは、生徒全員が自分専用のノートパソコンを持っていて、Wi-Fiの容量も十分な通信環境が整っているからである。ちなみに、この私立中学校の年間の授業料は約100万円であり、日本においてはかなり高い部類に入る。

　その一方、ある公立中学校では休校中は自習と復習ばかりであった。4月に1時間だけ登校した際に、教科書と休校中の学習予定表が配布されて、その学年の勉強は自分で予習し、前年の教科書と問題集を復習するように言われた。この学校に通う子どもの親は、自習だけでオンライン授業が実施される気配のない様子に、「これが勉強と言えるのか」と不安に思っていた。また、こうした自習や復習をする家庭学習にしても、家の中に学習できる空間が必要であるし、親による学習の手助けを前提としているところもある。その結果、経済的に余裕のない家

庭には、こうした家庭学習は心身ともに負担となっている。

　上記のように、コロナの影響による休校中、学習を進められる層と、学習を進めることが難しい層が明確になってきた。

5　諸外国におけるコロナ状況下での教育

　それでは日本以外の国においては、コロナの状況でどのような対応がとられただろうか。例えばフランスでは2020年3月16日以降、幼稚園から大学まですべてが休みになったが、そのとき教育大臣は「これからの期間は、子どもたちが勉強できない期間ではない。勉強の方法が進化するだけだ。教育の続きを遠隔でおこなう」と宣言したという[9]。パリ市では、40万人の高校生に対し17万台のパソコンかタブレットを既に貸与していたが、今回の学校閉鎖措置でオンライン授業が円滑に進められるよう更なる貸与の準備をした。オンライン授業は、主にZoomを使って行われた。このオンライン授業は、2つのタイプの内容であった。1つは既習内容についてのクイズ形式の問題で、もう1つは画面を通して教師と生徒がやり取りしながら進める授業であった。毎日、教師から子どもたちへのメッセージと当日の勉強プログラムの説明ビデオが届き、家庭でプリントアウトできる教材が電子メールで送信されることもあった。オンラインで質疑応答したりビデオを見たりテストをしたりすることもできた。

　アメリカでは、少なくとも12万4000以上の公立・私立学校が閉鎖され、5510万人以上の生徒が影響を受けたという。その結果、全米中の学校がインターネットを利用した自宅学習に一斉に切り替え、小学校から高校まで約8割近くの生徒が教師とオンラインで授業や課題のやりとりをするようになった。

　ニューヨーク市は、一時期米国内で一番多い感染者・死者を抱えていたが、全米で最多の110万人の児童・生徒が公立学校に通っており、コロナの感染拡大予防のために休校になった。ニューヨーク市では、2020年3月23日から一斉に遠隔学習が始まり、グーグル・クラスルームやユーチューブなどでオンライン授業を行ってきた[10]。自宅からインターネット上に配信された授業のビデオを見たり、教師が投稿した課題やテストを指定時刻までに提出したりした。グーグル・クラスルームでは、学習教材や課題の提供やメッセージのやり取りができる。子どもは課題ができたらオンラインで先生に提出したり、先生に質問を送ったり返事をもらったりすることもできる。しかし、すべての児童・生徒にパソコンなど端末が行き渡っているわけではなかった。学校が既に貸与した17万5000台に加え、市教育局はアップル社などの協力を得て、最大30万台のタブレット端末の

貸し出しで対応してきた。低所得地域の学校では遠隔学習への参加率が低いところもある一方、裕福な世帯が多い学校では100％近い生徒が参加していたといい、学力格差が一段と開きかねないと懸念する声も上がっていた。

　また、シンガポールでは2020年4月当初からオンライン授業を始めた。Zoomを使ってのやり取り、動画視聴、課題をこなしてからグーグル・クラスルームで提出するなどが主なところだ。韓国でも2020年4月9日に高校3年生と中学3年生のオンライン授業が始まり、4月下旬からは小学校に広がった。どの国も、使っているアプリ、システム、内容などについて大きな違いはないと言われている。

6　現場からの声

　コロナによる感染拡大で休校が長期化していた2020年5月下旬、公益財団法人日本財団は「学校教育と9月入学」をテーマにした若者の意識調査を実施した[11]。この調査の対象者は日本全国の17歳-19歳（ほとんどが高校生あるいは大学生）の男女1000人で、調査はインターネットで実施された。実施期間は2020年5月26日（火）-5月28日（木）であった。ここではこの調査を基に、若者の声を記してみる。

　今回の新型コロナウイルスの感染症拡大を受けて、「休校により、もっとも困ったこと」のトップは「学業」で37.4％だった。続いて「友達とのコミュニケーション」（20.3％）、「受験や進学・就職」（17.8％）の順だった。4位以下は「部活動」（9.3％）、「体育祭や文化祭などの行事」（4.1％）、「学費の負担」（2.2％）、「卒業式や入学式」（2.1％）、「修学旅行」（1.4％）、「その他」（5.4％）と続く。

　「学業」で困ったことをより具体的にいうと、「初のオンライン授業に戸惑った」「ネット環境がわるく授業が受けにくい」「大学に入学したのに、実際に大学で講義を受けることができず、対面に比べて定着力の低下を感じる」「家にいると、勉強時間が決まっていないので、サボってしまう」「勉強して質問したいことがあっても先生に訊くことができない」「実技科目が多いのでオンラインではなかなか授業ができない」「実技・実習を中心に行う専門的な授業が多いため、リモートワークでは不十分な点が多い」（原文のまま）などであった。ここからは、対面の授業が停止となってオンラインでの遠隔授業になったことへの戸惑いが見て取れる。

　また、「休校措置により、教育格差を感じる」という回答は58.6％に達していた。逆に、「格差を感じない」という回答は15.8％にとどまった。25.6％は「分からない」と答えていた。対象者が教育格差を感じる大きな理由は、学校によっ

てオンラインの授業があるかないかということにあった。対象者の記述を挙げて
みると下記のようなものがあった。「私立と都立ではオンラインでの授業などで、
勉強時間の差が出てしまうと思う」「同じ公立高校でも、3月からオンライン授
業が始まった学校や、5月になってやっと始まった高校がある」「私立（校）に
通っている人たちはオンライン授業をやっているのに、公立に通う私たちは自習
で頑張るしかない」「休校措置がとられても、オンライン授業で知識を増やして
いく学校、課題のみ郵送されてくる学校で格差がある」「宿題も少ないし、オン
ライン授業もなく、他校との差を感じた」。学校ごとに異なる遠隔授業への取り
組み方について不安を感じていることが分かる。

　この調査では、家庭環境によっても学習に差が出ることも示された。「学校が
ないから、塾に通っている子どもといない子どもとで差が生まれてしまうと思
う」「オンライン環境が整っていないと勉強できない」「ネット環境は全ての生徒
にはない」「教えてくれる大人（親）が常にいるかいないかの差は大きい」など
の回答があった。

　また学習の遅れを解消するための打開策として「オンライン授業を増やす」と
回答した対象者が52.5%と最も多く、さらに新型コロナの第2波が来て再度休校
になるような場合に学習時間を確保するための対策としても「オンライン授業の
導入と整備」と回答した対象者が50.8%と過半数を超えた。このように、若者た
ちは授業のオンライン化による不安を感じつつも、オンラインでの遠隔授業によ
る学習に対して高い期待を持っていた。

　「コロナ禍を経て、学校教育はどのように変わるべきか」との問いかけに対し
ては、「オンライン教育の推進を進めるべき」という回答が多かった。「どんな
ときでも授業を受けられるような災害時にも対応できる仕組みを導入すべきだと思
う」「不登校児でも、授業に参加し学力を上げる手段が作れたと思うので、Web
授業も継続すべき」「感染症のような大きな混乱があっても問題なく代わりの授
業方式に切り替えられるようにするべき」「もっと自由な学び方が保証されるべ
きだと思う。わざわざ学校へ通うのではなく、オンライン授業が増えればいいの
にと思う」「この際、オンライン授業やこのような騒動になった場合に対応する
ためにタブレットなどを導入するべきだと思う」などの回答があった。

7　教育格差を削減する方法

　以上、コロナ状況下で、オンラインで学びが続けられるか否かということで教
育格差がさらに拡大しながらも、若者たちはオンラインでの学びに期待をしてい

る状況が明らかになった。それでは、現状において教育格差を解消するためにはどのような可能性があるだろうか。教育格差の問題は、先に見てきたように教育システム外の要因 ―― 家庭の経済状況や地域差や国家の教育予算など ―― が多いが、「教育は社会全体で行う」ということを再び思い起こすことが重要である。いくつかの実践を紹介しつつ、整理して下に記す。

　まず第一に、オンラインでの学びが難しい生徒や学生に対する教育支援である。例えば自治体によっては、パソコンのない子どもの家庭に貸し出しをする措置をしているところもある。大学でも、パソコンのない学生に貸与したり、Wi-Fi環境が十分に整わない学生に対して、Wi-Fi環境のある貸しオフィスやホテルの利用を大学が費用を持つ形で用意したりしているところもある。

　第二に、オンラインに限らない学習支援を充実させることが挙げられる。例えば、子どもたちに対する支援として、放課後の課外活動がある。いくつかの自治体では、放課後や週末等に小学校の空き教室等を活用して、地域の大人に企画・運営・参加してもらい、子どもたちに学習やスポーツ・文化活動・地域住民との交流活動等の機会を提供している。これは、学校外の習い事に通うことができない子どもたちが繋がる場所としても、大きな役割を果たしている。そのほか、大学生ボランティアが、電話や面談を通じて学習や進路の相談に乗る取り組みも行われている。将来に大きな悩みを抱える中高生にとって、先輩である大学生ボランティアの助言は心強く感じるという。

　その他、生活費や必要な支出を扶養者に応じてきめ細やかに支援する経済支援や、子どもだけでなく親も対象に、住居の確保や物質的、精神的な課題や悩みの総合的な解決を目指す生活支援なども必要であろう。日本は普段から公的な教育の充実に力を注いでこず、教育へのICT（Information and Communication Technology 情報通信技術）の活用もなかなか進展してこなかった。OECDの調査では、日本の子どもたちの学校でのデジタル機器の利用頻度は加盟国中、最下位となっている。さらに、「利用しない」と答えた生徒の割合は約80％に及び、OECD加盟国中で最も多い [12]。しかし通信教材会社、家庭教師派遣、塾、予備校などの民間教育産業においては、オンライン授業に取り組んでいるところがたくさんある。公教育におけるICT教育は、諸外国に比べてかなり遅れているが、2020年度から順次、全国的に実施していく新しい学習指導要領によって、ICTの活用の促進が示され、今後変わってゆくことが予想される [13]。

8　おわりに ── 学びを保障するために

　以上、コロナ状況下での教育格差の解消について、学習環境の整備に努めるという方向でみてきた。ただし、世界的な状況を見れば、教育の平等を実現するためにはオンラインを充実させることの他にも様々な対応をする必要があることも明白である。ユネスコによれば、自宅でインターネットに接続できる児童らの割合は、世界平均が57%、サハラ以南のアフリカでは18%にとどまっている[1]。

　また、学習環境だけでなく経済的支援も不可欠である。コロナの影響による休業や解雇で収入減か無収入になる家庭も少なくなかった。特に、母子家庭や低賃金や不安定な雇用条件で主たる生計維持者が働かざるをえない家庭では深刻であった。大学生の中には、アルバイトで学費や生活費を稼いでいる者も少なくないが、コロナ下で解雇され、通学を続けることが難しくなった者もいた。調査では、経済的な理由から休学や退学のリスクに直面する学生や大学院生が1割から2割いるという結果も出ている[8]。アルバイトで学費や生活費を賄っている外国からの留学生の場合も、自国への帰国が制限されたりして更に深刻であり、早急な支援が求められる状況であった。

　日本の小中高は2020年6月に入ってから次々に再開し、対面授業が行われるようになった。一方で大学の多くは2021年9月現在においても、一部に対面授業を取り入れたりするところもあるが、遠隔授業を続けている。いずれも、学びの場所を用意しようとする努力がされているが、上記で見てきたとおりの限界もある。すべての学習者に、「学ぶ」という基本的な権利をどう保証するのか。教育行政の早急な対応が求められる。

　コロナの再流行や新たな感染症や災害なども、将来的に起こることが予想される。このような際に懸念される学習機会の格差は深刻であるが、休校期間で開いた「教育格差」の議論だけをして、そこに追加投資して学力を取り戻そうとしたところで、それまでにあった格差の問題は解決しない（Viner, Russell & Croker 2020）。

　日本国憲法第26条では、「すべて国民は、法律の定めるところにより、その能力に応じて、ひとしく教育を受ける権利を有する」と定められている。また国連のSDGs（Sustainable Development Goals 持続可能な開発目標）にも、目標4として「質の高い教育をみんなに」とすべての人に教育の機会が与えられることが掲げられている。社会がこの教育格差を問題化し、解消に向けて全体として努力することが必要である。子どもたちの未来を守るためにも、個人の事情や家庭の

経済状況に左右されない教育は必要である。それぞれの地域で条件の違いがあっても、世界中の子どもたちが満足に教育を受けられる環境を創出することが求められている。

【注】

[1] UNESCO, "290 Million Students out of School Due to COVID-19: UNESCO Releases First Global Numbers and Mobilizes Response," UNESCO, 4 March 2020. https://en.unesco.org/news/290-million-students-out-school-due-covid-19-unesco-releases-first-global-numbers-and-mobilizes.（2021年4月29日閲覧）

[2] 文部科学省「新型コロナウイルス感染症対策のための小学校, 中学校, 高等学校及び特別支援学校 等における一斉臨時休業について（通知）」2020年2月28日. https://www.mext.go.jp/content/202002228-mxt_kouhou01-000004520_1.pdf（2021年4月29日閲覧）

[3] 文部科学省,「新型コロナウイルス感染症の状況を踏まえた大学等の授業の実施状況」,2020年6月5日。https://www.mext.go.jp/content/20200605-mxt_kouhou01-000004520_6.pdf（2021年4月29日閲覧）

[4] 文春オンライン、「コロナ休校で広がる「シビアな学習格差」」2020年4月30日. https://bunshun.jp/articles/-/37494.（2021年4月29日閲覧）

[5] 文部科学省, 2017, 高等教育に関する基礎データ. https://www.mext.go.jp/b_menu/shingi/chukyo/chukyo4/042/siryo/__icsFiles/afieldfile/2017/08/01/1388715_05.pdf。（2021年4月29日閲覧）

[6] 文部科学省, 2020, 新型コロナウイルス感染症対策のための学校の臨時休業に関連した公立学校における学習指導等の取組状況について. https://www.mext.go.jp/content/20200421-mxt_kouhou01-000006590_1.pdf（2021年4月29日閲覧）

[7] NEC パーソナルコンピュータ, 2017, 若者＝デジタルネイティブは本当？ https://www.nec-lavie.jp/common/release/ja/1702/0704.html（2021年4月29日閲覧）

[8] 松本伊智朗他, 北海道大学教育学部・教育学院「生活と家計に関する緊急アンケート」2020年5月28日. https://www.edu.hokudai.ac.jp/wp/wpcontent/uploads/2020/05/bf3411eb8882f1c6b7d4d37d76542146.pdf（2021年4月29日閲覧）

[9] 現在ビジネス、コロナ騒ぎで露呈―日本とフランス「教育力」の決定的な差, 2020年3月23日. https://gendai.ismedia.jp/articles/-/71240?page=2（2021年4月29日閲覧）

[10] 時事ドットコムニュース、コロナ禍におけるアメリカ義務教育の変化～デジタル化が急加速～, 2020年7月10日. https://www.jiji.com/jc/v4?id=covidusashimura40001（2021年4月29日閲覧）

[11] 日本財団『『18歳意識調査』第26回テーマ：学校教育と9月入学」https://www.nippon-foundation.or.jp/what/projects/eighteen_survey（2021年4月29日閲覧）

[12] 文部科学省・国立教育政策研究所. OECD 生徒の学習到達度調査2018年調査（PISA2018）のポイント. https://www.nier.go.jp/kokusai/pisa/pdf/2018/01_point.pdf（2021年4月29日閲覧）

[13] 文部科学省. 遠隔教育の推進に向けた施策方針.（2018）. https://www.mext.go.jp/a_menu/shotou/zyouhou/detail/__icsFiles/afieldfile/2018/09/14/1409323_1_1.pdf（2021年4月29日閲覧）

【文献】

Chaw, Lee Yen & Chun Meng Tang, 2018,"What Makes Learning Management Systems Effective for Learning" *Journal of Educational Technology Systems*,（August 2018），https://doi.org/10.1177/0047239518795828.

広田照幸, 2007,「教育社会学はいかに格差―不平等と闘えるのか？」『教育社会学研究』80集, 7-22.

Lancker, Wim Van and Zachary Parolin,2020, "COVID-19, School Closures, and Child Poverty: A Social Crisis in the Making," *The Lancet Public Health 5*, no.5, 1 May 2020. (pp.243-244). https://doi.org/10.1016/S2468-2667（20）30084-0.

松岡亮二, 2019,『教育格差：階層・地域・学歴』ちくま新書.

OECD, 2020, *Total expenditure on educational institutions per full-time equivalent student* (2017).

Viner, Russell M, Simon J Russell, & Helen Croker, 2020, "School Closure and Management Practices during Coronavirus Outbreaks Including COVID-19: A Rapid Systematic Review," *Lancet Child Adolesc Helth 4* (April 2020). (pp.397-404).

＊本論文は、下記の拙著を加筆修正したものである。

Hosoda, M., 2021, "Pandemic and Schooling: Emerging Educational Inequality in Japan" "COVID-19. the otherside of living through the pandemic" (Ed. Imtiaz Ahmed, Pathak Shamabeth), pp.149-164.

ロシア人の生活世界
—— 社会主義期、体制移行期、そして現在

石川晃弘

1 はじめに

1917年秋のロシア革命、そしてその後間もなく打ち立てられたソ連邦と社会主義体制は、あるときは人類社会の理想を実現するものとして、またあるときは逆に自由と人権を抑圧する「悪の帝国」として、さまざまな期待と拒否を受けながら70余年の歴史の幕を閉じた。

この体制に関する学術的な研究はこれまでに、政治学、経済学、歴史学などの諸分野で膨大な数の著書や論文を生み出してきたが、それに比べて当該社会に生きる人々の日常的な生活世界に遡及した社会学的研究は稀である。ここでいう「日常的な生活世界」とは、「疑いのないこととして体験されているもののすべて、さらなる気づきが生ずるまでは問題化されることのない現実領域」(Schutz & Luckmann 2003=2015: 44) であり、「間主観的に意味づけられた現象として構成された世界」(Schutz 1932=2006: 60) というものである。本稿の方針は社会主義とその崩壊後のロシアにおける人々の、間主観的に構成された意味的世界を探ることに向けられる。ここでいう「人々」とは当該社会で暮らす多数の人たちであり、少数の政治的・経済的・文化的エリート層は本稿での明示的な観察対象とはならない。

ところで社会主義体制は、計画化された経済の上に労働と生活を全面保障する機構として設計されていた。しかし硬直化した計画と公式的な運営のもとで、人々の日常生活は必ずしも満たされていたわけではなかった。その空白部分を埋めていたのは、人々が公的枠組の外で個別的に形成していたインフォーマルなネットワークであった。たとえば自家用車の故障を直すにせよ、アパートの鍵の修理にせよ、なんらかの必要品の入手にせよ、公式の手続きに従っていたのでは煩瑣で埒があかず、友人や知人、さらにはそのまた友人や知人を頼り、時には無料で互酬的に、時にはなにがしかの謝金を個人的に払って実現していた。このよ

うな水面下の私的な関係を抜きにしては、社会主義は体制として存立しえなかった。言い換えれば、社会主義のフォーマルな体制は、人々の間のこのような私的でインフォーマルな世界を補完的な必須要件として成り立ちえていたといえる。したがって、社会主義体制を社会学的に論ずるとすれば、このインフォーマルな生活領域を、体制としての社会主義の存立と存続にとって不可欠な機能を備えた、部分システムとして視野の中に据えなければならない。社会主義体制下の日常は、規範的な公的領域と現実的な私的領域との拮抗・補完・共存関係の中で構成されていたからである。

　1990年前後に発する社会主義体制の崩壊は、このうちの公的機構の瓦解であった。そのもう一方の非公式的な生活領域は社会経済過程の表舞台に出て自立し、公的機構の瓦解から生じた空白部分を埋め合わせ、旧体制から新体制への移行を底で支えつつ、資本主義化した新しい経済社会に溶け込んでいった。その中で人々の生活世界はどのように再構築されたのか。本稿の基本的関心はこの点にある。

　なお資料の制約上、本稿で扱う時代的範囲は2010年代前半までであり、それから約10年を経た現在についてはさらなる追跡観察が必要となる。

2　社会主義時代 —— とくにブレジネフ時代の生活者層

　社会主義革命を成し遂げた時点のロシアにおいては、社会主義を担うべき労働者階級は量的にも質的にも十分には育っておらず、人口の大部分は農民層や農村出の都市貧困層が占めていた。また、経済の土台となる鉱工業も脆弱であった。したがって、権力を掌握した社会主義勢力がまずなさねばならなかったのは、物的および人的資源を計画的に集中して工業化を強行し、それによって生産力の飛躍的増大を達成すること、そしてそこにあらゆる労働力を動員し、社会主義体制の担い手たるべき鍛えられた労働者階級を育成することであった。そうして革命後10年ほど経て1930年代に、社会主義の公式的プロトタイプが確立された。そのもとで国家による計画的経済管理と、生産活動可能人口の完全雇用による労働力動員のモデルが定式化され、その結果として急速な工業化と経済成長がもたらされた。ソ連における人口1人当たりの国民所得は革命前の1913年を100とした場合、1969年は4,251で約40倍、そして1940年に対しては8倍、1960年に対しても約2倍という、かなりの成長率を示したとされる（辻村 1980: 9）。

　1960年代に日本経済が所得倍増計画のもとに急成長を遂げ、世界的に注目を浴びていたとき、ソ連でもほぼ同じ規模の経済成長が達成されていたことになる。

ここに至るまでの間に第二次世界大戦による人的・物的損失（死者の数は2,000万人に上るといわれ、それは日本の場合の約6.5倍にあたる）、幾度かの天災・人災と飢饉、凄惨な粛正と処刑など、経済、社会、人々の生活に深刻な影を落とした事件もあったが、その後の経済成長をふまえて1960年代には、「発達途上の社会主義から発達した社会主義へ」「社会主義から共産主義へ」という社会発展の時代規定と展望が打ち出され、同時に粗放的工業化から集約的産業発展へと、プロトタイプとしての社会主義体制の手直しも模索されだした。この時期にはソ連でも「もはや戦後ではない」という空気が人々の日常生活の営みの中に余裕感を広げた。それが「雪解け」のフルシチョフ時代とそれを引き継ぐ〈ブレジネフ時代〉（1964-82年）に相当する。

　ブレジネフ時代はソ連経済の停滞期という向きもあるが、そこに暮らす人々にとってロシアの歴史の中で最もよい時代であったとみられる。ブレジネフ時代の1970年代の前半にモスクワに滞在したジャーナリストの高橋正夫妻はその著書のなかで、「ロシアの歴史の中で『こんな良い時代はなかった』というのが庶民の実感なのです」と述べている（高橋 1976: 15）。筆者が1990年代初めにロシアの都市ボロネジにある機械工場を調査[1]で訪れたとき、作業場で雑談していた労働者たちの輪に入って「長いロシアの歴史の中でいつの時代が普通の人たちにとっていちばん幸せな時代だったと思うか」と尋ねたときも、返ってきた答えは「ブレジネフ時代」であった（石川 2020: 18）。

　この「幸せな時代」に至るまでの間に人々の社会構成も変わった。

　重工業を基軸として強行された粗放的工業化のなかで、就業者全体に占める鉱工業部門の労働従事者の割合は1928年時点で17.3％だったのが、1939年には49.73％、大戦後10年経った1955年には58.3％、そしてブレジネフ時代初期の1966年には76.39％へと増大した（辻村編 1970：71に掲載の表から）。この間にソ連は前産業社会から産業社会へと急速に変貌した。初期の粗放的工業化においては完全雇用と労働の義務化によって未熟練労働力の大量投入がなされ、就労者間の賃金格差はごくわずかとされたが、やがて産業構造の高度化を目指す政策目標に対応して労働力の質的充実が課題とされ、労働者・技術者の教育水準と技能資格の向上のための教育措置が広くとられるようになった。そして労働者各層が勤務時間中に高校や専門学校のコースに通ったり、夜間コースで学んだり通信教育を受けたりして、技能資格を高めていった。また、労働者家族出身者の大学進学率の向上も顕著に進んだ。スヴェルドロフスク単科大学を例にとると、昼間部学生総数に占める労働者家族出身者の比率はすでに1959年には46.7％、そして1964年には52.4％を占める（Институт философии: 209）。これら一連の変化

のもとで、1955年と1965年の技能資格別労働力構成における低資格労働者の割合は58.3%から1.5%に、中級資格労働者は37.4%から28.2%、高級資格労働者は2.6%から55.3%、技術者は1.7%から15.0%へと増大した（Чангли: 389）。

　しかしこうした変化が進んでも、現業労働者・非現業労働者・技術者の賃金格差はほぼ小さいままであった。たとえば1970年時点における現業労働者の賃金水準を100とすると、非現業労働者は85、技術者は136であった（Rutkevitch: 29）。ちょうどブレジネフ時代にあたる1967年と1975年との賃金額をカザン市在住の就業者の事例からみると、上級経営管理職員は164.3ルーブルから204.9ルーブルへ、技術系職員（技師など）は99.5ルーブルから139.4ルーブルへ、現業熟練労働者は99.5ルーブルから139.4ルーブルへ、不熟練肉体労働者は73.8ルーブルから93.8ルーブルへと、それぞれ増人した。そしてこの間に、上級経営管理職員と不熟練肉体労働従事者との格差は1967年には2.23倍だったのが1975年には2.18倍と、むしろ縮小していた（Shkaratan: 113）。筆者が1993年にニージュニー・ノヴゴロドの大規模機械メーカーの企業長から聴取したところによると、従業員の平均賃金と企業長のそれとの差は3倍にもみたない開きがあるだけだった。社会主義時代には炭坑や鉱山で働く重労働従事者の賃金は企業長のそれを上回ってさえいたという [2]。労働従事者の教育水準と職能資格が全般的に上がり、賃金水準が平準化しているなかで、その就労動機も「創造性」が最上位に置かれ、次いで「成長性」、その後に「社会的威信」、そしてその下に「報酬」が位置づけられていた（Водзиская: 52-3）。

　消費生活や文化生活の様式でも階層差は小さかった。ソ連では古典音楽やバレーや演劇や文学作品の享受や、スポーツ活動への参加などの機会が、社会主義下で広く民衆に提供されていたが、教育水準の向上と所得水準の平準化がそれをさらに拡大した。そして日常生活においては、低廉な家賃や光熱費、無償の医療や教育、年金や育児手当、そして完全雇用の制度によって、人々の最低生活は保障されていた。ソ連圏内の非ロシア地域（極東や中央アジアやコーカサス地方など）や東欧の国々への団体観光旅行も、労働組合などが組織してくれた。遠く離れた家族や親戚や知人への訪問旅行も、（地区の当局への届出と認可が必要ではあったが）よく見受けられる風景の一部であった。

　その一方、労働生活においては完全雇用制のもとで失業の心配がなく、職場の規律は緩く、納期には突貫工事のような忙しさに見舞われうることがあっても、ふだんの職場は牧歌的であった。無断欠勤や職場での飲酒さえ黙認されていたし、離職しても容易に次の職場を見つけることができた（大津 1994: 157-8）。管理者も監督者も労働者に強くは出られず、企業長も上級機関から課されるノルマをな

んとか達成するために、労働者に対しては「温情ボス」として振る舞った（石川2009: 18-22）。労働組合は雇い主との交渉のための対抗組織というよりもむしろ、企業の代行機関として従業員の福利厚生活動を担い、社員とその家族のための集団的レクリエーション活動や国内外の慰安旅行も組織していた。

　しかしその他方では重工業優先政策の時代の余波と計画経済の硬直性が残り続けて、消費生活物資の供給は量的にも質的にも満足にはなされていなかった。店頭での品揃えも乏しく、魅力的な外国製品は手に入りにくく、消費欲求は抑えられ続けていた。1984-85年に日本の電機労連（現・電機連合）が行った労働者意識国際共同調査（電機労連調査時報212）で「あなたの国はどんな社会を目指すべきだと思いますか」という問いを設け、「人々が物質的に豊かな生活ができる社会」「皆が協力しあえるような社会」「人々が良きしきたりやならわしを大切にし、それに従っていく社会」「人々の間の平等な関係をより進めていく社会」「個々人が人生のチャンスを切り開いていける社会」「犯罪の少ない秩序のある社会」「人々が安らかな気持で生活できる社会」「人々が自分の働いた成果を自分のものにできる社会」という八つの社会モデルを挙げ、そのひとつひとつについて「ぜひ目指すべきだ」「目指したほうがいい」「どちらともいえない」「とくに目指さなくてもいい」「目指すべきでない」という、五つの回答選択肢を設けている。ソ連・ロシアはこの調査の対象に入っていなかったが、当時社会主義体制を布いていたハンガリーとポーランドの結果を見ると、「ぜひ目指すべきだ」という回答が最も多かったのは「物質的に豊かな社会」で、ハンガリーでは86.3%、ポーランドでは92.2%に上った。この比率は調査対象の日欧8か国中、最高であった（ちなみに日本では43.1%、西ドイツでは26.6%で、「目指すべき社会」としてこの両国で多かったのは「人々が安らかな気持で生活できる社会」であった）。

　社会主義体制下で最低生活は万人に保障されていたとしても、ハンガリーやポーランドの労働者は「豊かな社会」を強く希求していたのである。もしソ連・ロシアが加わっていたら、やはり同じような傾向が見られたと思われる。日本からの旅行者がモスクワやレニングラードやキエフの街角などで、見知らぬ通行人から日本製のカメラや時計やラジカセやドルの闇売買を密かに求められるという光景が見られた。外国製品を身につけていることがあたかもプレスティージであるかの観すら呈していた。

　また、生活必需品の供給不足や公的サービスの硬直性から、必要な生活物品を入手するのに多くの時間的コストがかかるという事態も、日常化していた。公的な手続きや商店などでのサービスは担当者の表情が硬く、手順が煩瑣で、これもまた時間コストの負荷を生活行動に与えていた。

しかし一般の生活者は、低廉な家賃や光熱費、無償の医療や教育、年金や育児手当、そして完全雇用の制度によって、最低生活は保障されていて、しかも人によっては家庭菜園からの収穫や半ば公認の副業や勤務外での無断アルバイトによる副収入によって、家計を潤していた。とくにブレジネフ時代には大都市郊外に小別荘（といっても質素な家屋と小さな庭だけであったが）を持つ家族も増えた。当時の現地聴取によると、1970年代の中頃にはモスクワ市民家族の20%がこの種の小別荘を持っていたという。

　当時、ロシアや隣接社会主義諸国において民衆の間で広く口にされていた次のアネクドートは、この時代の生活世界をみごとに描き出している。題して「社会主義の七不思議」——

① 資本主義の世界では人々が不況と失業に苦しんでいるのに、社会主義国では皆に仕事が保障されている。

② 皆に仕事が保障されているはずなのに、職場を覗くと働いている人の姿が見えない。

③ 働いている人が職場にいないのに、政府は一生懸命計画作りとノルマの割り当てを決めている。

④ そしてその計画とノルマはどういうわけか見事に達成されている。

⑤ 計画と生産ノルマが達成されているはずなのに、街の売店には品物が出回っていない。

⑥ 売店に品物が出回っていないのに、人々の家の中にはいろいろな物が揃っている。

⑦ 家にいろいろな物が揃っているのに、人々はいつも不平不満を口にしている。

　ブレジネフ時代に社会の多数派をなした生活者層とは、すでに一定の技能水準と知識水準を備え、完全雇用制の下で失業の不安を抱えることもなく牧歌的ともいえる就労生活を送り、平準化された所得水準と安全な生活環境の中で、より高い物的生活を密かに求めながら日々を暮らしていた人たちであった。これらの諸特徴がセットになって、社会主義時代、とりわけブレジネフ時代における一般民衆の生活世界が構築されていた。そのセットが社会主義体制の崩壊で根拠を失った後、人々は自らの生活世界をどのように再構築したか。これが次の節からのテーマとなる。

3　体制転換期における生活世界の再構築

　1980年代末から1990年代初頭にかけて、ロシアの生活者各層はペレストロイ

カに端を発した政治経済の混乱、ソ連邦の解体、そして社会主義体制の崩壊の中に放り込まれた。国営企業は民営化され、その移行期には職場で仕事がなくなり、賃金の未払いが広がり、多数の人々が企業を去って自活の糧を求めざるを得なくなった。そこでなにがしかの収入を得たとしても、生活物資の供給が滞り、物価が上がり、人々は食料その他の基本的な生活必需品の入手難に直面することとなった。犯罪も増えた。

　そのなかで人々の意識はどう表れたか。五十嵐徳子（1999: 45, 52, 57, 77）が1994年にサンクト・ペテルブルクとモスクワで18歳以上の男女1,500人を抽出して行った配票調査（回収数は1,107）からは、次のようなことが示された。

　①「失業を怖れるようになったか」の問いに対して「より怖れるようになった」が70％を占めた。実際には、後述するように、完全失業に陥った者の比率はロシアでは多くなく、不完全失業の状態で食いつなぐ者が多数であったが、完全雇用の枠内で生活してきた者にとって、体制転換は失業の危惧を広め、それがこの時期の生活世界の再構成に有意な効果を持ったとみてよい。

　②「今後1年以内に経済状態が改善されると思うか」という問いに対しては、「改善される」と楽観視する者はごく少なく、わずか8％であり、「悪化する」が47％を占め、「変わらない」とみる者が26％であって、悲観的な見通しを持つ者が大多数を占めた。

　③「最重要価値」として多数が求めていたのは〈民主主義〉（21％）よりも〈安定〉（68％）の方であって、これは男女に共通していた。

　④「ソ連邦の崩壊」を肯定的に評価するか否定的に評価するかを問うと、否定的評価が全体のほぼ3分の2を占め、肯定的評価は2割強にとどまる。否定的に評価する者の割合が特に大きいのは年金生活者だが（11％ 対 80％）、経営者や雇用者でも66％が否定的で、肯定的評価は20％程度にすぎない。学生や失業者においても否定的評価の方が多い。ただ専業主婦においては5対3の割合で肯定的評価の方が多い。社会主義体制時代には完全雇用制のもとで、労働能力がある女性はほぼ全員が就労することになっていて、「専業主婦」は例外的であったが、潜在的には専業主婦でいることを欲する女性も少なくなかった。体制転換後はその潜在的欲求が顕在的現実となった。

　このような現実の中で人々は社会主義時代、とりわけブレジネフ時代の記憶から生活世界をどのように再構築していたか。

　前に触れたボロネジに立地する機械メーカーの作業所での労働者数人との雑談のなかで、一人の中年女性がブレジネフ時代の生活世界を次のように描いて語った。「安い料金で劇場にもコンサートにも行けたし、夜遅く女が一人で街を歩い

ても安全だった。外国旅行も労働組合が組織してくれた」世界である。これにたいして体制転換後の今（1994年頃）は「料金が高くなって映画館にさえ行けなくなった。暗くなったら危なくて外出もできない」世界となった。「今は檻の中にいるような感じだ。あの頃はもっともっと自由だった」というのである。

　この女性労働者が語ったことを裏付ける世論調査結果が、トシチェンコの論文の中にいくつか見いだせる（Toshchenko, 石川ほか訳編 2017：161-173）。その1990年時点での調査によると、「ロシアの経済の現状をどう評価するか」という問いに対しては「正常だ」という回答はわずか1％にすぎず、「複雑だ」が38％、「悪い」が61％を占めた。また、われわれが1995-96年にモスクワ、ボロネジ、ニージニィ・ノヴゴロド、ハバロフスクに立地する大規模機械工場で行った従業員意識調査 [3] で、賃金・手当と福利厚生に関する不満を5点尺度で測定してみたところ、（不満最大値1.00、不満最小値5.00として）その値は1.99となった（石川 2020: 56）。企業の私有化過程で従業員にはその企業の株が分配されたものの、経営は業績の低下に苦しみ、賃金未払いが続き、労働生活は劣化していた。

　地域生活においても不安が高まった。1990年時点での調査によれば、「盗難」を危惧する者の比率が56％、「詐欺」については40％もあり、治安にかんする不安状況が地域で広がっていた（Toshchenko, 石川ほか訳編 2017: 168）。五十嵐の調査（1994年実施）によれば、さきに触れたように、「最重要価値は民主主義か安定化か」という問いに対して、回答者の多数は安定を求め、民主主義だという回答はわずかにとどまっていた。体制転換はロシア社会の〈民主化〉に向けたものという見方が日本を含めて西側の識者の間で広くとられていた観があったが、ロシアの土壌の上で生きる民にとっては、なによりもその日の暮らしの〈安定〉の方が重要であった。

　さきにあげた女性労働者の発言にみられる社会主義時代の生活世界とは、上記のような体制転換期の生活経験との対比からの「さらなる気づき」によって再構築されたものだったといえよう。

　しかし、回想され再構築された社会主義時代の生活世界には、もう一つの側面があった。1990年代初頭に中央大学社会科学研究所とスロヴァキア科学アカデミー付属社会学研究所との共同研究（石川・ファルチャン・川崎編 2010）において、スロヴァキアの地方都市で住民から聴取した記録のなかに、中年女性が語った日常経験として次のような話がある。「社会主義時代には人と話すときには注意が必要だった」というのである。語ったことが曲解されて伝えられたり密告されたりする危険を意識せねばならなかったからである。自分の子供の前でも言葉を選ばなければならない世界で、会話に自ら箍（タガ）を嵌めていなければならない生活

表1 国家・社会機関に対する信頼水準

	2008	2009	2010	2012
大統領	73	63	71	51
政府	60	54	57	43
軍隊	63	50	49	50
上院議会	29	23	25	24
連邦評議会	31	23	27	24
政党	13	11	12	15

表中の数値は「信頼している」と回答した者の％。
出典：Горшкова, Крымна и Тихоповой, ред. 2013:117.

が日常化していたという。つまり、公式的制度では満たされない物資やサービスを充足する私的な人間的ネットワークと並んで、社会主義体制を成り立たせていたもうひとつのインフォーマルな機能的要件は、監視と密告、そしてそれに対する警戒心であった。

社会主義体制の崩壊はその箍（タガ）を取り払った。日常的な言語表現も政治的な意思表示も自由になった。しかし共産党単独支配に代わる政治的複数主義の時代が到来しても、人々の多くは政治に関心を向けず、投票にも行かず、街頭デモなどにも参加意思を示さず、体制転換直後の数年間に雨後の竹の子のように生まれたNGO/NPOの多くも姿を消していった。これはスロヴァキアだけの話ではなく、ロシアにも当てはまる。監視・抑圧から自由になった生活世界は、人々を能動的に政治社会に関与させるようにはならなかった。そして体制転換後20年ほど経った時点においても、人々の多くは政党を信頼せず、議会に対する信頼も低迷し続け、それに対してもっとも信頼を集めているのは国家の頂点に立つ大統領個人、それに次いで政府と軍隊である（表1）。

4　体制移行後の社会経済動向と生活の階層分化

では体制移行期をすでに経て新時代に入った2000年代のロシアで、人々の生活世界はどのように構築されているか。

その前提として、客観的な社会経済指標に拠って1990年代から2000年代にかけてのロシア社会の状態と生活状況の変化を概観しておく。

林裕明（2011: 136）がロシア連邦国家統計局から抜粋してまとめたいくつかの指標や、その他の機関や研究者が提示している関連データをとりあげてみる。

①GDPは1990年から1999年まで低下し続け、2000年代になってやっと上

向きになるが、それが1990年時点の水準をわずかながら上回るようになるのは、17年後の2007年のことである。実質貨幣所得の推移もほぼこれに平行して推移し、1990年を100とすると1991年には115.7と微増するものの、1999年には50にまで落ち込んだ。それが1990年水準にまで回復するのは2005年になってからである。ちなみに賃金支払い遅延は体制転換後間もない時期から始まっていたが、武田友加（2011: 126）が作成した図からみると，その額が最大となったのは1997-98年で、1993年時点のそれの600倍近くにもなり、それが沈静するのは2000年代、特に2005年以降になってからである。インフレ率は1991年には160％となったがその翌年の1992年には2,510％と跳ね上がり、1993年も840％と高水準を記録した。それは1997年に沈静の兆しを見せて11％に落ち着くが、10％ほどで推移し始めるのは2000年代に入ってからである。

　② 体制転換当初の時点での所得格差は 欧米の主要諸国よりも小さく、ロシアの方が平等性は高かった。所得格差を示すジニ係数は1990年には0.24で（Medgyesi 2013）、その数値は欧米主要国よりも小さかったが、林裕明（2011: 136）がロシア統計年鑑から引用した数値によると1991年には0.260、翌1992年には0.289という水準で微増していたのが、1993年には0.398に跳ね上がり、その後はほぼ0.400前後の水準で推移してきた。ちなみにOECD編（2017）をみると、2010年第3四半期における世帯可処分所得のジニ係数は0.42で、日本（0.34）やアメリカ（0.38）より大きく出ている。まだ社会主義の履歴効果が生きていて所得格差が小さかったロシア社会が、その後の体制移行過程で次第に格差を増し、2010年頃には資本主義の主要国並みの格差社会へと変容した。OECD編（2013）でみると、2010年時点での相対的貧困率は17.0で、すでにロシアは日本（16.0）やアメリカ（17.4）とほぼ同水準の格差社会となっている。

　③ 失業率は体制移行の初期にあたる1992-93年には国営企業が過剰雇用を抱えたままであったこともあり、5％台に収まっていた。その後1990年代末には10％をやや超したが、2000年代に入ってからは10％未満で推移した。ちなみに日本の総務省統計局（2020年版）の統計を見ると、2018年時点におけるロシアの失業率は4.9％（男性4.9％、女性4.8％）で、日本（2.4％）、アメリカ（3.9％）、あるいは旧社会主義国のチェコ（2.2％）やハンガリー（3.7％）と比べれば高いとはいえ、その数値は5％を下回っており、大きい比率とはいえない。別なデータ（OECD 2017）をみると、2013年第2四半期におけるロシアの失業率は5.5％でドイツ（5.4）とほぼ同水準で、アメリカ（7.6％）、OECD加盟国全体（9.1％）よりも低かった。しかしこの統計数値は半失業状態の者、灰色経済や地下経済で生きている者、不安定就労に携わっている者、いわゆるプレカリアートを含んでいない。

体制移行後のロシアで完全失業率がけっして高くはなかったのに相対的貧困率が比較的高く表れているのは、非正規雇用の労働者や名目的自営業者が社会のなかで厚い層をなしてきたからとみてよい。トシチェンコらのプレクリアート研究プロジェクトで行われた全国抽出調査「2018年におけるあなたの生活」（対象：全国の有職者1,200人を抽出）によると（Тощенко, ред. 2019: 370）、雇用契約が無期限の者54.7％、雇用期限1年以上の者23.3％、1年未満の者4.9％、契約がない者14.5％、独立企業家0.9％、自営業1.7％で、雇用が無期限ないし1年以上保障されているものは併せて78％いる一方、雇用が1年未満しか保障されていない者と全く保障されていない者をあわせた比率は20％にもなり、5人に1人あるいはそれ以上の数の者が不安定就労者である。体制移行後のロシア社会では失業率は特に高いわけではないが、就業者の中でプレカリアートが少なからぬ割合を占める。ロシアはかつてのかなり均質的で完全雇用の社会からは遠く離れたものとなった。

5　2010年代における社会意識の動態と生活世界の分化

　社会がこのように階層分化してきたなかで、人々の生活世界も多様化したと想定されるが、実際はどうなったか。

　まず、体制移行後における人々の意識の、一般的傾向を観察してみる。

　トシチェンコが別な論文（石川ほか編 2017）であげているデータから、体制転換最中の1990年時点における意見調査結果と体制移行を経て20年余も経った2012年時点のそれとの間の差異を追うと、以下のような点が見いだせる。

　①「ロシア経済の現状の評価」では先にも触れたように1990年時点で正面切った肯定的な意見はゼロに近かったが、2012年には〈よい〉が10.6％、〈問題はあるが悪くない〉が29.5％へと増加し、その一方で〈非常に悪い〉が10.7％、〈どちらかといえば悪い〉が35.5％（〈わからない〉が7.7％）となり、体制転換初期には絶望的だった経済観が、その後22年経った体制移行後の調査では否定的評価がなおも肯定的評価を上回るとはいえ、その差はかなり小さくなった。

　②　しかし「市場経済への移行はどんな結果をもたらしたか」という問いに対する1990年調査と2012年調査での意見分布をみると、「人々の豊かさが低下した」が33％から48％へ、「労働報酬が公正でなくなった」が12％から46％へ、「インフレが昂進した」が17％から53％へ、「経済犯罪が増えた」が18％から56％へという、生活状況を悪化視する傾向が見てとれる。そして「富裕層だけが成功している」が27％から48％へと増大している。体制転換期に比べて20年ほど経っ

た2012年には、生活と社会の質の低下を指摘する声が増えており、それが回答者の50%前後を占めている。しかし同時に、残りの約50%が必ずしもそういう見方をしているわけではない点にも目配りする必要がある。市場経済への移行に関する評価は、ほぼ二分されているとみられる。

　体制転換後のロシアで革新エリートたちが目指したのは、個人主義と自由主義を理念的原理とした西欧型の民主主義体制の樹立であった。しかしそれは多数の民衆に必ずしも受け入れられたわけではない。民衆のこの意識状況は、かつての社会主義時代への郷愁からだけでは説明しきれないかもしれない。なぜなら社会主義時代に生活していた人たちの多くは2010年代にはすでに高齢化し、あるいは他界していて、代わりに新世代の人たちが社会の中で増えてきたからである。つまり世代交代の進行を考慮に入れる必要がある。そして同時に、市場経済化での社会の階層変動との連動も視野に入れる必要があるだろう。

　かつて労働者階級を核として所得や生活状態が比較的均等化していた社会主義体制が崩壊し、資本主義の原理で経済社会が動き出して十余年経ったロシア社会では、新たに階層分化が進んだ。その中で新しい中産階級が育つ反面、中産階級のレベルに達しないプレカリアートが社会の内部で一定の割合を占めるようになった。そのロシア社会のなかで、社会指向のベクトルも分化してきている。さきにジニ係数と相対的貧困率から所得格差の拡大傾向を観察したが、体制移行期を経た2000年以降も富裕層と貧困層の購買力格差は傾向的に拡大してきた。富裕層と貧困層の購買力水準は2000年には6.305対0.454で差は5.851だったが、その後には差はしだいに増大し、2010年には10.319対0.625と、その差が9.694に広がり、この間に富裕層の購買力は1.64倍に伸びたが、貧困層のそれは1.38倍にとどまった（Литвинов 2012: 180）。貧富の差が漸増傾向を辿ってきたといえる。

　しかし同時に、中産階級が漸増してきたことにも眼を向ける必要がある。そして中産階級とその下の社会層との間に価値志向の相違が観取されるなか、一般的にみると中産階級の価値志向が広がり、準中産階級やその外側にある社会層の価値志向も、それの後を追って変動してきた。ゴルシュコヴァとチホノヴォイが編纂した『現代ロシアにおける中産階級』のなかでマレエヴァ（Мареева, С. В.）が紹介している2014年のデータ（Горшкова и Тихоновой, ред. 2016:135）が、それをよく示している [4]。

　このデータは、個人主義志向（「他者に同調して生きるよりも個性を発揮した生き方の方がいい」）・対・集団主義志向（「個性を発揮する生き方よりも他者に同調して生きる方がいい」）という個人の生き方に関わる軸と、能力主義志向（「収入や生活状態が平等であることよりも能力発揮とその機会が平等であることの方が望

表2 階級別にみた価値志向

	中核的中産階級		縁辺的中産階級		その他の人々	
	2003	2013	2003	2013	2003	2013
個人主義志向	72	69	55	63	37	47
集団主義志向	28	31	45	37	63	53
能力主義志向	88	78	73	72	62	64
平等主義志向	12	22	27	28	38	36

出典：Горшкова и Тихоновой, ред.: 135.

表3 「望ましい社会経済体制」（2014年）：%

	中産階級 （中核的中産階級 ＋縁辺的中産階級）	潜在的中産階級	その他
個人的自由社会	44	30	28
社会的平等社会」	56	70	72

出典：Горшкова и Тихоновой, ред.: 136.

ましい」）・対・平等主義志向（「能力発揮やその機会が平等であるよりも収入や生活状態が平等であることの方が重要だ」）という個人の社会への関わり方を示す軸で、人々の志向分布を2003年と2013年の2時点で示している（表2）。

　この表をみると、中産階級では個人主義志向が集団主義志向を上回り、その度合いは「その他の人々」の場合よりも顕著であるが、後者においてもその差は2003年よりもその後10年経った2013年では小さくなっている。この10年の間で個人主義志向への傾斜が中産階級の下層部分やその他の社会層にも広がっていることが窺われる。中産階級に属さない「その他の人々」においては今なお個人主義志向よりも集団主義志向の方が大きいが、この二つの志向の差は2003年と2013年の間で縮まっている。そうだとすると、ロシア社会で国民の中産階級化が進行していけば、価値志向が個人主義の方向に流れていくと思われる。一方、能力主義か平等主義かという軸に関しては、ここで観察している三つの階級のどれにおいても「能力主義」が「平等主義」を上回っているが、その差が最も大きい「中核的中産階級」では二つの調査時点の間で「能力主義」が10%減り、「平等主義」が10%増えており、両者の割合は「中核的中産階級」では8対2、「縁辺的中産階級」では7対3、「その他の人々」では6対4と、ほぼ固定されている。

　しかしここでいう「能力主義」対「平等主義」や「個人主義」対「集団主義」の軸は個人の生き方や社会への関わり方に関する事柄であり、あるべき社会体制原理に関する価値志向とは次元を異にする。

「望ましい」あるいは「目指すべき」社会経済体制となると、中産階級もその予備軍もそれ以下の社会層においても、「個人的自由社会」よりも「社会的平等社会」をあげる者の方が多い（表3）。この表にみるように、中産階級ではその差が小さいとしてもやはり「社会的平等主義」が「個人的自由主義」を上回っており、その予備軍やその他の階層においては、「社会的平等社会」を支持する者が顕著に多い。しかしその階層でも「個人的自由社会」を支持する者が30％ほどを占めており、必ずしも「望ましい」社会像は一元化されてはいない。

　社会主義体制が崩壊し、その後体制移行をへて資本主義的経済社会が打ち立てられるなかで、社会の階層構成と生活状況が分化し、人々の価値指向がしだいに中産階級的なそれ、つまり個人主義・能力主義へと収斂しつつあるとみられる一方で、ロシア人にとっての「あるべき社会体制」像となると、それはむしろ平等社会指向の方に傾斜している。

　こうした状況の下でロシア人が描いているロシア社会像を示すよいデータがある（Горшкова и Тихоновой, ред. 2016: 71）。そこでは社会構成像を四つのモデルに分けて、そのうちのどれに現代ロシア社会はもっとも近いか、そしてどれが望ましいモデルか、を問うている。① 徳利型（最上部が小さいながら際立ち、下部が大きな部分をなし、両者をつなぐ部分は細い）、② ピラミッド型（上に行くほど小さく、下に行くほど大きい）、③ 提灯型（最上部と最下部に小さな付属物が付いているが、本体中央部は膨らんでいる）、④ 円盤型（全員が中間部分に収まっている）、である。ここで挙げられた四つの社会構成類型は次ページ上の図のように図示されている。

　回答の分布は表4のようになった。

　これによれば、ロシア人の多くは現実のロシア社会を上下に分化した、上層は小さく下層が大きい構造になっている格差社会と見なしており、理想的なのは皆が中間部分に収まっている平等型社会だとしている。なお、「自分がどの階層に属していると思うか」という質問に対しては、81％が「中間的階級」と答えている（同: 20）。

　ではロシア人はどんな社会経済体制を望ましいとみなしているか。

　先に表3でみたように望ましい社会像としては「個人的自由主義」より「社会的平等主義」、また表4でみたように理想的なロシア社会としては上下の分化が小さい円盤形の構造を挙げる者が多数をなしている。そしてゴルシュコヴァらの著書（Горшкова, Крымма и Тихоновой 380）の中で紹介されている「コムソモールカヤ・プラウダ」（2012年6月28日刊）に載った世論調査の結果でも、資本主義的な体制よりどちらかといえば社会主義的なそれが望ましいという意見の

114

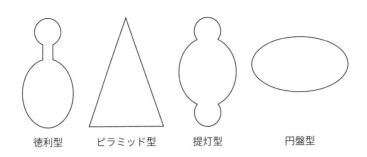

| | 徳利型 | ピラミッド型 | 提灯型 | 円盤型 |

表4　ロシアにおける社会構成の理想と現実

ロシア社会	徳利型	ピラミッド型	提灯型	円盤型
理想	9	20	31	40
現実	28	57	12	29
差	−19	−37	19	11

出典：Горшкова и Тихоновой, ред .: 71.

方が多い。そこでは「ロシアにとって好ましい体制は次のうちのどれか」という設問に対して回答分布は次のように出ている（無回答が5％）。

市場の要素を入れた社会主義・・・31％
計画の要素を入れた資本主義・・・25％
国家所有の社会主義・・・・・・22％
自由市場の資本主義・・・・・・17％

　体制転換後二十余年経ったロシアで生活する人々の間では、「ロシア人にとって好ましい」体制像は分化しているが、「自由市場の資本主義」の支持者はこの調査だと2割に満たない。また、「国家所有の社会主義」の支持者も2割程度である。しかし市場社会主義か国家社会主義かの違いを無視すれば「社会主義」の支持者は53％、計画資本主義か自由市場主義かの違いを無視すれば「資本主義」の支持者は42％で、両者の支持者の割合はほぼ半々で拮抗しているが、あえていえば「ロシアにとって好ましい体制」と見なされているのは社会主義的な体制のほうである。

　しかしこの点を踏まえたうえで、体制転換後二十余年を経た時点でロシア人一般が抱く〈あるべきロシア社会像〉を探ろうとするならば、「社会主義か資本主義か」という対立軸のほかに、「ロシア指向か西欧指向か」という、19世紀のス

表5 「われわれロシア連邦の民は、個人主義、自由主義、西欧的民主主義の価値を受け入れない。ロシア人にとって重要なのは、深い共同感情、集団主義、厳しく統括する国家だ」という見解に賛成か否か。

調査年	1998	2004	2007	2010	2012
賛成	29	44	45	45	54
反対	43	32	31	27	46

出典：Горшкова Крымма и Тихоновой, ред.: 310.（無回答の比率を省いて表示）

ラヴ主義論争を想起させるような対立軸も考慮に入れる必要があると思われる。

　上の表は、「われわれロシア連邦の民は、個人主義、自由主義、西欧的民主主義の価値を受け入れない。ロシア人にとって重要なのは、深い共同感情、集団主義、厳しく統括する国家だ」という見解に賛成か否かを示した世論調査結果である（前掲書：310）。

　これをみると、ロシア的集団主義を支持する者は1990年代末には少数派であったが、2000年代になると多数派に転じた。体制移行期には比較的大きかった西欧的価値への志向が2000年代には退潮し、ロシア的価値への回帰がそれを上回り、2012年には過半数に上るに至っている。だがそれの反対意見が少なくない点も看過できない。

　以上をあえて要約すると、体制転換から約30年を経たロシア社会は、中間層の漸増と生活満足層の増大傾向が見られる一方、プレカリアートの厚い層を抱え、同時に国民の世代交代も進み、それを反映して人々の生活世界も多様化してきているが、各種意識調査結果から見る限り、それは西欧型の社会へと一方向的に収斂するというよりもむしろ、何らかの形の社会主義と特殊ロシア的な価値へのこだわりを残しながら展開しているかにみえる。

6　結び

　これまでの記述を要約してみるならば、次のようにいえるだろう。

　ロシア人は比較的に均質的な構造を持つ社会主義社会の体制のなかで生活を営み、均一的な生活基盤の上で生活世界を構築していた。特にブレジネフ時代は人々の教育水準や職業技能水準がすでに向上していて、そのうえ賃金水準も平準化が進んでいた社会となっていたから、人々の生活水準も生活の営み方もかなり平均化し安定していた。そこで構築されていた生活世界もかなり一元的にパターン化されていた。

ところが体制転換はその基盤を根本から崩した。旧体制の中で生きることに窮屈さを感じ、民主化と自由化を求めていた者にとっては、体制崩壊は旧体制の桎梏からの解放を意味した。しかしそれはまた人々にとって、安定した生活の保障の枠がはずされ、経済的困窮と社会的無規制のなかに放りだされることであった。ノスタルジアの中で社会主義時代の生活世界が美しく再構築され、現実の生活世界は暗く彩られた。そして間もなく体制移行が進みだしはしたものの、最初の10年ほどの間は危機的あるいは不安定な経済状況が続き、生活に不満感を抱く人々の比率も高かった。実際、不安定就労が増え、社会階層の分化も大きくなった。しかしその一方で日常生活の満足度の傾向を見ると、満足層（「完全に満足」＋「大体満足」）の比率と不満層（「全く不満」＋「ほとんど不満」）のそれは、1997年には15.8％対48.2％、2000年には16.0％対47.5％であったが、2005年になるとそれが24.0％対34.0％で差は縮まり、2007年には31.0％対26.0％と満足層の方が多くなっている（Toshchenko 2010）。転換期の生活難が年を追って改善されてきたことが、ここに窺える。

　このような趨勢の中で、西欧的な個人主義・自由主義・民主主義への価値志向を根に据えて生活世界を構築する傾向が中産階級の増加と連動して広がっている一方、プレカリアートの増加傾向もあって自由より平等、個人より集団に重きを置く価値志向をもとにした生活世界がなおも広く構築されている。

　しかし、そのように価値志向の分化とそれによる生活世界の多様化が進み、全体として生活に満足する層が増えてきたとしても、資本主義的な社会よりも社会主義的な社会のほうが「ロシアにとって望ましい」という意見が多いし、自由主義・個人主義に軸足をおく西欧的民主主義の社会よりも、共同感情・集団主義・厳格な国家を土台とするロシア的社会の方をよしとする意見の方が、どちらかといえば多い。

　社会主義体制とその崩壊をへて今日に至っているロシア社会において、人々の生活世界はこのように分化し錯綜した構成をとって立ち現れているとみられる。しかしそれは欧米的な生活世界に一元的に収斂するようにはみられない。

【注】
［1］　この調査は北海道大学スラブ研究センターの領域研究『スラブ・ユーラシアの変動』のうちの「経済システム転換期における企業の動態分析」の一環として行われた。
［2］　同上。
［3］　同上。
［4］　この調査で用いられた階級区分は、(1) 教育水準、(2) 職業上の地位、(3) 生活水準、(4) 階級帰属意識、の4つを統合した尺度でなされた。回答者サンプルはモスクワやサンクト・ペ

テルブルクをはじめ、北はアルハンゲリスク州、東はハバロフスク地方を含めた地域から12
カ所を定めて抽出された。

【文献】

Чангли, И. И., 1973, *Труд: Социологические аспекты теории и методологии исследова-
ния*, Москва: Наука.

電機労連, 1986,『10 カ国電機労働者の意識調査結果報告』(電機労連調査時報, 第 212 号.)

Горшкова, М. К., П. Крымма и Н. Е. Тихоновой, ред., 2013, *О чём мечтают россияне: Идеал
и реальность*, Москва: Весь мир.

Горшкова, М. К. и Н. Е. Тихоновой (ред.), 2016, *Средний класс в современной России*,
Москва: Весь мир.

林裕明, 2011,「経済格差と階層化」(吉井昌彦・溝端佐登史 (編), 2011,『現代ロシア経済論』ミ
ネルヴァ書房.)

五十嵐徳子, 1999,『現代ロシア人の意識構造』大阪大学出版会.

Иинститут философии (Академия наук), 1968, *Классы, социальные слои и группы в
СССР*, Москва: Наука.

石川晃弘, 2005,「過渡期ロシアの従業員意識分析」『中央大学社会科学研究所年報』第 10 号.

―――, 2009, 体制転換の社会学的研究』有斐閣,

―――, 2020,『ロシア、中欧の体制転換：比較社会分析』ロゴス.

石川晃弘・L. ファルチャン・川崎嘉元 (編),2010,『体制転換と地域社会の 変容』中央大学出版
部.

石川晃弘・佐々木正道・N. ドリャフロフ (編),2017,『ロシア社会の信頼感』ハーベスト社.

Литвинов, В. А., 2012, ' Доходы населения и их дифференциация в новой России' в:
Качество и уровень жизни населения в современной России (Сборник материалов
международной научно- практической конференций), ОАО всероссийский центр
уровня жизни.

Medgyesi, M., 2013, "Increasing Income Inequality and Attitudes to Inequality: A cohort
perspective", *AIAS, GINI Discussion Paper 94*.

OECD, 2013, (高木郁郎・麻生裕子 (訳)『図表で見る世界の社会問題』明石書店.)

OECD, 2017, (高木郁郎・麻生裕子 (訳)『図表で見る世界の社会問題4』明石書店.)

大津定美, 1994,「脱社会主義過程における労使間係」石川晃弘・塩川伸明・松里公孝 (編)『ス
ラブの社会』講座スラブの世界4, 弘文堂.

Rutkevitch, M., 1974, "Social Structure of Socialist Society in the USSR and Its Development:
towards Social Homogeneity", in: M.N. Rutkievich, W. Wesolowski et. al. (eds.),
Transformations of Social Structure in the USSR and Poland, Moscow: Institute of
Sociological Research in the Academy of Sciences of the USSR & Warsow: Institute of
Philosophy and Sociology in the Polish Academy of Science.

佐々木正道 (編),2014,『信頼感の国際比較研究』中央大学出版部.

Schutz, A., 1932, *Sinn Aufbau der sozialen Welt* (佐藤嘉一 (訳), 2006,『社会的世界の意味構
成』木鐸社.)

Schutz, A. & Th. Luckmann, 2003, *Strukturen der Lebenswelt* (那須壽 (監訳), 2015,『生活世
界の構造』ちくま学芸文庫.)

Shkaratan, O. I., 1985, "Changes in the Social Profile of Urban Residents", in: M. Yanowitch
(ed.), *The Social Structure of the USSR*, Armonk, New York: M.E. Sharpe, INC.

総務省統計局, 2020,『世界の統計』総務省.

高橋正・高橋その, 1976,『ソビエト・ライフ』サイマル出版会.

武田友加, 2011,「労働市場と社会政策」吉井昌彦・溝端佐登史（編），『現代ロシア経済論』ミネルヴァ書房.

Toshchenko, Zh., 2010, *Paradox Man*, Saint-Petersburg: ALETHEIA.

Toshchenko, Zh., 2013,"Trust as an indicator of economic consciousness and behavior in Russia", in: N.I. Dryakhlov et al. (eds.), *Trust in Society, Business and Organization*, Moscow: National Research University "Higher School of Economics".

Toshchenko, Zh., 2017,「経済意識からみた信頼の動態」石川・佐々木・ドリャフロフ（編），『ロシア社会の信頼感』ハーベスト社.

Тощенко, Ж. Т., (ред.) 2019, *Прекариат: Становление нового класса*, Москва: Центр социального прогнозирования маркетинга.

辻村明（編）, 1970,『現代ソヴェト社会論：社会学的分析』日本国際問題研究所.

辻村明, 1980,「ソ連における社会変動のメカニズム」西村文夫・辻村明（編）『現代ソ連の社会と文化』現代ソ連論第 3 巻, 日本国際問題研究所.

Водзинская, В. В., 1969, 'О социальной обусловленности выбора профессии' в Г. В. Осипов и Я. Щепаньскй (ред.), *Социальные проблемы труда и производства*, Москва: Мысль.

気候変動と近代のパンドラの箱
── 歴史の累積効果を現在で解く

池田和弘

1 パリ協定の民主的な取り扱い

　気候変動枠組条約（UNFCCC）が採択されたのは、地球サミットが開かれた1992年のことである。地球全体の自然環境の行方をコントロールしようという野心的な条約は、あれから四半世紀の時が過ぎてもなお、混迷の中にある。もちろん、成果がなかったわけではない。私たちの日本社会にとっては、1997年に京都議定書を成立させられたことは、環境政策、ひいては、国際的なリーダーシップを発揮した誇らしい出来事として、今もなお記憶に強く残っている [1]。ただし、それももはや、記憶／記録されるべき歴史の中の出来事になりつつあるのかもしれない。

　気候変動枠組条約の中で現在動いている仕組みは、2015年に採択されたパリ協定である [2]。京都議定書ではトップダウン方式で数値目標が決定され、それによって日本社会は数値を達成するために苦労をすることになったが、今回は各国が実現可能な政策と具体的な数値を積み上げて、それぞれの国で数値目標を独自に決めるボトムアップ方式をとることで落ち着いた。その交渉過程では、京都議定書の第一約束期間から独自のボトムアップ方式による自主規制を進めてきた経団連をバックとする、日本政府の強い意向があったと言われている [3]。

　トップダウン方式とボトムアップ方式にはそれぞれ良いところと難しいところがある。ボトムアップ方式であれば、国内の経済団体などの利害関係者の意見なども取り入れながら、自国において可能な範囲で数値目標を決定することができる。しかし、その場合には、トップダウン方式なら可能だったかもしれない、全世界のCO_2排出量を総量としてコントロールするという考え方のかなりの部分を諦めなくてはならない。京都議定書が画期的だったのは、結果的には国際交渉上の力関係と政治的な思惑で決まった部分が大きいとは言え、国内事情をある程度外視して、数字を先行することができた点にある。それは同時に日本社会の

国際政治力のなさに対する多くの懸念を発生させたわけであるが、1.5度目標の達成の可否が議論されている現状においては、この点はむしろ評価すべきところだろう。

言い換えれば、現在のパリ協定を動かしているのは、そうした各国の事情と民意に基づく、きわめて民主主義的な発想による交渉過程だということである。その結果、私たちは、従来のような先進国だけが数値目標を負う形ではなく、数多くの国が参加する広範な排出規制フレームワークを手に入れることができたことも無論忘れてはなるまい。

しかし問題は、各国の事情に係留させる形にすると実効性が二の次になってしまうというこの現状をどう考えればよいか、ということだ。近代民主社会の多くは干によるトップダウン方式の意思決定ではなく、具体的な生活を営み、それぞれが独自の意見をもつ市民の意向を集積する形で集合的な意思を決めていくメカニズムを備えている [4]。政治的な意味合いで言えば、一人一票の意見表明の権利をもった市民が社会を構成するという市民社会の原理が基本にあるわけだが、各国それぞれの事情によって、それぞれの政治秩序の中で正当化可能な範囲でのみ数値目標を受け入れるというパリ協定の思想は、その意味においてきわめて近代民主主義的な発想によるものだと言える。

トランプ大統領が指導者の座にあった当時のアメリカ合衆国がパリ協定から離脱しようとしたのも、そうした文脈の中に位置付けるべきであろう。たしかに、会見におけるトランプ大統領の物言いはやや乱暴であったが、もう一つの経済大国である中国との競争を見据えて、自国の現在の状況下ではパリ協定から離脱した方が国民の利益に適うという判断は、政治的な判断としては理にかなうものの一つだと言えよう [5]。少なくともその選択肢を最初から外して考えるのは政治的に合理的ではない。

2　責任の平等性の成立平面

具体的には、トランプ大統領はパリ協定脱退の声明の中でこう述べている。

> パリ協定は米経済にマイナスの影響を与えるだけでなく、環境保護という当初の目的も果たしていない。汚染に加担する国々を規制せず、保護が進んでいる米国を罰するような枠組みを支持できない。中国は温暖化ガスの排出を増やし続けることができる。インドは石炭生産を倍増できる。（日本経済新聞電子版2017年6月2日、抜粋）

気候変動枠組条約の歴史の中では、京都議定書と今回のパリ協定はどちらも数値目標を立てるところまで進むことができたという点で、同等の価値をもつ大きな成果である。その二回が二回ともアメリカの離脱によって実効性を失いかけたことは社会学的にも考えるに値する問題である。

　トランプ大統領の声明の中では、特に中国とインドを経済の上での競争相手とみなして、協定が両国にとって有利な形で形作られていることが問題視されている。その前の京都議定書の離脱の際にブッシュ大統領が述べた声明の中でも、同じようなことが指摘されていた。

　　我が国、アメリカ合衆国は人為的に排出された温室効果ガスの世界最大の排出国である。世界の人為的温室効果ガス排出量のおよそ20％をアメリカ合衆国が占めている。同時に世界の経済生産のおよそ1/4を担っている。私たちは我が国の排出量を減らす責任があることを認識している。また、それが事の一面に過ぎないことも同時に認識している。すなわち、アメリカ以外の世界の他の地域で温室効果ガスの総量の80％が排出されているということだ。その多くは発展途上国から排出されている。

　　気候変動は100％の努力を求められる課題である。私たちの、そして、世界の他の国々の、温室効果ガスの世界第二の排出国は中国であるが、中国は京都議定書の要件から完全に除外されている。（米国ホワイトハウスウェブサイトより筆者訳、声明は2001年6月11日付）

　ここで引用した部分よりも前の部分ではかなりの時間を割いて気候変動科学の不確かさの問題が展開されているが、京都議定書の当時とは異なり、パリ協定での政策協議ではこの点が大きく問題化されることはなかった。そういう意味では、当時と現在とでは気候変動に関わる学術／思想の環境要件が大きく変わってきていると言えるが、アメリカが主張する枠組みへの不満の骨子は大きく変化してはいない。今も昔も、主張の骨子はアメリカ経済への悪影響だ。

　気候変動対策がグローバル化した近代社会の特性に接近していくのはこの局面である。気候変動の基本メカニズムは、産業活動によってCO_2をはじめとする温室効果ガスが排出され、それによって地球の平均気温が上昇する、というものである。平均気温が上昇することからこのプロセスを慣習的に地球温暖化 Global Warming と呼んでいたが、現在ではその派生効果として、海面の上昇や、極域の気候変化による寒冷空気の分布の変動、さらに、それらによるさまざまな複合的効果の人間社会への影響を同時に考えるべきであるとの認識にいたり、日

本語圏でも気候変動 Climate Change と呼び変えられるようになってきた[6]。

　複合的な効果が全世界の隅々にまで波及し、量の多寡の違いは大きいとは言え、誰もが行なっている産業活動によって発生する温室効果ガスが主要因であるために、原因の面でも、結果の面でも、地球に住むほぼすべての人が無関連でいることができない[7]。気候変動にはそうした関係する因果の範囲画定のしづらさがつきまとう[8]。

　そのため、対策を講じ、交渉していく現場でも、どの国も等しく関係し、何らかの責任を負うという点ではどの国も平等であるべきだという発想が前景化する。京都議定書のブッシュ大統領も、パリ協定のトランプ大統領も、そうした現在時点での責任の平等性（正確には、責任の負い方に違いはあってもよいという発想を受け入れているので、責任を負う当事者であるという責任主体の平等性と言うべきだろうが）をもとに、現在時点での経済プレイヤーとしてのイコールフッティングを求めて政治力を行使していくという点で、主張の骨子は同じ論理平面を動いている。

　言い換えれば、問題から逃れる安全地帯を設定し難いからこそ、どの国も等しく責任主体でありうるかのような近代民主制の擬制的平面に半ば乗っかる形で、責任が平面的に薄く広く伸張していくということだ。そのこと自体には当事者レベルでも気づかれていて、国際交渉の半面はその詐術を回避するために、先進国から発展途上国への資金移動のメカニズムの構築にあてられることが多い[9]。

3　歴史的な累積効果の特定時点への局限化

　こうした、気候変動問題の一見した分かりやすさと、その先を考えようとした時にぶつかる問題の想像のしにくさは、国家間の国際交渉や、それについてのマスコミ報道、教育現場でのデータの見せ方や議論の仕方からも部分的に追跡できる。

　気候変動問題を語る際に最初に参照されるグラフは、現在時点での温室効果ガス排出量の国別構成比だろう。図1は全国地球温暖化防止活動推進センター（JCCCA）がウェブサイトで提供しているもので、日本の環境教育現場で比較的よく使用されている基礎的な図版である[10]。

　トランプ大統領の声明にもあったように、現在時点で温室効果ガスの排出量の大きな部分を占めているのは中国であり、2018年時点の世界の総排出量の28.4%が中国由来のものになっている。第2位がアメリカの14.7%、第3位がインドの6.9%と続き、日本は3.2%の排出量で第5位の位置にある。ここから、アメリカ

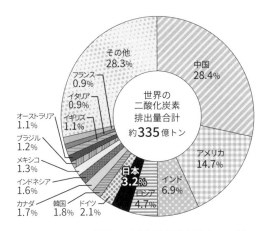

図1　世界の二酸化炭素排出量（2018年）

出典：EDMC ／エネルギー・経済統計要覧2021年版　全国地球温暖化防止活動
　　　推進センターウェブサイト（http://jccca.org/）より。

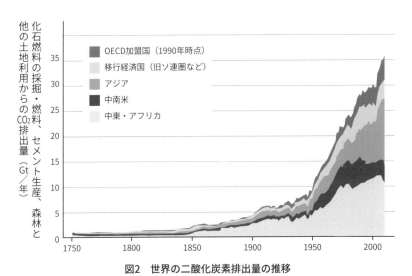

図2　世界の二酸化炭素排出量の推移

（燃料、セメント、フレアおよび林業・土地利用起源）

出典：IPCC 第5次評価報告書　全国地球温暖化防止活動推進センターウェブ
　　　サイト（http://jccca.org/）より。

と中国の排出量をどう規制するかという問題構成につながり、経済的にイコール
フッティングでない限り、アメリカ社会（特に共和党支持層）は温室効果ガスの
規制に賛成しないという構図ができあがる。

　しかし、温室効果ガスによる地球温暖化、そして、そこから派生する全世界的
な気候変動は、大気中の温室効果ガス濃度がどのくらいであるか、平たく言えば、
大気中にCO_2がどのくらい滞留しているかによって決まる。したがって、排出
責任を問うのであれば、それ自体はよく指摘されることではあるのだが、図2の
ように歴史的な排出量を積み上げた累積排出量をベースに議論した方が妥当であ
る。

　図2のグラフも同じくJCCCAのウェブサイトに掲載されているものである。
ただし、図1とは違い、累積排出量の内訳は各国ごとではなく、発展度合いか、
あるいは地理的な地域ごとの形になっている。グラフの元データにあたるIPCC
の第5次評価報告書にも、国別のようなより細かい解像度をもつデータは掲載さ
れていない。したがって、日本国内の文脈でも、IPCCを主軸とする気候変動科
学の文脈でも、歴史的な累積排出量の国別データは政策判断に必要な主要なデー
タとは考えられていないと推察される。過去の統計の信頼度の問題に加えて、度
重なる国境線の拡張／変更など、産業革命以降に生じた主要な戦争にまつわる複
雑な国際事情が背後にはあるのではないか。

　そのため、国対国の交渉の場である枠組条約の交渉現場においては、歴史的な
経緯でそれぞれの国の累積排出量に大きな差があることを念頭に置きながら、と
いうか、それを半ば自明のこととして先進国と発展途上国の責任フレームの違い
を発動させながらも、累積排出量ではなく、現在の排出量からどの程度排出量を
減らすことができるか、あるいは、相手国に減らすように要求することができる
か、ということを賭け金にして交渉が展開される。すなわち、歴史的な累積効果
の問題が特定時点の断面に局限化させて処理されているのだ。

4　交渉と説得の表組み<ruby>表組み<rt>テーブル</rt></ruby>

　同様の技法の展開は気候変動枠組条約に関係する他のいくつかの局面でも観察
できる。

　たとえば、国際交渉の大きな焦点となる排出量の数値目標に関する議論でも、
先ほどとは少し違った形でこの技法の痕跡がみつかる。表1は経済産業省資源エ
ネルギー庁が国会に提出した『エネルギー白書2020』に掲載されたもので、日
本の数値目標が国際的に比較した場合でも決して低くはないことを説明するため

表1　主要国の約束草案（温室効果ガスの排出削減目標）の比較

国名	1990年比	2005年比	2013年比
日本	▲18.0% （2030年）	▲25.4% （2030年）	▲26.0% （2030年）
米国	▲14〜16% （2025年）	▲26〜28% （2025年）	▲18〜21% （2025年）
EU	▲40% （2030年）	▲35% （2030年）	▲24% （2030年）

注：網掛けは各国が採用している基準年を示す。数字は『エネルギー白書2020』が国会に提出
　　された時点のものが反映されている。その後、2021年にパリ協定に米国が復帰し、同年4
　　月に「2030年までに2005年比で50-52%減」を新しい目標値として提出した。また、EUも
　　2020年12月に「2030年までに1990年比で55%減」を新しい目標として提出している。日本
　　の数値は2021年10月に「2030年までに2013年比で46%減」に変更された。

出典：経済産業省資源エネルギー庁『令和元年度 エネルギーに関する年次報告（エネルギー
　　白書2020）』p.81より一部抜粋。

に用いられたものである。

　日本はパリ協定の交渉プロセスの中で、中期削減目標を2013年比で2030年
までに26%削減することと定め、これを国際公約とした。アメリカはトランプ
大統領が協定からの離脱を宣言してしまったが、当初の予定では2025年までに
2005年比で26-28%の削減目標を予定していた。EUは1990年比で40%と高い数
値を掲げている。

　パリ協定の下で、自国がどの程度の削減を目標とするかは各国の事情に
任されている。正式には「国が決定する貢献 NDC（Nationally Determined
Contribution）」と呼ばれ、それぞれの国が2020年までに提出、更新することが
求められた。そのため、提出や更新の時点の政治状況が数字に反映されると考え
ることができ、また、数字の読み方についても政治的な思惑が入り込む余地が大
きくなる。アメリカが共和党のトランプから民主党のバイデンに政権交代した際
にパリ協定の取り扱いについての議論があったのは記憶に新しいところだろう。
現在のアメリカの削減目標（2030年までに2005年比で50-52%減）は民主党への
政権交代を経てパリ協定へ復帰した後に提出されている。数字が協定交渉当時
よりも底上げされているのは言うまでもない。

　表1は日本の国会に提出された『エネルギー白書』に記載されたものなので、
日本の政治事情や国の立場が色濃く反映されたものになっている。この表がわざ
わざ基準年で揃えるような表組みにしてあるのは、そのように表現すれば、日本
が積極的な国際貢献を果たしているように読めるからだ。アメリカの26-28%減、
EUの40%減は、数字だけみれば日本の26%減よりも野心的な目標である。し

かし、日本が採用した基準年である2013年比でそろえた場合には、日本が提出した26％が数値上はもっとも高い目標になる。そういう形に「見せる」ことで、日本の数値目標が低いのではないかという批判をかわそうというのが、日本政府のねらいだろう。しかし同様に表1が示すように、実際には、各国で自国の削減目標が高めに見えるように比較の基準年を決めているというのが実態であり、アメリカは自国の排出量がもっとも多かった2005年を基準とし、EUに関しては京都議定書と引き続き、中東欧のエネルギー効率が大幅に改善する前の1990年が基準年として選ばれている。社会学的な二次の観察として言えば、温室効果ガスの累積的蓄積という歴史的効果の責任を、現在を含む任意の二時点間の排出量の削減比率、及びその達成速度に代替させる操作がなされている。表のようにして見せ方にあからさまな演出的効果が付随しているのは、絶対的な基準点を設定することができないこと、もし設定するとしたらそれは産業革命前という近代の始点におかざるをえないこと、に半ば気づいているからであろう。気づいているからこそ、基準年のまやかしは関係者であれば誰でも知っている公然の秘密として扱われるのである。したがって、それが公式に非難されることもない。

5　ぼやける境界、共有される時間地平

　温室効果ガスの蓄積という歴史的な累積効果の責任を問うという本来あるべき構図は、国際的なinter-national取り決めである条約によってそれを処理するという解法をとったとたんに、きわどい戦略の展開を余儀なくされる。

　というのも、産業革命以後におよそ時間が区切れるとしても、産業化と国民国家化がタイムラグを伴いながら同時並行的に展開していったという近代化の歴史の中では、どの国がどの地理的範囲の責任主体たりうるかがかなり微妙になってくるからである。

　たとえば、現在の中国、すなわち、中華人民共和国は世界第1位の温室効果ガス排出国であるが、中華人民共和国の成立以前に排出した温室効果ガスの排出責任を負うべきであるのかどうか。あるいは、香港や台湾のように、第二次世界大戦以降に国際的な帰属関係が変更、あるいは、今なお完全解決しているとは言えない地域の排出量はどのように扱えばよいのか。日本も例外ではない。日本は大戦期に中国や朝鮮半島、さらには南洋諸島にまで広がる範囲にその勢力を伸ばしていたが、そうしたいわゆる植民地における温室効果ガスの排出責任は旧宗主国が負うべきなのか、それともその地理的範囲を継承した戦後の国民国家が担うべきなのか。

気候変動の文脈で「戦後」が問われることは少ないが、温室効果ガスの累積的効果という問題定立は、そうした近代産業社会の成立に関わる歴史的経緯から、近年の戦後処理に伴う脱植民地化と国境線の変動にまでいたる、国民国家の成立史をどう考えるかというところにまで話が及ばざるをえない。それらをすべて捨象した地点で初めて、現在の国民国家が負うべき排出削減量、すなわち「△△年までに○○年比で××パーセント減」を議論するという現在の国際交渉の構図を成立させることができる。

　そうした事情は過去だけに関わるものではない。未来地平においても、国民国家の境界線は揺るがざるを得ない。気候変動の文脈では最低でも100年先の世界の平均気温や海面上昇が議論されるが、その時点で現在のそれぞれの国民国家が今と同じように成立している保証はどこにもない。仮に存在していたとしても、政治体制が現在と同じであるとは限らない。すなわち、責任主体としての国民国家は過去に向かっても、また、未来に向かっても擬制的 fictitious にならざるをえないのだ。図2のグラフがそれぞれのカテゴリーを大づかみで見せているのは、そうした責任主体のあやふやさのリアリティを反映したものでもある。

　未来を語る場合にはさらにはっきりしている。図3の温室効果ガスの今後100年にわたる排出シナリオと世界の気温上昇の統計的推計値の関係図には、もはや国民国家の境界の痕跡はない。代わりに書き込まれているのは、現在までの総排出量を始点とし、その後の排出シナリオを統計的な確率論を組み込んでゆらぎのある幅の形で示した複数の軌道である。世界はいくつかのシナリオのもとで「同一の」軌道を移動する運命共同体として描かれる [11]。

　その背景には、IPCCは科学的知識を精査して政策決定者に情報提供する組織であり、それを元に交渉をするのがCOP（締約国会議 Conference of the Parties）という場であるという役割分担も関係する。IPCCが提供する科学的知識は基本的に政治的な意味合いを脱色させた形にならざるをえない。別の言葉で言い換えれば、国際交渉に影響を与えかねないような「政治的な」知識は、たとえ科学的なものであったとしても、気候変動科学が提供する科学の中には含まれないようになっている [12]。社会科学的な見地から排出シナリオを考えるとすれば、主要国が全面的に排出削減に合意した場合の排出シナリオ、合意に至ったが排出削減量については各国の自主性に任せたシナリオ、合意に失敗し各国が独自に排出削減の努力を続けるシナリオといった形で、社会科学的な意味の違いとして分類した方が自然に見える。IPCCの評価報告書ではそうした社会科学的な意味合いは捨象され、RCP（代表的濃度経路 Representative Concentration Pathways）という記号を用いて、21世紀末の放射強制力がどの程度になるかをもって分類する

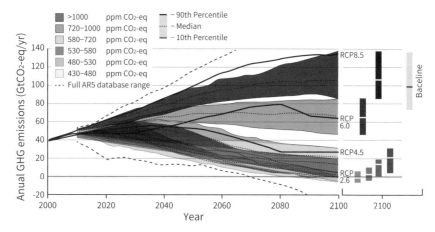

図3　温室効果ガス排出経路（2000-2100年）—第5次評価報告書の5シナリオ
出典：IPCC 第5次評価報告書　統合報告書 , p.21.

ようにできている。

6　歴史と制度から成る「宇宙船地球号」

　気候変動のように長期的な制御を必要とする課題は時間地平の見え方と境界画定のしにくさの問題を抱え込む。現時点の国の配置、それぞれの国から排出されている温室効果ガスの量、そして、比較的短期的な排出量カーブとそれを制御する責任の所在は見えやすいが、過去に向かっても、未来に向かっても、時間が現在から離れていけばいくほど、それぞれの要素の輪郭はぼやけてくる。気候変動問題が特定の国ではなく全世界で共有されるべき課題として認識されているのも、部分的にはそうした境界画定のしにくさの効果である。

　そうした画定にまつわる困難は地理的なものに止まらない。歴史的累積効果のような過去の事象の責任を問う局面では、意味的にも画定のしにくさを伴う。未来の道筋が「宇宙船地球号」のように、どのようなことが起きたとしてもすべての人がその効果を何らかの形で受けることになるのだとしたら、過去も同じように、どの人にとってもある程度以上は共通の地球史、人類史のようなものなのではないだろうか。

　気候変動枠組条約の交渉主体が国であるということ、すなわち、現時点での意思集成に特化した国民国家であることが自明視されているので気づかれにくいが、ある国が存在したある時間における出来事のすべてがその国に属する要素によっ

て因果的にもたらされたものとは限らない。たとえば、個人としての私を考えれ
ば、近代化が進み先進国と呼ばれる日本社会に生まれたことと、それに随伴する、
近世末期以降の欧米との接触、対抗措置としての急激な近代産業社会化、そこか
ら始まる大規模な環境破壊や近隣諸国への侵略的な戦争など、生まれた国がこれ
までに経験してきた多くの歴史的出来事は、個人としての私にとっては所与のも
のとして受け入れざるをえないものである。

　それと同様の論理を用いるならば、近代産業社会化に後から参入してきた後発
国にとっても、近代産業社会の光と闇は、同じように歴史的所与とせざるをえな
い部分があるのではないか。たとえば、石炭を用いる蒸気機関は18世紀にイギ
リスのジェームズ・ワットによって改良され、その後の工業化、近代産業社会
化の全世界的展開に多大な影響を与えていくが、その蒸気機関が近世末期以降の
日本社会で運用され、大量のCO_2が大気中に放出されたとして、そのCO_2の排
出責任は近代産業社会の扉を開いてしまったイギリスにあるのだろうか、それと
も、具体的なモノとして運用した日本にあるのだろうか[13]。少なくとも当時の
日本にとっては、蒸気機関を始めとする欧米社会発の近代産業社会の諸力を活用
し、国力を高めていく以外の選択肢はなかったであろう。仮にその選択肢を取ら
なかったとしたら、中国、当時の清朝、がそうであったように、欧米列強の支配
下に入っていた可能性が高く、現在のような近代日本が成立していた可能性はき
わめて低いからである[14]。

　そうであるならば、現在の日本社会が高度に発達した近代産業社会を体現し、
大量のCO_2を排出する国であるとしても（日本は世界第5位の排出国であり、全
体の3.2%に過ぎないとしても、単独の国の排出量としては十分に大きい）、その排
出経路をとった原因と責任のすべてが日本社会にあるとは言い難い。イギリスと
いう特定の国に帰責することもできるが、むしろ、世界史の中の近代産業社会化
という大きな時代の流れの中で生じたことであり、特定の国、特定の企業、特定
の個人、あるいはその集合体に責任があるとするのは自明なことではなく、帰責
という他でもありうる社会的な操作の効果であると考えた方が妥当になってく
る[15]。その意味で言えば、本来は論理的に考える限り、CO_2の排出責任の大元
は国単位ではなく、近代社会という制度にあると考えざるをえない[16]。言わば、
われわれは近代社会という歴史と制度から成るタイムマシン「宇宙船地球号」の
乗組員なのである。

7 近代のパンドラの箱

　社会学にとってこれが無視しにくいのは、社会学は考察対象となる社会現象がなんであれ、その社会現象が成立する上で鍵となる変数や力学、制度などを見出し、それと当該の現象との間に関数関係を想定して、それを具体的に解いていくという手続きをとる学術だからである。したがって、「日本国内で生じたものは日本国内に原因がある」という形で因果系列に限定をかけることはできず、そのさらなる原因は範囲画定した外側に、外へ外へと染み出し、どこかで人工的に因果の鎖を断ち切らない限り、どこまでも遡及的にさらなる原因が見出されることにならざるをえない [17]。すなわち、社会学はその最初の地点からして既にグローバリズムであることを運命づけられているのである。

　そう考えてくると、過去の出来事の累積的効果を現在時点の行為者の責任としうるのかどうか、あるいは、現在時点の行為者に帰責できるとすることで何をしているのかを考えることは、社会学の記述平面を考えることにもかなり近接してくる。そういう意味で、気候変動の社会学は近代社会に徹底的に付き合わされる主題になっていると言ってもよいだろう。

　気候変動はそういう形で近代のパンドラの箱を開けようとしている。近代社会は責任を担いうる主体が半ば自明に存在していることを基礎に組み上げられている。一番端的な例は近代市民社会を構成する市民の像だろう。一人一票の政治的権力を用いて、その意思の集成として王の意思を代替しようとする大掛かりな仕組みは、誰もが一票をもつ同じ市民であることにどれだけ信憑を置けるかにかかっている。トランプ大統領の乱暴な物言いであっても、それをもって切って捨てるのではなく、少なくとも全世界で報道する価値があるとされるのは、大統領という権力の座が一人一票の近代民主制の基本原則に則って運営されているからだ。だからこそ、アメリカのパリ協定離脱は無視できない「アメリカ市民の意思」を示すものであった。

　そこにあるのはある意味では凡庸な私たちの姿である。私たちは気候変動という巨大な現象を前にして、いまだに効果的な手を打てないでいる。たしかに累積的な効果を考えれば、私たちの生活を支えている近代産業社会が為したことであるのは間違いない。しかし、それは私たちが責任を負うべきものなのだろうか。一定の責任があることは認めつつも、現実的にはそれを時代ごとに微分した「私たちの時代の」責任のみを担えばよいかのごとく、目標に対してきわめて限定的な対策の間で、私たちは右往左往することしかできていない。

社会学は政策形成を担う政府の腰の重さと一定層の国民がそれを支持していることに苛立ちを覚えながらも、市民の日常感覚に強い信頼を置いてもいる。気候変動問題を通して、なぜこの国が、なぜこれだけの排出削減責任を負わなくてはならないのかを考えていくことは、社会学が近代に対してもっている懐疑と信頼を同時に問うことにもなるだろう。社会に複数の半ば自明な単位があることを前提に、歴史の累積的効果の責任をその単位に分配していく気候変動問題に対して、単位に働く諸力の効果に分解してその自明性に反省的な眼差しを向けると同時に、その二重の操作自体が何をしているのかを考えること。それは気候変動を考えるとともに、それが前提としている近代の成立平面を、すなわちその手に持ち、自らもその一部であるところのパンドラの箱を開いて見せる行為にほかならないだろう。

【謝辞】
本研究はJSPS科研費JP21H00773の助成を受けたものです。

【注】
[1]　1997年の京都議定書採択時と、ポスト京都への動きが広がっていく2008年前後の日本社会の反応については、池田（2016）で主に新聞メディア上の変遷として分析してある。
[2]　パリ協定に至るまでの経緯については、小西（2016）が詳しい。
[3]　経団連のホームページに掲載された記事（21世紀政策研究所 2016）に「同研究所ではかねてより澤昭裕研究主幹、有馬純研究主幹、および竹内純子研究副主幹を中心にCOPへの対応を研究しており、ボトムアップ方式等をはじめとする対応策を独自に提言するほか、経団連と連携して産業界の考え方を政府・与党、メディア等に働きかけてきた経緯がある」とあり、経済産業省資源エネルギー庁のホームページ（経済産業省資源エネルギー庁 2017）にも「日本の提唱で採用されたボトムアップのアプローチ」との記載がある。したがって、京都議定書もパリ協定も制度の骨格に当たる部分に日本政府が関与したことになる。京都議定書の際は森林などのCO_2シンク（吸収源）が認められ、パリ協定ではボトムアップ方式にすることでCO_2排出の総量規制を外すことに成功している。制度の立ち上げに成功し、実行段階へ導くことに大きく寄与したと言えるが、同時に抜け道を組み込むことも常態化してしまった。
[4]　近代民主社会の意思集成を「市民の意見の集合」と考えるか、「市民の意見を集合することによる新たなる独自の意思の生成」と考えるかによって、気候変動の責任問題は大きく異なる。前者であれば集合体の意思はその時点での市民の意見の集合に基づくものになるが、後者の場合は現時点での市民の意見の集合とは異なる意思を集合体がもちうることになる。本稿では、アメリカ社会が選挙結果に基づいてパリ協定からの離脱／復帰を決めたことを受けて、ひとまず前者に沿って考えている。国民国家と市民／市民社会の関係については、部分的に池田（2003b）で考察している。
[5]　「フェイクニュース」という言葉遣いを始めとするトランプ大統領のメディア戦略と在任期間中のアメリカ社会の気候変動への対応は、グレタ・トゥーンベリとのSNS上での応酬を含めて社会学的な考察に値する。気候変動問題には本質的にメディア作用が絡んでいる。この点については、トランプ大統領より前の時期の日本社会の新聞記事を素材に池田（2016）で

考察している。また、ルーマン（1996=2005）も参照のこと。

[6] 最近はさらに「気候危機 Climate Crisis」と呼び変える動きもある。

[7] 近代的生活様式から隔絶された生活を送っている人々がいれば、結果はともかく、原因の面では気候変動に関与していないことになる。それと、気候変動の負の効果を強く受ける人々が発展途上国に偏っていることは別問題である。

[8] 因果の範囲画定と社会学的記述の関係性については、佐藤（2011）がマートンの「顕在的機能と潜在的機能」を使って議論している。特に第7章を参照のこと。

[9] 逆に言うと、気候変動に対する発展途上国の責任をどういう形で処理しうるかを、気候変動枠組条約が動き始めた当初は考えていなかったことが、その後の交渉に経路依存的に影響を与えている。

[10] JCCCA は地球温暖化対策に関する普及啓発を目的とする組織で、地球温暖化対策の推進に関する法律に基づき1999年に指定されている。地域地球温暖化防止活動推進センターが都道府県知事や政令指定都市などの市長によって指定され、その活動は全国に及ぶ。法的な根拠をもった組織である、というところがここでのポイントである。

[11] 未来地平ではさらに、責任が果たされるべき対象である「未来世代」が誰であるかも現在世代の行為選択に依存し、存在そのものが揺らいでくる。いわゆる非同一性問題と呼ばれる議論だが、これについては池田（2003a）で詳細に考察している。

[12] この点は科学社会学的に重要な論点だろう。IPCC に代表される気候変動科学には社会学や政治学が含まれる余地が小さい。

[13] アレン（Allen 2009=2017）はイギリスで産業革命が起きた理由の一つに、石炭が低価格であったことを挙げている。

[14] 因果推定には反実仮想が必要になる。社会学の記述法と因果推定の関係については、佐藤（2019）がマックス・ウェーバーの方法論の分析を通して詳しく考察している。

[15] 気候変動に関する社会学は現在世代の責任を強く肯定する市民運動派と、それを疑問視する懐疑派に大きく二分される。ここでの議論を踏まえれば、どちらかの立場に強くふりきるのではなく、そこから少し離れて、「社会変動／責任主体への帰責」を配分するメタ制度を考察することが肝要になる。考察するという振る舞いも含めて、そのメタ制度が、ここで考えている近代の成立平面に近い（→7節）。それをポジティブに記述できるかどうかは別としても。

[16] この問題はアーレント（Arendt 1963=2017）がアイヒマンに見出した「悪の陳腐さ」の問題に通じる。

[17] それを断ち切る上で、原因と責任をめぐる法の思考法が演じている役割は大きい。気候変動枠組条約が法的秩序に基づいていることの意味論的影響関係は別稿にて論じたい。

【文献】

Allen, Robert, C., 2009, *The British Industrial Revolution in Global Perspective*. Cambridge University Press.（眞嶋史叙他（訳），2017，『世界史のなかの産業革命：資源・人的資本・グローバル経済』名古屋大学出版会.）

Arendt, Hannah, 1963, *Eichmann in Jerusalem: A report on the banality of evil*, The Viking Penguin.（大久保和郎（訳），2017，『エルサレムのアイヒマン：悪の陳腐さについての報告』みすず書房.）

池田和弘，2003a，「世代間倫理における非同一性問題：解決の不可能性と事後承認におけるその無化」『ソシオロゴス』27: 1-16.

――――，2003b，「「市民」の「社会」を考える：代行者の代行者としての市民社会」（MS.）．

――――，2016，「メディアはどう扱ってきたか：新聞と出来事を織り込む」長谷川公一・品田

知美（編）『気候変動政策の社会学：日本は買われるのか』昭和堂.

IPCC, 2014, AR5 Synthesis Report: Climate Change 2014, (retrieved June 26, 2021, https://www.ipcc.ch/report/ar5/syr/).

経済産業省資源エネルギー庁, 2017, 「今さら聞けない「パリ協定」：何が決まったのか？　私たちは何をすべきか？」経済産業省資源エネルギー庁ホームページ. (2021年6月26日取得, https://www.enecho.meti.go.jp/about/special/tokushu/ondankashoene/pariskyotei.html).

――――, 2020, 『令和元年度エネルギーに関する年次報告（エネルギー白書2020）』, (2021年6月26日取得, https://www.enecho.meti.go.jp/about/whitepaper/2020pdf/).

小西雅子, 2016, 『地球温暖化は解決できるのか：パリ協定から未来へ！』岩波書店.

Luhmann, Niklas, 1996, *Die Realität der Massenmedien.* Westdeutscher Verlag GmbH.（林香里（訳）, 2005, 『マスメディアのリアリティ』木鐸社.）

21世紀政策研究所, 2016, 「COP21踏まえた戦略めぐり第117回シンポジウムを開催」日本経済団体連合会ホームページ. (2021年6月26日取得, https://www.keidanren.or.jp/journal/times/2016/0128_08.html).

佐藤俊樹, 2011, 『社会学の方法：その歴史と構造』ミネルヴァ書房.

――――, 2019, 『社会科学と因果分析：ウェーバーの方法論から知の現在へ』岩波書店.

The White House, 2001, "President Bush Discusses Global Climate Change", The White House. (Retrieved June 26, 2021, https://georgewbush-whitehouse.archives.gov/news/releases/2001/06/20010611-2.html).

グローバル化の新局面
── 生産パラダイムからのアプローチ

武川正吾

1　国際化とグローバル化

「3K」としての国際化

　20世紀の第4四半期、政府関係機関が21世紀への提言をまとめるにあたって、しばしば言及されたのは「3K」であった。ここでいう「3K」とは国際化、高齢化、高度情報化といった社会趨勢のことを指していた。

　ちなみに「3K」は、もともと日本の若年労働者が嫌う「危険」「きつい」「汚い」の頭文字をとった労働環境のことだった。そして各業界における「3K労働」の人手不足に対応するために外国人労働者を受け入れようとする考えもあった。しかし「移民」受入れに対する世間の抵抗は強く、妥協の産物として「外国人技能実習生」という名の「外国人労働者」あるいは「移民労働者」が受け入れられることとなった。移民であるか移民ではないか、実習生であるか労働者であるかは、定義に依存し、そして国際標準の定義と国内的定義とはしばしばずれていた。いずれにせよ日本国内で働く外国人の数は増え続けた。発端となった「3K」は「国際労働移動」という意味での国際化（のちのグローバル化）と深い関係にあった。

　もうひとつの「3K」は「コメ」「国鉄」「健保」（組合健保ではなく政管健保[1]）の頭文字であった。食糧管理制度、国有企業、（政府管掌）健康保険が、公共部門における財政赤字の元凶として当時国会やメディアなどで槍玉にあがっていたのである。食管制度は統制経済の象徴であり、国有鉄道は「親方日の丸」の象徴であり、政管健保は「大きな政府」の象徴であった。そしていずれも当時擡頭しつつあった「新自由主義」と呼ばれたネオリベラリズムの敵だった。したがって新自由主義者によれば食管制度は廃止されなければならないし、国有企業は分割民営化されなければならないし、政管健保は財政調整によって合理化されなければならなかった。こちらの「3K」は「新自由主義」の国際的擡頭を反映してい

たが、後述するように、「新自由主義」はグローバル化とも一体的な関係にあり、その意味では、この「コメ」「国鉄」「健保」といった「3K」も国際化（のちのグローバル化）と深い関係にあった。

国際化からグローバル化へ

　冒頭に述べた国際化・高齢化・高度情報化のいう三つの趨勢は21世紀になってからも続いた。ただし呼び方が変わった。高齢化は超高齢化に、高度情報化はITあるいはICTといった標語に置き換えられた。前者の変化は前世紀に想定していた以上に人口構成が変化したことである。日本の高齢化率（65歳以上人口が全人口に占める割合）が7％を超えた社会が「高齢化社会」であり、14％を超えた社会が「高齢社会」であり、20％（ないし21％）を超えた社会が「超高齢社会」と呼ばれるようになったという事情があった。後者の変化の背景にはインターネットの出現や、ディープラーニングによるAIの進化といった事情があった（現在はDXと呼ばれるようになっている）。また20世紀第3四半期に「国際化」と呼ばれていた言葉は、次第に「グローバル化」という言葉に置き換えられるようになった。その背後には次のような事情がある。

　国際化というのはウェストファリア条約以降の主権国家・国民国家の存在を前提としている。つまりそこには「移動の自由」を阻むものとしての国境が厳として存在している。そして国際とは独立した諸国家同士の対内（イントラ）関係ではなく、対外（インター）関係を意味し、国際化とは国際関係が良くも悪くも緊密化していくことを意味する。

　これに対してグローバル化は、国民国家の存在を否定するわけではないが、同じ現象を見るにあたって別の視点に立つ。国民国家という視点からみるのか、グローブ（地球）という世界あるいは惑星の視点から見るのかといった違いがある。

　国際関係といえば、通常は政府と政府との関係が想定される。国際社会とはそうした国家間の関係のことを意味している。また国際関係という言葉で自国民と他国民との関係を思い浮かべることがあるかもしれない。いずれにせよ国際関係とは、ネーション（国民や国家）を前提とした関係である。ということは、国際主義（インターナショナリズム）はそもそも国民主義（ナショナリズム）が存在していなければ成立しない概念だということを意味する。

　これに対してグローバル化は国民国家の存在をある程度前提としているが、不可欠のものとしているわけではない。多くの場合、グローバル化はモノ・ヒト・カネ・情報の国境を越えた移動が増加する現象と理解されているからである。その意味でグローバル化も国民国家の存在を前提としているとも言える。しかし重

点は、国境を越えるか否かということにあるのではなく、グローブ（地球）という惑星にモノ・ヒト・カネ・情報の巨大なネットワークが張り巡らされていくことの方にある。

グローバル化懐疑論の退場

　グローバル化は社会現象を客観的に示す概念であるが、他方で、イデオロギーとしての役割も担ってきた。とくに1980年代以降がそうである。1980年代からグローバル化という言葉が頻繁に使われるようになったが、この概念の使用に対しては賛否両論があった（ヘルド他 2006）。一方の極に、ハイパーグローバル化論者がいて、彼ら彼女らは究極的には地球から国境がなくなることになるボーダレス化に至るとの希望的観測をもった。しかしグローバル化懐疑論者も少なくなかった。むしろこちらの方が多かったかもしれない。グローバル化懐疑論者も1980年代に情報や資源の国境を越えた移動が増えていることは認めるのだが、そうした趨勢はむしろ第二次世界大戦以前の方が顕著だったというのである。それどころか第二次世界大戦後のブレトンウッズ体制のもとでは資本や労働の移動は制約を受けており、1980年代になってから生じたのは、この体制における制約が弱まったにすぎないというのである。移民の数も1980年代よりも20世紀初頭の方が多かった。資本の移動も第二次世界大戦以前の方が容易だった。こうした事実を根拠にして、1980年代以降のグローバル化に対して懐疑的な見方をする人々がグローバル化懐疑論者であった。しかしその後の現実の変化のなかで、グローバル化の進展に異を唱える人々は少なくなった。

2　生産と再生産のパラダイム —— 理論的迂回

Zur Natur und zueinander

　グローバル化は「国境を越えた資源（モノ・ヒト・カネ）と情報の移動が増えていく過程」とひとまず定義することができる。ただしこれは現在の社会科学において支配的な生産パラダイムからみての定式化であって、ものごとの一面を表しているにすぎない。

　本章では生産パラダイムの視点からグローバル化について論じるのであるが、そこにはおのずと限界がある。そこで本章の論題からは離れることになるが、ここでいう生産パラダイムと再生産パラダイムの対比について若干触れておきたい。

　人間は自然と社会のなかで生きている。このことを端的に示しているのが、zur Natur und zueinander という表現である。森田・望月（1974: 22）は、マル

クスが初期の『経済学・哲学草稿』から中期の『ドイツ・イデオロギー』に至る思考の発展過程で獲得したのが、zur Natur und zueinander という視座であり、後期マルクスにおける「生産諸力」や「生産諸関係」のカテゴリーも「ほかならぬこの視座を出生の培地として形成されたもの」である、と述べた。また『資本論』においても、この視座は貫かれているという [2]。

マルクスは資本制をはじめとする生産過程（物質代謝）は、対自然と対社会との総合であると把握しているが、zur Natur の端緒となる行為が労働である。また zueinander をとりもつのが交通 Verkeher である。自然と社会との物質代謝である生産は、労働と交通 Verkeher を介した分業の体系として成り立つことになる。

労働（あるいは生産）との対で考えられる交通は物流や交易のことを意味している。労働と交通はひとまず生産体系における二つのモメントである。とはいえ交通（Verkeher）には、運輸や物流といった意味に加え、人間の相互行為やコミュニケーションといった意味合いもある。交通から相互行為への読みかえを行い、ヘーゲルをも参照としながら、労働という人間の行為と対になる「相互行為」の概念を再確立し、『資本論』の世界を単なる経済法則の世界から解き放つことに成功したのはハーバーマスであろう。19世紀のマルクスが主として zur Natur und zueinander における労働に注目して社会理論を展開したのに対して、20世紀のハーバーマスは zueinander や Verkeher の系譜に連なる相互行為に注目した社会理論を追求した。彼はヘーゲルにも遡及しながら、新たに獲得した視座のもと『史的唯物論の再構成』（ハーバーマス 2000）を構想した。さらにその後、相互行為に由来する「コミュニケーション的行為」の概念を彫琢し、『コミュニケーション的行為の理論』（ハーバーマス 1985-87）を著した。

コミュニケーション的行為から承認へ

Zueinander−交通−相互行為−コミュニケーション的行為といった一連の系譜のなかで、それらの延長として、近年、突然脚光を浴びて注目されるようになったのが「承認 Anerkennung」という概念である。

承認はもともとヘーゲルが『精神現象学』のなかで用いた概念であったが、哲学史のなかで華々しく議論されてきたわけではなかった。ところがキッカケは哲学界の外からやってきた。20世紀の第4四半期、北米大陸の社会政策において、アイデンティティ・ポリティクスやマルチカルチュラリズム（多文化主義）が論争の的となった（テイラー他 1996）。そこでこれらの理論や実践を正当化するための概念として再発見されたのが、ここでいう「承認」の概念だった。それま

で「承認」が社会政策のなかで論議を賑わせることはなかった。ヘーゲル哲学のなかでも、きわめて重要というほどの位置づけではなかったと思う。その証拠に「承認」の概念の発掘者であるヘーゲル学者のテイラーが著した『ヘーゲルと近代社会』（テイラー 1981）では「承認」という概念は登場していないのである。

　要するに北米大陸における社会政策と社会哲学の遭遇によって注目を浴びるようになったのが「承認 recognition」の概念である。ちなみに近年、日本でも日常語としても頻繁に用いられるようになった「承認欲求 esteem needs」は、マズローによる欲求の段階論に由来する。

　テイラーもさることながら、承認を社会政策と社会哲学に共通する課題としてとりあげるうえで重要な役割を果たした人物のひとりが、フェミニスト哲学者のナンシー・フレイザーだった。彼女は「再分配から承認へ？」という挑発的論文を発表した。彼女の問題提起は、福祉国家の再分配政策と文化的多様性を尊重する承認の政策とは両立するのかしないのかというものだった（フレーザー 2003）。「承認か再分配か」というジレンマは、recognition と redistribution といった英語の韻を踏んだ語呂合わせ的なところがある。再分配というのは政策手段の1つであって、それ自体が目的ではない。これに対して、承認はそれ自体が目的である。したがって、こうした対比に筆者は違和感を抱く（武川 2007）。とはいえ当時の政治状況のなかでは「再分配か承認か」という問題設定が人口に膾炙されるようになった（Fraser & Honneth 2003）。フレイザーは再分配と承認のジレンマを必ずしも絶対的なものとは見ていなかったが、フレイザーの論敵であったホネット（2003）は「承認」のほうにより本質的なものを求め、承認をめぐる闘争こそが歴史の原動力であるとして経済主義的な階級闘争史観に挑んだ。

生産と再生産の転倒

　周知のように、マルクスは資本制経済の特徴として「貨幣の資本への転化」をG-W-G′ として定式化した。本来は商品を交換するための手段だった貨幣Gが、資本制経済の下では自己増殖の過程に入っているというのである。これは目的と手段の転倒である。

　これとのアナロジーでいうと、現代社会では、生産と再生産との関係についても、同様の転倒が生じていると考えられる。狩猟採集経済の下で個々人は生き延びるために働いた。種のレベルで考えれば、（目的論的説明による簡略化を許してもらえるならば）人間の生産はホモサピエンスという種の存続のために行われたのだった。階級社会の下でも人口が定常状態である限り、社会のなかに支配・被支配、搾取・非搾取の関係がいかに組み込まれていようとも、それはヒトという

種を再生産するための生産だった。

　　（種の）再生産（R）　→　生産（P）　→　再生産（R）

　しかし資本制社会の下ではこうした関係が転倒する。生産のために再生産がなされるようになるからである。資本制社会の下でG‒W‒G′が成り立つためには、たえず生産（P）が拡大していなければならない。そのため労働力がたえず投入され続けなければならない。そのため、もともとは種の再生産のために要請された生産が、その拡大を要請され、さらに生産の拡大のために、再生産が要請されることになる。

　　生産（P）　→　再生産（R）　→　生産（P′）

　ここでは生産が主であり、再生産が従である。「労働力の再生産」という表現がまさにこのことをあらわしている。生産するためには再生産がなされなければならないし、生産が拡大していくためには、再生産によって価値が拡大されなければならないからである。このように生産が主人公となった経済においては、再生産が様々な形に変容する。例えば、マルクス経済学における再生産表式！　ブルデュー社会学における文化資本のための再生産！　とはいうものの医療の現場では現在でもReproductionは「出産」の意味であることを忘れてはいけない。
　生産と再生産の転倒は、現在の商品経済とパラレルである。つまり再生産のために生産が行われるのではなくて、生産のために良い労働力の再生産が行われ、そうして再生産された労働力によって生産された生産物が異なる価値体系を仲介することで（岩井2003）付加価値（剰余価値）が生み出され、最終的に生産が拡大するという構図ができあがっているからである。これが、ここでいう「生産パラダイム」ということになる。再生産の視座からみたグローバル化も重要な課題であるが、この点についてはまだ検討が進んでいないので、今後の課題としたい。

3　ネオリベラリズムとICT

二つのグローバル化
　グローバル化は、すでに述べたように、通常、資源（モノ・ヒト・カネ）と情報の国境を越えた移動が増大していくという意味合いで用いられている。
　とはいえヒトは原始の時代から移動する種であったとも言われる。科学者たち

によると

> 私たちの原初の祖先は、進化の道筋をたどるなか、常に移動していた、… 人
> 類の歴史は移住の歴史と言ってもいい。(ナショナルジオグラフィック 2020: 47)

　人類の祖先はアフリカ大陸で生まれ、そこから地球全域に移動して生息し、現
在に至っているわけであるから、ある意味でヒトはそもそも移動する生物種であ
る。これは他の動植物には見られない特性である。熱帯にも寒帯にもヒトは生息
する。大陸移動によって新大陸と旧大陸がわかれ、両大陸間の人流が途絶えた時
期もあったが、古代においてすでにユーラシア大陸の東西とアフリカ大陸の間で
は文化交流があった。聖徳太子が厩戸皇子と呼ばれたり、法隆寺の柱がエンタシ
スと相似形だったりするように、ユーラシア大陸の東西はシルクロードや海上交
通による情報や資源の移動によってつながっていた。古代においてすでに旧世界
では部分的ではあるものの、グローバル化していたことになる。
　そして大航海時代になると、旧大陸と新大陸とを含む地球規模での交易が始ま
る。全面的なグローバル化である(ウォーラーステイン 1981)。
　このように考えてくると、現在言われているグローバル化と、人類の歴史とと
もにあったグローバル化とは、規模や速度は別として、本質的な違いがあるのか
ないのかといった疑問が生じる。すなわち「いまなぜグローバル化なのか?」と
いうことである。
　この問題を考えるうえで参考になるのが帝国主義に関するシュンペーターと
レーニンの見解の相違である。シュンペーター(1956)は「帝国主義の社会学」
において「帝国主義を、本来平和志向的な資本主義(その典型は自由主義的、自
由貿易主義のイギリス)の発展によるものではなく、資本主義以前の世界支配と
覇権を指向する封建的勢力とその精神(非合理的な無制限の征服欲)の復活によ
るものである」とした(竹内 2015: 14)。これに対してレーニンは、帝国主義を資
本主義の発展にともなう特有の現象としてとらえ、これを「資本主義の最高の段
階」として理解した。シュンペーターは帝国主義を歴史貫通的なものと考えたの
に対し、レーニンは資本主義に固有のものと考えたことになる。このような前例
に従うと、グローバル化も二つにわけて考えることができる(武川 2002)。とな
ると、次のような疑問が生じる。大陸移動以前の時代のグローバル化は別として
も、大航海時代以来のグローバル化と1980年代以降21世紀初頭に続く今日のグ
ローバル化とのあいだにはどのような種差的な特徴があるのか。
　現在のグローバル化とそれ以前のグローバル化との種差的特徴は、ネオリベラ

リズムとICTにあるというのが本章における仮説である。この場合のネオリベラリズムは新自由主義と呼ぶと誤解を招くおそれがある。というのは新自由主義がNew Liberalismの訳語として用いられてきた歴史があるからだ。ニューリベラリズムはネオリベラリズムと違って、古典的な自由主義における自由の概念を消極的なものから積極的なものへと転換し、どちらかというと現在の社会民主主義にも通じる政治思想だった。ただしネオリベラリズムを自由主義、新自由主義、ネオリベラリズムと一貫した思想史のなかに位置づける見方もあるようではある。

　なおネオリベラリズムの日本語表記は長すぎる。このためネオリベと略称されることも少なくない。しかしこれではあまりにも通俗的な響きがあるため、本章では、以下、ネオリベラリズムをNLと略称する。

幕間としてのブレトンウッズ体制

　NLと結びついたグローバル化が登場する前の国際社会のレジームは、ブレトンウッズ体制と呼ばれるものである。もちろんそれは冷戦時代における東西対立のなかの西側世界に限られたものではあったわけだが。そこでは為替が固定相場制であり、外資規制など各国政府による一定の自国経済の管理は許容されてはいた。ただし基本的には自由貿易のためのレジームだった。

　ポンド・スターリングに代わってドルが基軸通貨となり、そのドルの価値は米国が保有する金との兌換によって保証されていた。米国は冷戦体制の中でマーシャルプランに代表されるような形で欧州諸国に復興援助を行った。いわゆる「全般的危機」の時代において西側諸国の労働運動や社会主義運動との妥協をはかり、対外的には国際競争を維持し、対内的には社会的保護（ソーシャル・プロテクション）を追求することによって、欧州諸国に福祉国家レジームを構築した。米国の政策は、ヴェルサイユ条約からILO憲章、大西洋憲章へと至る労働力のささやかながらの脱商品化の試みに対して、ある意味で物質的基礎を与えることとなった。そして、このことによって福祉国家というものの一般化に繋がった。

　ちなみに福祉国家が成立する以前のヨーロッパにあっても、主権国家は存在し、国境はあったわけだが、マルクスが容易にイギリスに亡命して大英博物館で研究に没頭することができたように、当時、国境を越える移動は現在の世界にくらべると比較的自由だった。というのは、その時代は、社会給付や社会規制などの社会政策がそれほど発達していたわけではなかったので、移民がやってきたからといって、とくに受入国の方で負担になることがなかったからである。むしろ労働力の生産費用（初等中等教育をはじめとする人間の社会化の費用）を節約できるということで、歓迎された向きもある。

ところが現在のグローバル化が始まる前のブレトンウッズ体制の下では、「埋め込まれた自由主義」（コハーン 1987）ということで、欧州諸国のあいだでは福祉国家が成立していた。イギリスはもちろんだが、たとえばドイツでも基本法（憲法）が社会国家（福祉国家）を標榜した。社会的保護（social protection）の政策も行き渡った。このため各国における移民政策は、労働力不足を解消するという便益と、社会支出の増大という費用とのあいだで揺れ動くことになる。20世紀の50年代60年代の好況の時代には労働力不足から、欧州諸国では移民労働者が増加した。しかしニクソンショックとオイルショックを経験した70年代は物価上昇と景気停滞のスタグフレーションに陥り、国外・域外からの労働移動に対して各国政府は慎重となった。またブレトンウッズ体制は自由貿易を標榜してはいたものの、資本の移動に関しては各国政府の規制があった。

ネオリベラリズムの席捲

　20世紀70年代における「時代閉塞の現状」を打ち破ろうとして登場したのがNLである。1979年が転機であった。5月にマーガレット・サッチャーが英国首相となり、米国では11月にロナルド・レーガンが大統領選挙で勝利し、翌年、米国大統領に就任した。

　NLの教義は一般に「ワシントン・コンセンサス」として、以下の10項目に要約されることが多い。

(1) 財政規律

(2) 補助金削減

(3) 税制改革

(4) 市場金利

(5) 競争的な為替レート

(6) 貿易の自由化

(7) 外資導入の自由化

(8) 国営企業の民営化

(9) 規制撤廃

(10) 所有権の保証

　こうしたNLの特徴を否定するわけではないが、ここでは社会学的な観点から福祉国家との関連で、次の三点をNLの特徴として強調したい。これはNLのトリニティと呼ぶことができるだろう（武川 2011, 2013）。

(a) 調整型市場経済に対する「自由市場経済」の優位

(b) 社会統合に対する「システム統合」の優位

（c）分配の正義に対する「交換の正義」の優位

それぞれの内容については別稿（武川 2011, 2013）に譲るが、こうした特徴をもつNLが現在のグローバル化の、それ以前のグローバル化から分かつ種差的特徴のひとつと言えるだろう。

インダストリー4.0

NLが現在のグローバル化の種差的特徴の一つであるとしたら、もうひとつの種差的特徴は、今回のグローバル化がICTと深く結びついているという点に求められる。

かつてのグローバル化もそれぞれの時代の最新技術と結びついていた。産業革命は大航海時代以来のグローバル化に拍車をかけた。その後も数々の技術革新によって、グローバル化の局面も変化した。

日本ではSociety 5.0という用語が流通している。第五期科学技術基本計画（2016-2020年度）において採用されてから普及した用語である。狩猟社会（Society 1.0）、農耕社会（Society 2.0）、工業社会（Society 3.0）、情報社会（Society 4.0）に続く新たな社会がSociety 5.0であり、その定義は、内閣府ホームページによれば、「サイバー空間（仮想空間）とフィジカル空間（現実空間）を高度に融合させたシステムにより、経済発展と社会的課題の解決を両立する、人間中心の社会（Society）」とのことである。

他方、これとは別に、それ以前からインダストリー4.0という用語もまた国際的に流通していた。ドイツから発信され、日本でも「第四次産業革命」と呼ばれる（シュワブ 2016）。

第一次産業革命は、周知のように、ワットが発明した蒸気機関によって工場の機械化が始まったことを指している。これを端緒に現在にいたる経済社会の工業化＝産業化が始まった。18世紀後半のできごとである。歴史の教科書では単に産業革命と呼ばれる。これによって産業資本主義が一気に発展する。宇野派のマルクス経済学では資本主義が商人資本による重商主義の段階から、産業資本による自由主義の段階へ移行したと説明される（宇野 1971）。また広義のグローバル化との関連で言えば、英国による自由貿易帝国主義への途は、最初の産業革命によって開かれたことになる（毛利 1978）。

第一次産業革命のあと、産業化は順調に進展する。そして、さらなる進展のために、機械化のエネルギーが蒸気機関から電気へと変化する。この19世紀後半のできごとが第二次産業革命である。1870年に米国オハイオ州の食肉処理場でベルトコンベヤーのスイッチが押されたことがこの革命の始まりだと言われる。

のちに食肉処理工場を模して、ヘンリー・フォードが自らの自動車工場でベルトコンベヤー式の製造ラインの操業を開始した。これによって大量生産大量消費の時代が始まる。こうした蓄積体制は創始者の名にちなんでフォーディズムと呼ばれる（アグリエッタ 2000）。第二次産業革命はフォーディズムの時代の始まりだったとも言える。また上述の宇野理論によれば、この時代は、資本主義が産業資本による自由主義の段階から金融資本による帝国主義の段階へと移行した次期に重なる（宇野 1971）。

その後の二つの世界戦争を挟んで、国際レジームは、19世紀のパクス・ブリタニカの下での自由貿易帝国主義から、パクス・アメリカーナの下でのブレトンウッズ体制へと移行した。そして第二次産業革命によって蒔かれたフォーディズムの種は20世紀第3四半期に開花した。「ゆたかな社会」（ガルブレイス 1970）の到来である。

そこで、さらに生産力をひきあげることとなる第三次産業革命がおこる。第三次産業革命については、エネルギーが化石燃料や原子力から再生可能エネルギーへの転換に求める考え方と、デジタル革命による生産の自動化に求める考え方とがあるが、ここでは、インダストリー4.0との関係で、第三次産業革命を電子工学や情報技術を用いた生産の自動化と解しておく。

第二次産業革命後、工作機械は複雑な加工や高精度の検査を行うためNC（Numerical Control）工作機械が発明されていた。しかしそれらは数値による制御が行われるものの、個々の機械のプログラムの編集自体は技術者の手によって行われていた。これに対してPLC（プログラマブル・ロジック・コントローラ）[3]は、エレクトロニクスとITを利用して、一連の機械作業を自動的に行う。これによって生産性が格段に向上した。最初のPLCが製造されたのは1969年だという。ニクソンショックやオイルショックの直前である。それまでは機械を動かすためには複雑な作業が必要だったが、PLCの登場によって、プログラミングさえすれば、機械を自由に動かすことができるようになったのである。

現在のグローバル化が始まった1980年代はまさにNLとPLC（第三次産業革命）が同時進行していた時代ということになる。さらにそれはインターネットの黎明期でもあった（村井 1995）。日本で最初にインターネットが構築されたのは1984年9月に慶應義塾大学と東京工業大学とのコンピュータが接続したときであり、同年10月には東京大学が加わった。その後インターネットは世界的に急速に普及し、1990年代には地球規模でのネットワークが形成された。そして90年代はNL（ネオリベラリズム）が躍進を遂げている時代でもあった（ハーヴェイ 2007）。

21世紀の現在は、第四次産業革命のなかにあるというのがインダストリー4.0の現状認識である。この革命は仮想空間cyber spaceと現実physical spaceが一体化した環境が成立することを意味する。そしてCPS（Cyber Physical Systems）による新しい生産システムが普及する。それを媒介するのが、M2M（機械と機械の接続）とIoT（インターネットと機械の接続）である。そこでのキーワードはオートメーション、ネットワーキング、クラウド・コンピューティング、ビッグ・データ、システム・インテグレーション等々であり、これらの採用により産業の生産性は飛躍的に増大する。

　第三次産業革命によってキックオフした今回のグローバル化は、第四次産業革命によってS字カーブの上昇局面を描き出した。

　こうしたICTの進化と結びついたグローバル化にとって重要なことは、モノ・ヒト・カネのうちのカネが情報化したことである。現在のグローバル化が開始する以前、基軸通貨ドルは、1オンス35ドルでドルと金の兌換をFRB（連邦準備制度理事会）が保証することによって、基軸通貨として信用されていた。1968年のドル危機のときは、アメリカにある金の貯蔵所から軍用機でロンドンのシティへ大量の金が運び込まれることで基軸通貨としての信用が維持できたという（侘美1998）。ところがニクソンショックによって金とドルの交換が停止され、やがて固定相場制から変動相場制へと為替市場が変化した。貨幣は金という稀少金属の物質的な裏付けを失って、信用を支えるのはドル自身ということになった。金という稀少金属でもなく紙幣という紙でもなく、為替市場におけるドルという情報それ自体である。

　いずれのグローバル化においても、モノの国境を越えた移動もヒトの国境を越えた移動も増加する。しかしそこには物理的、政治的障壁が横たわっている。カネの動きはブレトンウッズ体制の下では政治的に統制されていた。ところがロンドン・シティのビッグバン（1986年）に象徴されるように、NLの教義の一つである金融の自由化がグローバル化とともに始まった。そして上述のように情報と化したカネは、情報の移動と同様に物理的・政治的な障壁はかつてに比べて、限りなく低くなった。

4　グローバルな社会問題

底辺への競争

　NLとICTによって特徴づけられる今回のグローバル化によって、現在の世界は二つの搾取に直面している。「自然の搾取」と「労働の搾取」である。冒頭で

言及したzur Natur und zueinanderとの関連で言えば、自然との関係行為である労働の積み重ねとしての生産活動の拡大が、自然を開発＝搾取exploitationし、人新世以来の地球環境問題を引き起こしている。また情報化し移動の自由を獲得した資本の登場によって、労働を開発＝搾取exploitationする「底辺への競争race to the bottom」が引き起こされている（下平 2001）[4]。

　後者の方をさきに確認しておこう。

　資本のグローバル化には二つの拮抗する法則が内在する。一つは「競争条件均等化の法則」であり、もう一つは「グレシャムの法則」である（武川 2007）。

　ここでいう競争条件均等化の法則とは、資本間の競争の結果、競争条件を等しくする方向への力が働くということを意味している。一般に、競争条件が等しければ、生産性の高い資本が市場競争を勝ち抜くことができる。しかし競争条件が歪められていたら、優良企業が生き残るとは限らない。そもそも資本主義は競争条件の均等化のため、営業の自由とともに独占禁止のルールを設けている（岡田 1975; 1987）。また劣悪な労働条件を悪用して過大な利潤を獲得する資本を制限するために社会政策を活用する。19世紀、開明的な資本家は長時間労働や低賃金によって利潤を得ようとする資本家を牽制するため、工場法の成立に貢献した。また苦汗産業を放逐して資本の高度化をはかるため、ウェッブ夫妻からナショナルミニマムの構想が打ち出されたことは、よく知られたことである（ウェッブ 1975）。国際的にみると、不当廉売（ダンピング）やソーシャルダンピングを避けるため、先進国は開発途上国に対して社会政策を押し付けてきた歴史がある。第一次世界大戦後の日本も当時の先進国から労働条件の規制を求められた。

　こうした競争条件均等化の法則は、第一次世界大戦後のヴェルサイユ講和条約のなかで、それを結実する機関としてのILOを生んだ。そしてILOは数々のILO条約を締結し、競争条件を均等化するための国際労働基準を確立した。ILO条約は国際法としての効力をもつようになった。

　もう一つのグレシャムの法則の本来の意味は「悪貨は良貨を駆逐する」だが、これがグローバル資本主義のなかで翻案して用いたのは、アルベール（1996）である。彼は資本主義をアメリカ型とライン型に分けたうえで、前者を悪貨、後者を良貨と価値判断し、1980年代以降のNL＝グローバル化のなかで、後者が守勢に立たされるようになったと論じた。

　21世紀初頭に「資本主義の多様性 Varieties of Capitalism」の議論が登場して（ホールとソスキス 2007）、ものごとはそう単純ではないということになったが、グローバル経済のなかではグレシャムの法則が作用しているのではないかと考えられる事情もある。

というのは現在のグローバル化（コロナ禍以前）は、ブレトンウッズ体制の時代に比べて資本と労働の国境を越えた移動を増加させたかもしれないが、それでも労働と資本の移動の自由度に関しては、すでに述べたように依然として非対称性があったからである。資本も労働も移動が完全に自由になってボーダーレスな新古典派的世界が成立すれば、一物一価の法則が成り立つかもしれない。しかし、いかにグローバル化した世界といえども、人流と物流の間では地理的というよりは政治的理由から、移動の自由度がまったく異なると言わざるをえない。さらにいうと、ICTに支えられたNLのおかげで、資本の移動には制約がなくなりつつある。

　1980年代においてすでに、NLによってもたらされた金融の自由化についてレスター・サローは次のように述べていた。

> 今や金融市場はグローバル化され、資本規制も緩和されている。以前は小規模であった民間の資本の移動も、今や巨大な額に膨れあがっている。毎年、5兆ドル規模のモノとサービスが国境を越えているが、外国為替市場では毎日1兆200億ドルもの規模の取引が行われている。つまり世界の資本市場では、たった4日間の取引で世界の貿易市場が365日かけて動かす規模の金額を取引しているのである。（サロー 2004: 185）

　これに対して、労働移動は政治的文化的地理的に制約されている。このため高い賃金を求めて労働が移動するよりは、安い賃金を求めて資本が移動する方がはるかに容易である。労働者には祖国があるが、資本には祖国はない。こうした非対称性の結果として、上述のようなグレシャムの法則が働き、底辺への競争が始まる。資本を国内にとどめ、国内の雇用を守るために、政府は労働市場の規制緩和に舵を切って、資本の逃避（キャピタル・フライト）を回避しなければならなくなる。福祉国家によって脱商品化された労働の再商品化が始まる。

　底辺への競争がどの程度生じるかは経験的に開かれた問題である。競争条件均等化の法則とグレシャムの法則の拮抗のなかで、どちらの力の方が強いかによって現実は決まってくるだろう。

　例えば、クルーグマンはグローバル化によって、南北格差が広がることなく、開発途上国の生活水準が上昇したと述べた。当時の彼の見方によれば、底辺への競争は生じなかったことになる。

　教科書的な理論に従えば、北から南へ資本が移動すると、北の賃金を引き下げ

る可能性がある。しかし現実には、90年以降の資本移動はごくわずかで、多くの人が危惧するほど深刻な影響を与えるにはとうていいたっていない。（クルーグマン 2008: 99）

　しかし競争条件均等化の法則が弱まったとき、底辺への競争が始まる可能性はつねに存在している。実際、多くの国で、賃金はともかく、雇用規制は1980年代以降弱まってきたし、法人税率も引き下げられてきた。他の先進諸国と比べて日本の実質賃金は低下の傾向にあった。

地球環境問題
　底辺への競争とともにグローバル化の帰結としてもう一つの深刻な社会問題は、地球環境問題である。
　2021年夏現在、新型コロナウイルス感染症の世界的拡大の真っ最中にある。近年のパンデミックは自然の搾取＝開発によって人間界と動物界の境界が崩壊したことによって、動物界に生息するウイルスが人間界に侵入してきたことに起因しているというのが大方の見方である（山内 2020）。
　人類はその誕生と同時に自然環境の破壊を繰り返してきたが、18世紀後半の産業革命以後は、それまでとは比較を絶する形で地質や生態系に影響を及ぼし続けるようになった。そうした産業革命以後の時代を現在「人新生 Anthropocene」という「地質年代」で表現するようになっている（ボヌイユとフレソズ 2018）。このアントロポセンは人類が生産パラダイムを「拡大再生産」し続けてきた地質年代である。
　天然痘やペストによるパンデミックの歴史は古くからあるが、人新世に入ってからは、野生動物由来の「新興感染症」が増加したという。とくに前世紀末からはHIV（ヒト免疫不全ウイルス）による後天性免疫不全症候群、高病原性鳥インフルエンザ、SARS（重症急性呼吸器症候群）、新型豚インフルエンザ、MERS（中東呼吸器症候群）、そして今回のCOVID-19と続く。
　今回のパンデミックの前までは、人類が結核や天然痘など不治の病を克服したことから、社会政策の教科書で医療を扱う場合には「疾病構造の変化」が強調され、感染症よりもいわゆる生活習慣病の方が人間の健康にとって重要であると記述されることが多かった。ところが今回のパンデミックによって、そうした常識が一気に覆されたことになる。
　COVID-19はグローバル化した世界の存在を改めて思い知らせた。労働は資本のように自由に移動することができないとはいえ、また人流は物流ほど多くな

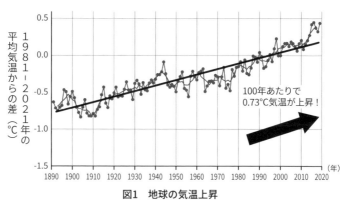

図1　地球の気温上昇

気象庁「世界の年平均気温偏差の経年変化（1891–2019年）」より。
https://adaptation-platform.nies.go.jp/tekiou/page02.html, 2020/10/10

いとはいえ、それでも短期間のうちに新型コロナウイルスはヒトの移動を介して世界中に運ばれた。中国・武漢で感染拡大が始まったのが2019年末であった。そして2020年1月23日に武漢が都市封鎖、1月31日にWHOが緊急事態宣言を発し、3月11日にはパンデミックを宣言した。局地的に始まった感染拡大が、二ヶ月もたたないうちに地球全体に広がり、また各地で変異を繰り返しながら、その感染力を強めてきた。

　COVID-19によるパンデミックがどのくらい長期化するのかはわからない。ワクチンの普及とともに収束していくのかもしれないし、変異株の出現によってさらに長期化するのかもしれない。仮に収束したとしても、その後の社会経済への影響もはかりしれない。消失した需要が復活するので、経済成長がただちに再開すると楽観視する向きもある。じっさい株式市場は景気回復を前提に値動きしている。しかし悲観的な見方をするひとは、「（コロナ禍は）人類が自己決定により招いた危機であり、過去の経済危機とは性質が全く異なる。金融危機ではなく実体経済の危機なのだ。今後10年間、われわれはこの危機の後始末に追われることになるかもしれない」と語る（アタリ2020）。いずれにしても地球規模での感染が一瞬のうちに終息するとは考えにくい。

　さらにこうしたパンデミックの背後には、気候変動による温暖化という、より深刻な地球環境問題が控えている。気候変動は端的に人新世によってもたらされたものである。それが今回のグローバル化によって加速化された。気候変動の一つの指標である「世界の年平均気温」は100年で0.73℃上昇している。全体として線形回帰するが、化石燃料による電力活用の第二次産業革命のときに比べると、エレクトロニクスとITによる第三次産業革命のときの気温上昇は緩やかだった

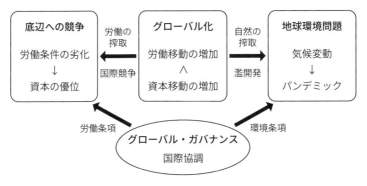

図2　グローバル化する世界の社会問題

のに対し、1980年代以降は傾きが急になっている。おそらく冷戦が終焉して巨大な市場がグローバル資本主義のなかに組み込まれたことの結果であろう（中国がWTOに加盟したのが2001年）。今回のNLとICTに特徴づけられる今回のグローバル化は気候変動を加速化させたといえるのではないか。

　地球の生態系は、本来、太陽からもたらされるエネルギーを用いて行われる物質循環を通じて自己完結しているはずだった。ある科学者はこの点を次のように解説している。

> 太陽エネルギーによって植物が二酸化炭素と無機塩（窒素やリン）を材料として光合成を行い、酸素と有機物を作り出し、それを1次消費者である草食動物が、さらにそれをその上の消費者である肉食動物が利用する、という具合に、生物の階層性が構築されている。すべての生物は死ねば屍と化して、細菌や菌類によって無機物へと分解され、再び植物の光合成の原材料として活用される。まさにムダのない完全循環型システムとして生態系は維持されている。（五箇 2020: 67-8）

　ところがこうした動植物のヒエラルヒーの頂点に立った人類は農業革命によって人口を増加させ、さらに工業革命（第一次産業革命）によって食糧増産と人口爆発を惹起した。さらに生産パラダイムの拡大再生産により、地球の温暖化は進んだ。環境省によると「20世紀の100年間で、世界平均海面水位は17cm上昇したと推計され」、また「積雪や氷河・氷床が広い範囲で減少している」という。その結果、生態系にも影響が出始め、また世界中で異常気象が頻発している[5]。

　ある経済学者は、気候変動のポイント・オブ・ノーリターンが迫りつつあると

して、次のような例をあげている。

> 2020年6月にシベリアで気温が38℃に達した。これは北極圏で史上最高気温
> であった可能性がある。永久凍土が溶解すれば、大量のメタンガスが放出され、
> 気候変動はさらに進行する。そのうえ水銀が流失したり、炭疽菌のような細菌
> やウイルスが解き放たれたりするリスクもある。そして、ホッキョクグマは行
> き場を失う。(斉藤 2020: 19-20)

5 グローバル化の終焉か再開か

グローバル化疲れ

こうしたグローバル化によってもたらされる二つの危機(「底辺への競争」と
「地球環境問題」)に直面して、反グローバリズムの社会運動が生まれた。

地球環境問題を懸念する人々は、環境破壊の元凶として自由貿易を糾弾した。
その矛先はWTOに向けられ、1999年にシアトルで開催されたWTOの世界大会
は、環境団体や人権団体などのNGOによって中止に追い込まれた。数千人によ
る「人間の鎖」が各国代表団や報道陣の会場入りを阻止した。

また底辺への競争に異議を唱える若者のあいだでは「ウォール街を占拠せよ
Occupy Wall Street」が合い言葉となった。彼ら彼女らは2011年にウォール街
をデモ行進し、ニューヨーク証券取引所の前で座り込みを始めた。その後も全米
各地で断続的にグローバル資本主義に反対するデモ行進が行われた。

こうした先鋭化した反グローバル化の社会運動の背後には、一般の人々のあ
いだにおける「グローバル化疲れglobalization fatigue」があるとも考えられる。
この言葉はトッド(2016)の造語であり、もともとはグローバル化にともなう
「移民現象」(英国におけるポーランド人の流入と米国におけるメキシコ人の流入)
によって掻き立てられた人々の漠然とした不安をさすものであったが、もう少し
一般化して、グローバル化=ネオリベラリズムによってもたらされるルサンチマ
ンや心理的な不安と解するものとここでは考えておきたい。

ナショナリスト・インターナショナル

こうした一般的心理は2010年代になって現実政治のなかにも反映されるよう
になった。政治学者はポピュリズムの再来ともいう。反グローバル化バージョン
のポピュリズムである。当初、決定的にみえたのはブレグジット(英国のEUか
らの離脱)だった。イギリスはアメリカと並んでグローバル化の筆頭国であった

が、そのイギリスが2016年の国民投票によってEUからの離脱を国民投票で決めた。トッド（2016）はこれを「『グローバリゼーション終焉』の始まり」と診断した。また同じく2016年には米国大統領選挙でアメリカ・ファーストを掲げるトランプが当選し、翌年、彼の政権が発足した。2017年に米国は自由貿易のためのTPP（環太平洋経済連携協定）から離脱し、皮肉なことに、大統領が同年の議会では（自由貿易を否定したわけではないが）フェアトレードがリンカーン以来のアメリカの政策だと演説した。さらに2019年にアメリカは、国連気候変動枠組条約のパリ協定（産業革命以後の気温上昇を2℃未満に抑えることを目標）からも離脱した。

このように1979年に英米によって始まったグローバル化が2016年に英米によって終わりを告げたかにも見えた。

「グローバル化疲れ」のなかでナショナリストが復権したかのようでもあった。今日のナショナリストは露骨な世界征服の野心を表明することはない、むしろ平和的な「ナショナリスト・インターナショナル」の結成を夢見ていると、歴史家ハラリ（2019）はいう。彼によれば今日のナショナリストは、グローバル化、多文化主義、移民、普遍的価値観、グローバルなエリート層が「あらゆる国の伝統やアイデンティティを破壊する」ことのないように、「世界中のナショナリストは提携し、こうしたグローバルな力に抵抗すべきだ。ハンガリー人やイタリア人、トルコ人、イスラエル人は壁を建設し、柵を立て、ヒトや財、お金、考えの動きを遅らせるべきだ」と考える、という（ハラリ 2019: 154）。

グローバル社会政策

しかし他方で、時計の針を元に戻そうとするのではなく、グローバル化を制御可能な形で進めようとする動きもみられる。グローバル社会政策への動きと呼ぶことができるかもしれない。ミシュラは早い時期にグローバル化と福祉国家の関係について論じた（Mishra 1999）。世界政府が存在しない以上、そこではグローバル・ガバナンスや国際機関の役割が重要となる。また『グローバル社会政策』（Deacon 2012）という書物も現れた[6]。グローバル社会政策のなかでは、自由貿易協定における社会条項や環境状況が重要となってくるはずであるが、日本ではこうした点について政労使とも無頓着であった。その結果、2021年には、ユニクロの製品がアメリカ政府とフランス政府から強制労働の嫌疑で制裁を受けた。そして日本の他の大企業も慌てて、サプライチェーンにおける児童労働の有無についての調査を始めた。児童労働に関するILO条約が採択されたのは1973年のことであり、19世紀初頭の英国工場法では労働時間に関する規制とともに、児

図3 世界の財貿易量の推移

注：貿易量は輸出入平均値。2020年第2四半期までのデータ。
資料出所：https://www.jetro.go.jp/biz/areareports/2020/9246bfbe4e5cbacc.html, 2021/07/22

童労働の禁止が定められていた。また1911年に制定された日本の工場法でさえ、
児童労働は禁止されていた。ちなみに渋沢栄一は当初、競争条件均等化の法則に
抗いその成立に反対していたが、その後の生産性向上に伴い競争条件均等化を求
める立場に逆転し、工場法に賛成した（反対しなかった）。

　グローバル化に関して2020年は2016年の延長線上にあるとも考えられる。言
うまでもなく、パンデミックによって都市はロックダウンされ、国境は閉ざ
されたからである。その結果、国際的な人流が限りなくゼロに近づいた。情報
の移動はあいかわらず自由であったが、社会経済活動が制限され物流も滞った。
JETROによると、2020年第2四半期の貿易量は前期比14.3％減となり、減少幅
はリーマンショック後の2009年第1四半期の落ち込みを超える水準であった。

それでもグローバル化は進む

　しかし他方で、2016年は一時的な反動だったのではないかと思われる徴候も
ある。ブレグジットを果たした英国議会は、2020年末にEUとの自由貿易協定を
承認し、また2021年4月にはEU議会もこれを正式に承認した。日本との間でも
10月に日英EPA（包括的経済連携協定）が署名され2021年1月に発効した。さら
に2021年6月、地理的位置は度外視して、TPP（Trans-Pacific Partnership）へ
の加入手続きも開始した。合衆国との間でも、2020年5月に自由貿易協定の交渉
を開始した。報道によると、NAFTAへの加盟も視野に入れているという。リー
ジョンを介してグローバルに繋がるのではなく、グローバルに直接つながる戦略
を採用しているともいえる。

　アメリカ合衆国の方も負けてはいない。2020年11月の大統領選で「アメリ

カ・ファースト」のトランプが敗退した。2021年に発足したバイデン政権はトランプ前政権とは（少なくとも短期的表面的には）異なる政策を次々に打ち出した。トランプ政権が2020年7月に通告したWHO脱退は、政権発足直後に撤回した。また前政権が脱退を表明したパリ協定への復帰を果たした。TPPへの復帰はコロナ禍のなかで見送られているが、再登場の可能性は残されているという。アメリカに本拠地をおくグローバル企業は多数あり、これらの企業の利益を損なう経済政策をアメリカ政府が採用するとは考えにくい。

　もっともパンデミックをきっかけにして世界の空間構造や産業構造の再編が進むことは間違いない。パンデミックはヒトとヒトとの間の物理的接触の機会を奪い、物理的距離（社会的距離）を広げた。これはある意味では既存の都市の可住面積を狭めたことになる。しかし他方で、ICTの進化によって、ヒトの可住面積はこれまで以上に広がっている。こうした空間構造の変化にともない、今後の経済社会活動における需要と供給の内容は変化するであろう。そして、それにともない従来の産業構造も変化するにちがいない。

　しかし内容は変わることがあっても、そのことが形式の変化を必然的にともなうわけではない。そうした理由はいまのところ見当たらない。G-W-G′は維持されるであろうし、P-R-P′も維持されるであろう。となるとグローバル化（資源と情報の国境を越えた移動の増加）も、資源や情報の内容は変化するにしても、移動の形式までが変化するとは考えにくい。トッド（2016）の言うようにグローバル化が終焉するのではなく、グローバル化が次の局面を迎えると考えるほうが少なくとも2021年の時点ではもっともらしい。

　じっさい日本の貿易でも2021年6月の輸出は7兆2207億円で、前年同月比の48.6％増である。これは新型コロナ感染拡大前を上回る水準である。報道によると「経済回復で先行する米国や中国向けが堅調で、特に自動車の輸出が増えた」ためとのことである（『日経新聞』2021.7.21）。また輸入についても6兆8376億円で、昨年同月比の32.7％増となっている。つまり人流は依然としてとまっているが、物流はパンデミック前の状態に回復しているということである。

　「それでもグローバル化が進む」と考えられるもう一つの理由は、ICTの進化によって「中心のない世界」[7] が成立しつつあるのかもしれないという点である。「中心のない世界」では、情報や資源の移動が国家の意思を超えることは容易である。少なくともグローバル化を妨げる力が現在に比べて弱くなる。

　その一は、インターネットである。インターネットはもともと冷戦時代に、核戦争によってそれまでの通信システムが破壊されたときに、どう対処するかという軍事的な発想から生まれた通信技術である。あるコンピュータから別のコン

ピュータへの情報伝達を単独の回線を用いるのではなく、情報を小分けにして網目状の複数の結節点を経由させながら、最終的にまとまった形として届けるところに、その特徴がある。ネットワーク全体に責任をもつ単一の管理主体が存在するのではなく、情報伝達が分散的に処理されるから、核攻撃による脆弱性がなくなる。つまり集権的ではなく分散処理による「中心のない世界」である。これはインターネットが国民国家を超えた存在になったことを意味する。

　その二は、ブロックチェーン技術である。ビットコインに代表される仮想通貨（暗号資産）において使われるようになったことは知られているとおりである。この技術を用いたビットコインはリーマンショックの2008年に、サトシ・ナカモトなる人物が発表した論文のなかに示されたアイデアに由来する。従来の通貨は政府や中央銀行が発行・管理してきたが、ビットコインには発行・管理する主体はいない。ブロックチェーンと呼ばれる取引記録の正しさを、政府や企業などの単一主体ではなく、多数のコンピュータのネットワークが同時に分散的に確認することによって通貨の偽造や改竄が阻止され、通貨の信用が担保される。これも集権的ではなく分散的な処理による「中心のない世界」である。ビットコイン通貨の信用を担保するのは国家ではなく市民社会である。

　インターネットは軍需によって生まれたが、民需に転用され、またリバタリアン的技術者によって支えられた。これに対して、ビットコインはもともとリバタリアン的だったと推測される。坂井（2019）によると、サトシ・ナカモトによるビットコインの「最初のブロック（創世Genesisブロック）」には『タイムズ紙』2009年1月3日の見出しが刻まれている。それは「Chancellor on brink of second bailout for banks（大蔵大臣は銀行を二度目の救済へ）」というものであった。これは思うに、中央銀行システムへの邪揄以外のなにものでもないのではないか。

　初発の動機がいかなるものであれ、結果として、インターネットとブロックチェーンというリバタリアン的な「中心のない世界」ができあがっていることが重要である。この「中心のない世界」は一国家によっては管理することができない [8] という意味において、グローバル化と親和的である。

6　生産パラダイムの未来

　以上は、生産パラダイムやグローバル化についての中長期的な見通しであった。超長期的な見通しはどうであろうか。最後にこの点について考えてみたい。
　第四次産業革命以後の世界で社会経済活動において重要な役割を果たし始めた

のがAIである。この点についての異論は少ないだろう。AIの進化が生産パラダイムに及ぼす影響については、少なくとも二つのシナリオが考えられるのではないだろうか。

　第一のシナリオは、AIの進化が労働生産性をあげ、その結果、労働者の雇用機会を奪うことにつながるというものである。これまでの産業革命でそうならなかったのは、潜在需要が顕在化して新しい需要と雇用を創出し続けてきたからである。ラッダイド運動があったが、資本蓄積は進んだ。そして新しい職業が生まれ続けた。「最大規模の伝統社会においてさえ、商人や兵士、司祭といった専門分化された役割以外に、通例、主要な職人は、2-30種しか存在しなかった」（ギデンズ 2009: 735）。しかし現代のイギリスのセンサスの職業分類は約2万の職種を列挙している。日本でもJILPT（日本労働政策研究・研修機構）による『職業名索引』では17209の職業が掲載されている。しかし第四次産業革命以降、ディープラーニングによってAIの能力はこれまでとは異なる次元での進化を続けており、単純な機械作業だけでなく、いままで機械に代替されることはないと思われてきた高度に専門的な業務も人間なしに行えるようになりつつある。フレイとオズボーン（Frey & Osborne 2013）の『雇用の未来』では医療、法律、金融などにおいて、人間がAIに取って代わられつつある可能性が示されている。雇用が縮小されると有効需要も縮小する。完全に自動化された社会では労働者が不要となり、有効需要も消失する。無人工場で生産され、自動運転で配送され、無人店舗で商品が売られるとき、その商品を買うのはいったい誰なのだろう。いくら供給能力があっても、製品を購入することのできる消費者がいなくなったとき、そもそも生産というものが成り立たない。そうなったときはベーシック・インカム（BI）[9] が救世主として登場せざるをえなくなるだろう。ブレグマン（2017）は「AIとの競争には勝てない」として、一日三時間の労働とBIを提案している。一日三時間労働というのは、ケインズによる1930年の予言（「2020年には人々の労働時間は週15時間になる」）と関連しているのだが、サーリンズが記した採集経済時代の労働時間をも想起させる。彼によれば「食物を獲得して、準備するための、一人当りの平均日労働時間は4、5時間」に過ぎなかったのである（サーリンズ1984: 28）。しかもそれは「ゆたかな社会」であった。そのときグローバル化は続いている、あるいはグローバル化された世界が定常的に存在しているかもしれない。しかし生産と再生産の転倒はなくなる。

　第二のシナリオは、かりにAIが進化を遂げたとしても人間の仕事はなくならないというものである。現在わが国ではデジタル庁の創設が予定され、DX（デジタル・トランスフォーメーション）を推進することが急務とされている。日本

の半導体が世界一と喧伝されたのは前世紀の話である。インターネット元年と呼ばれたのも 1995 年のことであった。ところが経団連の会長が電子メールで部下に指示を出して評判になったのは 2018 年のことである。それまでは「部屋でパソコンを操る財界総理はいなかった」のだそうだ（読売新聞 2018.10.24）。パンデミックのさいに保健所が感染状況のデータを送る手段がファクスであることが明らかとなって呆れた人も多かっただろう。また特別定額給付金の申請もウェブで受け付けられたものの、住民基本台帳との照合は職員二人一組の読み合わせで行われていることが露呈した。こうした現状を前提とするならば、もし AI が人間の仕事を奪うということがあったとしても、それは気の遠くなるような先のことであるようにも思われる。そうはいっても DX は進んでいくだろう。そうだとして、これから第五次産業革命や第六次産業革命が訪れたとしても、新しい仕事が生まれるのかもしれない。坂井（2019）によれば、「『今回だけは違う This time is different』というのは歴史を学ぶのが苦手な人間の思考のクセ」ということになる。つまり歴史は繰り返すということであろう。彼によれば、機械化は失業率をあげるのではなくて、「いくつかの仕事の破壊と創造」を引き起こす。「技術進歩は、それと代替的な仕事を減らす一方で、補完的な仕事を増やす傾向をもつ」という。例えば、工場が機械化されると「肉体労働の価値が減少し」、女性が生産現場で働きやすくなり、「男女の賃金格差が縮小」する（坂井 2019）。「機械は男性の力仕事を代替し、女性の力仕事を補完した」ことになる。また AI は過去のデータをもとに判断を下すので、データが少数の場合やまったく新奇な事象に対しては人間の判断が必要となり無人化はありえないことになる。坂井（2019）はアメリカでの研究を参考にしながら、ICT の普及が仕事の価値を変え、仕事がハイスキルとロースキルに分極化しつつあるという。ミドルスキルの仕事はマニュアル化され価値が下落するからだ。グローバル化した世界でも同様である。そうなるとグローバルなレベルでの再分配が課題となる。ミュルダール（1963）が予言した「福祉世界」である。

　いずれのシナリオの場合でも言えることは、多くのひとが共通して認識するように、人類の生産活動は地球環境の容量を超えない程度にとどまっていなければならないということである。言い換えると、価値増殖における価値は資源ではなくて情報でなければならないことになる。内田（1987）や見田（1996）のいう「情報による消費の創出」の世界である。

　一年前に現在の状況を予測することはできなかったのであるから、ましてや 50 年先のことを予測することなどできない。想像を超えた世界が出現しているのだろう。

【注】

[1] 2008年から「協会けんぽ」。現在の財政は改善されている。

[2] ちなみに当時は『ドイツ・イデオロギー』の編纂が問題視されており，アドラツキー版（旧ソ連による全集）では影に隠れていた存在であったこの視座が再編集の過程で浮かびあがってきた。

[3] PLC は JIS で定められた「シーケンス制御」（「あらかじめ定められた順序又は手続きに従って制御の各段階を逐次進めていく制御」）をもとに作動する（https://www.robot-befriend.com/blog/plc/, 2021/07/11）。

[4] 例えば，日本経済新聞（2021/6/16, 2021/6/29）によると法人減税競争の結果，日本の場合，2000年に40.9%だった税率は2020年に29.7%まで引き下げられた。同じ期間，EU22か国平均は32.2%から22.2%へ，OECD 平均は32.3%から23.1%へ引き下げられた。なおハンガリー9%，アイルランド12.5%である。ただしコーンウォール・サミットでは最低税率15%が合意された。

[5] http://www.env.go.jp/earth/ondanka/stop2008/, 2021/07/21参照。

[6] 日本でも同じころ，武川（2011），大沢（2011）が発表されている。

[7] 「中心のない世界」ということばは，ネグリ＝ハート『帝国』を連想するかもしれないが，ここではそれとは直接の関係ない。他によいことばが思いつかないので，このように表現しておく。

[8] デジタル人民元が導入されることによって集権的な監視社会が成立するとの懸念があるが，この論点についてはいまのところ判断保留としておく。

[9] BI についてはパトリック（2005），武川（2008），山森（2009），スタンディング（2018）などを参照。

【文献】

アグリエッタ，ミシェル／山田鋭夫（訳），2000,『資本主義のレギュラシオン理論：政治経済学の革新』大村書店.

アタリ，ジャック／林昌宏他（訳），2020,『命の経済：パンデミック後，新しい世界が始まる』プレジデント社.

アルベール，ミシェル／小池はるひ（訳），1996,『資本主義対資本主義：21 世紀への大論争』竹内書店新社.

ブレグマン，ルトガー／野中香方子（訳），2017,『隷属なき道：AI との競争に勝つベーシックインカムと一日三時間労働』文藝春秋.

ボヌイユ，クリストフ＆フレソズ，ジャン゠バティスト／野坂しおり（訳），2018,『人新世とは何か：「地球と人類の時代」の思想史』青土社.

Deacon, Bob, 2012, *Global social policy*, London; Thousand Oaks, Calif.: SAGE.

フィッツパトリック，トニ／武川正吾・菊地英明（訳），2005,『自由と保障：ベーシック・インカム論争』勁草書房.

フレイザー，ナンシー／ギブソン松井佳子他（訳），2003,『中断された正義：「ポスト社会主義的」条件をめぐる批判的省察』御茶の水書房.

Fraser, Nancy & Axel Honneth, 2003, *Redistribution or recognition?*. London and New York: Verso.

Frey, Carl Benedikt & Michael A. Osborne, "The future of employment: How susceptible are jobs to computerisation?" *Technological Forecasting and Social Change*, 114: 254-280, (https://www.oxfordmartin.ox.ac.uk/downloads/academic/ The_Future_of_Employment.

　　　pdf）

ガルブレイス，ケネス／鈴木哲太郎（訳），1970，『ゆたかな社会』岩波書店.

ギデンズ，アンソニー／松尾精文他（訳），2009，『社会学 第五版』而立書房.

五箇公一，2020，「人類の進歩が招いた人類の危機」『DIAMOND ハーバード・ビジネス・レ
　　　ビュー』45（8）:62-71.

ホール，ピーター＆デヴィッド・ソスキス／遠山弘徳他（訳），2007，『資本主義の多様性：比較
　　　優位の制度的基礎』ナカニシヤ出版.

ハーバーマス，ユルゲン／清水多吉他（訳），2000，『史的唯物論の再構成』法政大学出版局.

―――――，川上倫逸他（訳），1985-87，『コミュニケーション的行為の理論』上・中・下，未来社.

ハラリ，ユヴァル／柴田裕之（訳），2019，『21 Lessons：21 世紀の人類のための 21 の思考』河出
　　　書房新社.

ハーヴェイ，デヴィッド／渡辺治他（訳），2007，『新自由主義: その歴史的展開と現在』作品社.

ヘルド，デイヴィッド他／古城利明他（訳），2006，『グローバル・トランスフォーメーション
　　　ズ：政治・経済・文化』中央大学出版部.

ホネット，アクセル／山本啓（訳），2003，『承認をめぐる闘争：社会的コンフリクトの道徳的文
　　　法』法政大学出版局.

岩井克人，2003，『ヴェニスの商人の資本論』筑摩書房.

コハーン，ロバート，1987，「埋め込まれた自由主義の危機」ゴールドソープ，J．H．（編）／稲
　　　上毅他（訳），『収斂の終焉：現代西欧社会のコーポラティズムとデュアリズム』有信堂，2
　　　章.

クルーグマン，ポール／北村行伸（訳），2008，『クルーグマンの視座：『ハーバード・ビジネス・
　　　レビュー』論考集』ダイヤモンド社.

Mishra, Ramesh, 1999, *Globalization and the Welfare State*, Cheltenham: Edward Elgar.

見田宗介，1996，『現代社会の理論：情報化・消費化社会の現在と未来』岩波書店.

毛利健三，1978，『自由貿易帝国主義：イギリス産業資本の世界展開』東京大学出版会.

森田桐郎・望月清司，1974，『社会認識と歴史理論』日本評論社.

村井純，1995，『インターネット』岩波書店.

ミュルダール，グンナー／北川一雄（訳），1963，『福祉国家を越えて：福祉国家での経済計画と
　　　その国際的意味関連』ダイヤモンド社.

ナショナルジオグラフィック，2020，『遺伝子の謎』日経ナショナルジオグラフィック社.

岡田与好，1975，『独占と営業の自由：ひとつの論争的研究』木鐸社.

―――――，1987，『経済的自由主義：資本主義と自由』東京大学出版会.

大沢真理，2011，「グローバル社会政策の構想」大沢真理（編）『ジェンダー社会科学の可能性 第
　　　4 巻』岩波書店，序論.

坂井豊貴，2019，『暗号通貨 vs. 国家：ビットコインは終わらない』SB クリエイティブ.

斉藤幸平，2020，『人新世の「資本論」』集英社.

シュワブ，クラウス，世界経済フォーラム（訳），2016，『第四次産業革命：ダボス会議が予測する
　　　未来』日本経済新聞出版社.

シュンペーター／都留重人（訳），1959，『帝国主義と社会階級』岩波書店.

下平好博，2001，「グローバリゼーション論争と福祉国家」『明星大学社会学研究紀要』21, 57-77.

スタンディング，ガイ，池村千秋（訳），2018，『ベーシックインカムへの道：正義・自由・安全の
　　　社会インフラを実現させるには』プレジデント社.

武川正吾，2002，「グローバル化段階の福祉国家」小笠原浩一・武川正吾（編）『福祉国家の変
　　　貌：グローバル化と分権化のなかで』東信堂，72-90.

──────, 2007,『連帯と承認：グローバル化と個人化のなかの福祉国家』東京大学出版会.

──────, 2011,「承認と連帯へ」大沢真理（編）『ジェンダー社会科学の可能性 第2巻』岩波書店, 89-110.

──────, 2011a,「グローバル化と福祉国家：『グローバル社会政策』のすすめ」『世界の労働』61(1): 54-59.

──────, 2012,「グローバル化と個人化」盛山和夫・上野千鶴子・武川正吾（編）『公共社会学[2]』東京大学出版会, 第1章.

──────, 2013,「公共性の福祉社会学・序説」武川正吾（編）『公共性の福祉社会学：公正な社会とは』東京大学出版会, 第1章.

竹内幸雄, 2015,「帝国主義・帝国論争の百年史」『社会経済史学』80(4): 3-20.

侘美光彦, 1998,『「大恐慌型」不況』講談社.

テイラー, チャールズ／渡辺義雄（訳）, 1981,『ヘーゲルと近代社会』岩波書店.

──────他／佐々木毅他（訳）, 1996,『マルチカルチュラリズム』岩波書店.

サロー, レスター／三上義一（訳）, 2004,『知識資本主義』ダイヤモンド社.

トッド, エマニュエル／堀茂樹（訳）, 2016,『問題は英国ではない、EU なのだ：21世紀の新・国家論』文藝春秋.

内田隆三, 1987,『消費社会と権力』岩波書店.

宇野弘蔵, 1971,『経済政策論』弘文堂.

ウェッブ, シドニー＆ベアトリス／高野岩三郎（監訳）, 1975,『産業民主制論』法政大学出版局.

ウォーラーステイン, I.／川北稔（訳）, 1981,『近代世界システム：農業資本主義と「ヨーロッパ世界経済」の成立』岩波書店.

山内一也, 2020,『新版 ウイルスと人間』岩波書店.

山森亮, 2009,『ベーシック・インカム入門：無条件給付の基本所得を考える』光文社.

身体・地球・歴史・社会を接続する
—— 社会学と新生活の方向

庄司興吉

1　はじめに ── コロナ危機が明らかにしていること

　新型コロナウイルス感染症COVID-19のパンデミックが世界に引き起こしている危機をコロナ危機と呼ぼう。コロナ危機はまだ終息のメドが立っていないが、私たちの社会と生き方について少なくとも次のことを明らかにしていると思う。

　第一に、もっとも大切なのは私たちの身体であること。

　第二に、その身体が地球の変容の影響を受けていること。

　第三に、それはこの5世紀の歴史の結果であること。

　第四に、それが私たちの社会に現れていること。

　最後に、だから、私たちは身体と地球と歴史と社会をつなげて考えて、私たちの生き方を変えなければならないこと。

　これについて、私たちは、日本の社会学を、庄司「社会［科］学史」論文に示したように、戦前から戦後にかけての日本の社会科学の展開をふまえて整理し、他方で、中国の台頭とともにヨーロッパから出てきているポストウエスタン社会学という問題意識にも学びながら、考えてみたいと思う。ポストウエスタン社会学の問題提起は、矢澤論文が提起しているように明治以降の日本の社会学を見直す契機にもなるが、「大東亜共栄圏」構想の残したアジアへの打撃をも痛烈に反省しつつ、あくまでも庄司「歴史」論文で示した広い視野で考えていきたい。

2　身体・地球・歴史・社会の接続

感染症は克服されていない

　具体的に言おう。

　もっとも大切なのは私たちの身体だ、などということは分かっている、と私たちは皆いう。しかし、そうだろうか。

1980年に世界保健機構WHOが天然痘の世界根絶宣言をしていらい、私たちは感染症の多くは克服されたのだと思い、ガンや成人病の克服が課題なのだと考えてきた。その後、ガンの多くも早期発見早期治療で克服される例が増えてきて、問題は高齢化とともに成人病あるいは生活習慣病だ、ということになっていた。保健所の数も、20世紀末いこう急速に減らされてきた（ニッセイ基礎研究所『基礎研REPORT』11月号 [vol.284]）。

　しかし、実際には、武川論文が指摘しているように、HIV（ヒト免疫不全ウイルス）症候群、高病原性鳥インフルエンザ、SARS（重症急性呼吸器症候群）、新型豚インフルエンザ、MERS（中東呼吸器症候群）などが現れたあげく、今日のコロナ危機にいたっている。そして、今回のような感染症の世界的流行（パンデミック）が今後くり返し人類を襲う可能性が低くはない、とも言われている。

原因としての地球環境破壊

　しかも重要なのは、その原因がほぼ間違いなく地球環境破壊にある、ということである。

　コロナの発生箇所と経過については今日までWHOなどによる調査がおこなわれてきているが、中国とアメリカの政治的対立などもからみ、まだ正確なことは分かっていない。しかし確実なことは、それがコウモリなどの動物を媒介したかどうかはともかく、ほぼ間違いなく地球環境破壊の結果だということである。

　第二次世界大戦後、朝鮮戦争という、朝鮮半島に住む人びとの深刻な悲劇をきっかけとして、戦後日本の経済復興と成長が加速し、その結果いわゆる公害問題が急速に拡大し深刻化したこと、それなどを端緒として世界に広がった環境破壊が、国際連合の注視の的となり、1970年代から90年代にかけて続けられた国際会議をつうじて気候変動枠組条約UNFCCCが生み出され、その締約国会議COPが重ねられて、1997年の京都プロトコルや2015年のパリ協定となって現在にいたっていること、については、庄司「地球」論文で概観した。20世紀から21世紀にかけて、南極の氷山の崩壊や北極の氷海の溶解やエヴェレストなど高山地帯での雪渓融解などをつうじて、誰の目にも明らかになってきている地球温暖化Global Warmingの原因が、これまでの地球的自然の許容限度を超えた破壊であることは明らかである。

　地球環境Global Environmentという言葉自体、人類の社会がそのなかで、そこから資源を採取し、人間活動の結果生ずる不要物をそこに廃棄するという前提で用いられてきたことも、すでに見た。人間の社会が国民社会national societiesや国際社会international societyをすら超えて世界社会world society

になってきたと見るとしても、世界社会が地球環境を前提として成り立っていると考えるかぎり、地球環境破壊は止まらないということもすでに見た。地質学者が人新世と言い、人類が地層の変化に主たる責任を持っていると見られている今、地球上に生き延びようとするかぎり、世界社会が地球環境を包摂し、今や地球社会Global Societyとなっているという認識を持たないかぎり、地球破壊は止まらないのである。私たちが地球社会に住んでいるのであれば、南極や北極やヒマラヤやアルプスなどの高山地帯もいわば私たちの庭なのであるから、庭に直接に有害な不要物を投棄しないとしても、庭全体の温度を上げたり、有害な不要物を含む雨を降らせたりすれば、家も庭も人の住めるところではなくなる。「家庭とは家と庭のことである」などという建築会社や造園会社の宣伝文句も、今や冗談ごとではない。

　グローバル・コモンズという考え方もある。「コモンズ（共有地）の悲劇」からの類推で理解するには、この方が理解しやすいかもしれない（石井2021）。しかし、人新世以前の社会では、共有地も含めた人間の社会が「大自然」と見なされていた地球のうえにあった。人新世に入った今、地球全体が人類住居の庭になったと考えなければ、使用済み核燃料の場合のように、地下何千メートルも含めて、廃棄しても良い場所を探すことになりかねない。

　そればかりではない。地球には、何十億年から何億年にもおよぶ地球生成史と生物進化史の蓄積をつうじて、人類などまだ知ることの及びもつかないウイルスのような、無生物と生物との中間の活動体が潜んでいる可能性が高い。私たちの庭の不用意な破壊は、気象状況や海面状態や陸地の形状を不必要で有害なものに変えてしまうかもしれないだけでなく、いつどんな中間活動体を呼び起こしてしまうともかぎらないのである。

地球破壊をもたらしているのは大航海いらいの歴史である

　どうしてこんなことになってきているのか。人間という動物自体すでに地球破壊的なのだ、ということもできるし、とりわけ人間が文明などというものを生み出すようになっていらい、地球破壊的性格は決定的となったのだ、ということもできる。

　念のために言っておくと、人間は動物であるというと、強く反発する人たちのいることを、私は知っている。とくにキリスト教ではそうで、聖書によれば、神は、宇宙を生み、地球を創り出し、もろもろの生物を造形してから、それらのいわば管理者として人間を生み出したのだから、人間は動物ではなく、動物を超える、この世界の、神に派遣された管理者なのである。しかし今日では、こうした、

人間を「神の僕」として特別視する考え方、とりわけ自然観こそが、人間による自然の加工および再加工をつづけさせ、現在のような地球破壊をもたらしたことは明らかであろう。

　それでも、人間が文明を生み出し、農業を基底として、せいぜい何百万から何千万くらいの人びとをピラミッド型に組織して、古今東西の帝国を生み出し、経営しているあいだ、すなわち諸帝国興亡の歴史のあいだはまだタカが知れていたのかもしれない。問題なのは、15-16世紀にポルトガルとスペインが、地球が丸いという説を信じ、アフリカの南端経由でアジアに現れたり、大西洋を横断して南北アメリカ大陸に到達したりし始めてからである。大航海と呼ばれるこの動きは、ウォーラステインが言ったように、地球的規模で人ばかりでなく富と情報を運び、資本主義世界経済を生み出すと同時に、そのヘゲモニーを争う国家間システムを生み出してしまった（Wallerstein 1983＝1985）。

　それでも、ポルトガルとスペインが力を競った第1期や、海運に長けたオランダがヘゲモニーを行使した第2期は、人を人とも思わぬ征服や思い切った財宝の移動などで乱暴極まりはなかったが、地球を直接破壊するところまでは行かなかった。問題は第3期に入って覇権を握ったイギリスが、木材や石炭を使ってお湯を沸かし、蒸気機関によって工場を動かしたり船舶や鉄道などをほとんど切れ目もなく動かして、産業革命なるものをはじめていらいである。この革命は1世紀も続いてイギリスを世界の工場に押し上げたあげく、フランスや、イギリスの植民地から独立したアメリカや、日本やドイツなどなどに波及し、地球の表面を一変させはじめた。その結果が、新興勢力としてのドイツ・オーストリアと英仏露などとの第一次世界大戦であり、それによるヨーロッパの一時的衰退を漁夫の利として世界システムの覇権を握ったアメリカの登場である。

　武川論文は、産業革命以後のこの過程が、石炭や石油利用の第一次産業革命Industry 1.0から、電気利用の第二次産業革命Industry 2.0をへて、その高度化としての電子工学や情報技術を用いた第三次産業革命Industry 3.0へ、そしてさらに仮想空間と現実空間とを一体化したサイバーフィジカル・システム利用の第四次産業革命Industry 4.0へと展開してきていることを論じている。その結果がソサイエティ5.0なのである。

　庄司「歴史」論文に書いたが、アメリカが覇権を握った世界システムの第4期を私たちはまだ抜け出せずにいる。19世紀から20世紀にかけて、産業革命の成果をもとに大国清やロシアに勝ったことに思い上がり、朝鮮半島から中国東北部に進出して「満州」から中国をへて東南アジアやインドにまで進出し、「大東亜共栄圏」を築こうとした日本のヘゲモニー奪取の試みは、日本本土ほぼ全域の空

爆と沖縄の地上戦敗北と広島長崎への原爆投下という、惨憺たる結果に終わった。「ゲルマン民族の純粋化」なるドイツ帝国の試みは、ヒトラーという男の野望とユダヤ人の大量虐殺いがい、ヘゲモニー追求としてはいまだに良く訳が分からないが、米英仏とソ連に追い詰められて崩壊した。それに較べれば、1917年のロシア革命に始まり90年代初期のペレストロイカ失敗に終わったソ連東欧の興亡は、社会主義という人類の未来につながるかもしれないスローガンを掲げていただけに、一時は多くの良心的な人びとの支持を集めたが、結果的には、それだけ時期も長く、規模も大きい、世界システムのヘゲモニー奪取の試みとその失敗に終わった。

その影響もあって、世界中の、かつてポルトガル、スペイン、オランダ、イギリス、フランス、日本その他に植民地にされた地域や国のほぼ全部が解放されたが、旧植民地従属国が開放後発展しはじめたなかで、その先頭に立っている中国が今やアメリカに対峙する形になっている。そして、この両国こそが、産業革命の延長上で広義の産業化を進め、地球破壊の先陣を争いつづけているのである。池田論文が明らかにしているように、温暖化や地球環境破壊のこれまでの責任をめぐる争いは、そう簡単には決着せず、気候変動という「近代のパンドラの箱」を開けてしまって、複雑な責任問題について「歴史の累積効果を現在で解く」争いの中軸となるばかりであろう。

地球破壊の影響は社会の根としての身体にまでおよぶ

こうして、5世紀におよぶ歴史の結果としての現代社会は、地球環境破壊、いや地球破壊そのものにたいする、各国民社会の責任の押しつけあいそのものとなっている。そこにコロナがいわば平等に襲いかかって、各国の対応を促す形になっている。

コロナの感染者は、世界的に見て2022年2月の時点で4億を超え、死者は580万を超えているから、第二次世界大戦以来の犠牲者の数である。このコロナ危機のために、グローバル化によって薄れてきていると思われていた国民社会とか国際社会とかいう枠組が、明らかに重要性を高めてきている。犠牲者の数を把握し、その増加を食い止めるために具体的な手を打つ主体が、国民国家いがいにはないからである。WHOや国連は、世界の状況を把握し、各国の対策を促すとしても、直接に世界的な手を打つことなどできない。

また各国を見ると、たとえば日本では、都道府県や、場合によっては市区町村など、国家よりも下位の行政体の役割が大きくなってきている。人びとを身体として把握し、マスク着用や密集密閉密接（三密）回避を促したり、ワクチンを接

種したりする主体がこれらの、より下位の行政体でなければならなくなってきているからである。市区町村のもとには、ほとんど機能していないかもしれないものも含めて地域社会があり、そのもとに単身者が多いかもしれないにしても家族という身体［群］がある。

　庄司「社会」論文ではそこまでふれられなかったが、感染したからといって病院にも行けず、最悪の場合には孤独死する社会の根があらためて浮かび上がってきたのも、コロナ危機のためである。そして世界的には、ワクチン接種と言われてもいまだにその供給が追いつかず、圧倒的に取り残されている貧困な途上諸国の人びとがいる。私たちは、そこまで戻って社会の根である身体を確かめ、それらが、この5世紀をつうじて破壊の危機に追い詰められてきた地球とつながっていることを見極めつつ、社会をそれこそ根っこから再生させるよう迫られている。

3　身体の多様性と貢献

身体の民族的多様性

　もう一度身体に戻ろう。

　コロナ危機のなかであらためて浮かび上がってきたのは、身体の民族的多様性である。肌の色や形状的多様性などからして身体が限りなく多様であることが、コロナの世界への波及とともに浮かび上がってきた。

　2020年5月25日アメリカ、ミネソタ州ミネアポリス近郊で、アフリカ系アメリカ人ジョージ・フロイドGeorge Floyd氏が、警官の不当な扱いによって窒息死させられたことが、そのきっかけの一つである。この事件の余波で、アフリカ系アメリカ人とアメリカ先住民を両側に従えた、ニューヨーク・アメリカ自然史博物館のセオドア・ローズベルト第26代大統領の騎馬像が撤去されたり、フィラデルフィアで南北戦争時南軍司令官であったリー将軍の像が攻撃の的になったり、イギリスのブリストルで奴隷商人コルストンの像が投棄されたり、ベルギーのブリュッセルでコンゴを暴力的に支配したレオポルド2世の像が抗議を受けて撤去されたりする、などの事件が相次いだ。

　庄司「社会」論文で述べたように、人種の存在を示す科学的根拠はないが、肌の色や身体的形状をほぼ同じくする人びとが、ほぼ同じ言語と生活習慣でまとまって──ユダヤ人のような例外もあるが──住んできたことは歴史的事実であり、これを民族と呼ぶとすると、民族を単位とする国家形成が文明以後の人類の社会発展のパターンとなっていた。大航海以降の歴史が、この、帝国形成と帝国間抗争の歴史を止揚し、資本主義世界経済と国民国家間システムとの弁証法に

よる近代世界システムを生み出してきたのである。

　このなかで、北アメリカ大陸にアメリカ合州国が形成され、その暗黙の前提であった白人至上主義を、自ら建てた憲法によって否定し、諸民族平等主義をさらに南北戦争後の修正で補強しつつ、第二次世界大戦後の公民権運動でさらに補強して展開しながら、諸民族の国家としての形式と実質を発展させてきた。「社会」論文で見たように、アメリカはまもなく白人多数の社会と国家ではなくなる。それへの反動として白人至上主義が政治勢力として強化され、大統領や連邦議会選挙を乗っ取ることを警戒しなければならないが、長期的には白人少数化がそれを防いでいくであろう。あらゆる民族が混淆し、民主的に主権争いをつづけるかぎり、すなわち自由、平等、友愛が保障されていくかぎり、アメリカはこれからの国民社会の標準であり、世界社会の標準である。

　これにたいして、植民地従属国解放運動の最終勝利をつうじて新興国台頭の先頭に立ってきた中国は、圧倒的に民族的同質性の高い国である。文化大革命を収束して改革開放を進め、市場社会主義を標榜して経済成長を続けてくる過程で、中国はマルクス・レーニン主義と毛沢東思想と鄧小平理論に加うるに、「中華民族の偉大なる復興」を国内統合のシンボルとして掲げてきている。清朝時代以来の欧米帝国主義の侵略、とりわけ日本帝国主義の侵略による苦難の歴史を考えれば、このスローガンもいちがいに否定はできないが、すでに世界第二の経済大国となり、まもなくアメリカをも追い越すとされているなかでは、それにいつまでも執着するべきではないであろう。中国自体、気候危機などで人類共同体の運命性は肯定しているのであるから、人類共同体の多様性に見合う中国社会の多様化をこれからは考えていかざるをえないであろう。14億を超えようと、社会の根っこはあくまでも諸民族の具体的な身体にほかならないのだからである。

性による多様性

　そのためにも、私たち身体の性による多様性の承認とそれによる社会組織の柔軟化が大切になる。中国では、改革開放開始直後の1979年に一人っ子政策が導入され、2015年まで続いた。実際には、二子以降の届けをあいまいにするとか、性別をあいまいにするとかで混乱があり、公表人口の影にとくに女子の人口があるとか、いろいろ言われてきたが、予想どおりあっというまに高齢化が進み、逆に労働力や介護者の不足が心配されるようになって、2021年には子ども3人までが容認されるようになった。しかし、それにもかかわらず、今度は子どもの教育費用などが社会問題となり、実質的な「生み控え」が進んでいるとも言われている。

LGBTQの問題は、中国にかぎらず、全世界的に承認されざるをえない方向に動いている。武川論文が浮上経過を明らかにしている「承認」の概念は、民族的多様性にたいしてこそもっとも必要なものであったが、今や性的多様性にたいしてもますます必要なものとなっている。諸子百家いらい人間的多様性にかんするあらゆる可能性を追求してきた中国思想のなかで、性的多様性がどのように扱われてきたのかもあらためて研究されなければならない。民族的多様性が相対的に小さいように見える現代中国では、それでも女性が人口の半数近くを占め、LGBTQもしだいに顕在化してくるであろうから、性的多様性をめぐる承認の動きが、今後の、巨大人口の多様性を容認する社会づくりの基礎になっていかざるをえないのではないか。

障がいによる多様性

　障がいによる多様性の承認も重要である。

　2021年の8月から9月にかけて、コロナ危機渦中の東京他でオリンピックに次いでパラリンピックが強行され、コロナ危機を拡大し、深刻化した。そのなかでも、パラリンピックの身体現示効果はとりわけ重要であった。ほとんど無観客で、ほとんどテレビ中継のみを頼りにしておこなわれた競技は、そのためにかえって障がいを持ちながらそれを超えて奮闘する人びとの身体を画面に映し出し、地球社会を支える障がい者たちの存在感を私たちに印象づけた。「＃WeAre15」というスローガンによって、私たちのなかには、私自身も含めて、障がい者がなんと世界人口の15％もいることを思い知らされて、反省させられた者も少なくないはずだ。そして、そのなかにはさらに、私自身のように、考えてみれば自分もすでに、生活習慣や加齢などによってある程度の障がい者にほかならないことを思い知らされ、人間と社会の基礎としての身体の重要性をあらためて再確認してきている者も少なくないであろう。

　パラリンピックなどに登場する選手たちはもちろんエリートである。私たちは、彼らの競技を見ながら、彼らに較べればはるかに障害の程度も軽いにもかかわらず、できるはずのこともできない恥をかかせられてきている。

生と死そのものの多様性

　しかし、そうこうしているあいだに、私たちは、皆しだいに年老いてゆき、病をうるか、幸いにしてそうでない場合でも、老衰で死んでいく。生の時間的な長さも、その内容も、そして死に方も死ぬ時期も多様である。コロナについて、4億を超えた感染者数や600万に近づこうとしている死者数は、そうした身体の多

様性をひとしなみに否定してきているように見えるが、けっしてそうではない。あくまでも一人としてけっして同じではない身体が80億近くあって、変貌してきた地球の影響を受け続けているのである。

庄司「身体」論文は、そうした身体ができるかぎり健康にできるだけ長く生きられるよう、社会学も保健医療社会学などをつうじて協力すべきことを主張したうえで、死を恐れず厭わず、それを望み見ながら限りある生をできるだけ延ばす、いわば向死延生の助けになるべきなのではないかと主張した。生と死について考える宗教も、不幸にして死んだ場合の遺体の処理の仕方も、考えても仕方のないことなのだから、たまたま家族がそうだったからそれを引き継ぐとか、昔からのやり方に従って作法どおり進めるとかいうだけではなく、自分自身で考えて納得できるやり方をするのが良いのではないか、とも主張した。

そのうえで、私たちの身体、その生と死が、人類が破壊してきた地球の影響を受けているとしたら、それをどのように感じ、その破壊を止めたり、それを修復したりすることに、どのように貢献したら良いのか。

4　地球の身体的把握とそれ以上のこと

地球破壊の実感

南極の氷山の崩壊や、北極の氷海の溶解や、エヴェレストなど高山の雪渓の融解などをテレビなどで見て、私たちは地球破壊を知っていると言ったが、気候変動による気象現象の激烈化についてはそもそも身体で感じさせられている。太平洋の台風（タイフーン）、大西洋のハリケーン、インド洋のサイクロンが、この十数年、あるいは21世紀に入って激烈化していることは、普通の身体の感覚と思考力を持つ人びとの多くは否定しえないのではないか。

温暖化のために地球全体の海面が上昇してきていて、太平洋の島などで、人びとが上がってきた海水に困惑している様子も、テレビなどで見ている。カリフォルニアやオーストラリアなどで頻発している山火事の異常さも否定しえない。大雨や大風による被害など、台風やハリケーンやサイクロンなどの影響を受けにくいヨーロッパではあまりないものと考えていたが、2021年のドイツの事例などを見ていると、そういう考えも改めなければならない。

地球上の身体

地球上の身体がそもそもどんな状態におかれているのかを、考えてみよう。

地球の半径は6371kmであるから、赤道一周を円とみなすと6371×2×3.14＝

40009.88で約4万キロあることになる。私が赤道上の一点に立っているとして、地球外の適切な位置に想像上の支点＝視点を取れば、私は一日でこの距離を回転していることになる。もちろん、私たちは地球の強烈な引力で立地点に貼り付けられており、生まれたときからの習慣でその位置からすべてのものを見ているが、しかし考えてみればこれはすごいことである。地球の公転面の上部の適切な位置に想像上の支点＝視点を取れば、こういう自転をくり返しながら私たちは365日あまりで太陽のまわりを回っている、すなわち公転していることになる。

　くるくる回りながらくるくる回っている。もちろん、相対論的な視点に立てば、私を宇宙の中心と見なすこともできるから、私は毎日、朝起きて地球の表面のごく狭い範囲を動き回り、夜になったら寝て、旅行でもしなければ、ほぼ同じことをくり返している。毎日がくり返されて毎年になり、私たちは成長して仕事をし、ときに大小の旅行をおこなって地球の表面をいろいろ見たつもりになったりしながら、やがて年老いて、幸いに健康で長生きしてもいつかどこかで必ず死んでいく。

身体で地球を感ずる

　私は東京に住んでいて大学教員の仕事をしてきたが、今は退職し、自由に過ごしている。身体の健康を保つため、毎朝起床時と、夜になって就寝前に、10分あまりの体操をしている。家のなかの2カ所で、ある時は東を向き、ある時は西を向いて体操をする。地球のことが気になりだしてから、体操をしながら地球の表面の様子を想像することが多くなった。

　東を向いているとき、私は、途中の介在物をのぞけば、太平洋越しに北アメリカ、アメリカ合州国のあたりを見ていることになる。少し左を向けば、北太平洋越しにカナダから北極の方を望んでいるし、少し右を向けば、太平洋の中央部を通ってハワイを望み、さらにガラパゴス諸島をへて南米にいたり、アンデス山脈を南下し、アルゼンチンのブエノスアイレスでタンゴの発祥地などをかすめるうえで、南極を望む。

　逆に西を向いているとき、私は、朝鮮半島から中国大陸を望んでいる。少し左を向くと、西安をへてシルクロードを望み、ヒマラヤを越えてインドから中東にいたり、その向こうにアフリカを望見する。少し右を向くと、平壌からシベリアの大草原をへてモスクワを望み、モスクワから北欧にいたり、南下して中欧から西欧を望む。もちろん地球は丸いのであるから、私の想像上の視線は地球の表面にそって下向きにわん曲し、ベルリンやパリやロンドンが東京と同様の平面上にあるかのように想像している。

たあいもない話であるが、人間の想像力は偉大である。パスカルが言ったように、「空間によって、宇宙は私を包み込み、一個の点のように私を飲み込む。思考によって、私は宇宙を包み込んで理解する」(Pascal 1669-1670=2015: 上134)。ビッグバン以来の宇宙の年齢は、最近の試算では138億年である。気が遠くなるほどのこの時間も、しかし「考える葦」の射程内にある。

　そのうえで身体に戻ると、その身体が乗っている、この大宇宙のなかの地球が、今や個体数が78億を超えた人類によって、破壊されつづけているのである。もちろん、地球からすれば人類による破壊などかすり傷にすぎず、大気の温度も気にするほどではないかもしれない。しかし、人類にとっては、今世紀末までに平均気温上昇を1.5℃未満に抑えなければならず、そのためには2030年までにカーボンを半減し、2050年までにはカーボン・ニュートラルを実現しなければならないのである。

技術的進歩はどう生かされ、どこまで可能なのか？

　社会学が身体と地球との連関について、あらためて初歩的なことを言わなければならないとは、思ってもいなかった。しかし、この機会だから、考えられるところまでは考えておかなければならないかもしれない。

　人類の技術は今や、人工知能AIの開発と実用化にまで達している。多くの人が論じているように、AIの高度化とさまざまな面での実用化は社会や社会的なものにも影響を与えるであろう。その一部を武川論文が具体的に考察してもいる。これらをふまえて、私は、極端な例を出しておこう。

　私はこれまで、人間は地球上に形成されてきた生態系の一環であり、そのことを社会の基礎条件としても重視するべきだと言ってきた（庄司 2016: VIII; 庄司編著 2020: 17-34）。そう言いながら、しかしそれと同時に、人間がこの条件を離脱するとしたらどんな場合か、ということについても考えてきた。

　宇宙旅行は人類の夢の一つである。1961年にソ連がはじめて人間を宇宙空間に送り出していらい、月面着陸をはじめ宇宙旅行の試みがくり返されてきた。そして2021年9月には、初の、民間人のみの宇宙旅行も実現した。しかし、これまでの経過から見て、地球生態系内在的な人間が無重力の宇宙に出ることは、はなはだ大変である。ロケットあるいは宇宙船のなかにいるあいだはまだなんとかなるが、これらを出て身体がほんとうに宇宙空間に出るには、完璧な宇宙服を着て「宇宙遊泳」の仕方を知っていなくてはならない。

　そこで私は、AIの技術もここまで進んできたのだから、私は私自身の身体を作れないものだろうか、と考える。モデルは「鉄腕アトム」である。手塚治虫の

作品では、鉄腕アトムは「心優しい科学の子」として、心優しいながら人間と同じような身体を持っている。その身体が何をエネルギーとして動き、「十万馬力」の力が出るのか定かでないが、そういう想定である。私は十万馬力は必要ないにしても私のと同じような身体が、これまでの技術に加えてAIなどをもってできないものかと思う。今日の私たちの身体は、技術発展のおかげで多かれ少なかれサイボーグの面をもっていて、肢体はもちろん各種臓器についても人工物か他身体からいただくもので代替補充できる場合が少なくない。私が、財源とともに社会的承認を得て、私のものとは別にもう一個の身体をもつことはできないものであろうか。もしできるならば、私はAI技術などを使って私の脳をその身体の「脳」にコピーし、今より長生きすることも、その身体が地球生態系内在的でなければ、すなわち地球上の大気で呼吸する必要もなく、宇宙塵のようなものをエネルギーとして活動できるのであれば、宇宙空間に出ることもできるのではないか。

　今の医学の移植技術では、脳そのものの移植はできないことになっている。自分が生き延びるために他人の脳を自分に移植するなどと言うことは、自分が自分でなくなることで自家撞着であるから、これは当然のことである。しかし、自分の脳を、他人の身体ではない人工的につくった自分の身体の脳にコピーできるのであれば、そのようにして自分の生を延ばしたり、宇宙空間に出たりすることもありうるのではないか。人類のこれまでの技術開発力からすれば、遠いか近いかはともかく、これは論理的に可能なことなのではないか。

　身体と地球との関連の問題は、私たちが想像力を働かせれば、このようなところまで展開する。しかしここではまず、私たちの想像力の維持と展開のためにも、私たちは身体の活動で地球を破壊しないよう、とにかく全力を挙げなければならない。

5　歴史の振り返りと共有化

世界史の世界的共同学習 ── 先進国の言い分

　歴史に戻ろう。地球破壊を阻止し、人類が住み続けられるよう修復するために、私たちは、人新世の時代に私たちの庭となった地球を保護し修復するため、2030年までにカーボンを半減し、2050年までにはカーボン・ニュートラルを実現しなければならないのであった。そのために誰がどれだけを負担するべきか。

　池田論文が指摘しているように、現時点では、これは、どの国がどれだけ地球を汚染してきたか、汚染した国ほど汚染の除去と修復に貢献するべきだと考え

るのは自然であるから、これまでの歴史の振り返りと共有が基礎となる。しかし、各国にそれぞれの言い分があるであろう。

　ポルトガルやスペインにすれば、近代という新しい時代を拓いたのはわれわれなのだ、アリストテレスの影響などで、先住民をどう見るかをめぐって論争はあり、侵入や略奪など大きな問題はあったかもしれないが、アメリカやアジアやアフリカに文明を移植したのはわれわれなのだ、という意識があるであろう。オランダも、奴隷を酷使し、植民地から搾取した富で黄金時代を築いたが、それだけ、日本にいたるまでも文明を広めたというであろう。イギリスにしてみれば、たしかに産業革命が地球破壊を加速したかもしれないが、工場制大工業や列車や汽船などによって現代文明の基礎を築き、世界中に恩恵をもたらしたのはわれわれではないのか、という意識があるであろう。フランスはそれに対抗しつつ、自由、平等、友愛の社会を世界に広めたと言うであろうし、ドイツや日本にもそれぞれの言い分があるであろう。

　ソ連東欧は崩壊したが、その後のロシア、中東欧には、またそれぞれに言い分があるであろう。社会主義とは、もともとイギリスを中心として資本主義機械文明を世界に広めた諸国が、そのもとで誕生した圧倒的な数の労働者「プロレタリアート」のために展開した社会改革の理念と方法ではなかったのか。石川論文が明らかにしているように、ソ連は国家計画の経済体制をつくり、農業を集団化し、工場を中心とする都市生活も生み出したが、それらをつうじて人びとは、自分たちのあいだにあった生活世界を守り、自分たちの身体を基礎とした社会を大きな社会の革命を受け入れながら存続させてきた。ソ連東欧の社会主義が、欧米日の資本主義に較べて、技術的に遅れていたために、ある場合にはかえって地球破壊的であったかもしれないにしても、それをいちがいに批判することはできないのではないか。

世界史の世界的共同学習 —— 旧植民地従属国の言い分

　中国は従属国とされ、ほとんど植民地化されながら、自ら発起して辛亥革命を起こし、その後も続いた大混乱のなか中国共産党が丹念な活動で農村部から起ち上がり、1949年に権力を握ってからも続いた混乱を、ようやく1970年代後半以降になって収束し、改革開放と市場社会主義で経済成長を続け、今や旧従属国植民地国の先頭に立っている大国である。人口14億を超えた大国の経済成長を持続するために、工業を基本から建て直し、21世紀になってからはそのうえに情報産業を乗せて、言うなればインダストリー4.0とソサイエティ5.0を築き上げようとしてきている。世界一のカーボン排出量は自覚していて、自らも減らそう

とはしているものの、巨大な経済は簡単に思うようにはならない、というであろう。

　中国に次ぐ人口を持ち経済成長を続けてきているインドは、マハトマ・ガンディーの指導のもとカースト制度を基礎にもつ古い社会から起ち上がり、米ソ超大国対立のなかにあっては非同盟勢力の指導者として大きな役割を果たしたが、1990年代に始まった経済成長のためにある程度の富の蓄積も生まれ、それなりにできてきた中産階級のなかには節約と安定化への思考が芽生えて、それに乗ったポピュリズムの指導者モディのもとで国際的には消極的に振る舞っている。南アメリカの大国ブラジルにも、ある程度の経済成長による中産階級の出現のために、ポピュリスト的で保守的な政権が生まれている。東南アジアのフィリピンなどにも、ある程度の経済成長とともに安定化志向が生まれ、ポピュリスト的な政治家の支配が続いた（Evans et al. 2020）。

　1975年のアメリカにたいするヴェトナムの勝利によって、ほぼすべての植民地従属国の民族解放運動が勝利し、中国やインドなどの大国が経済成長の軌道に乗ることによって、21世紀は、欧米日旧帝国主義諸国と旧ソ連東欧諸国を尻目に新興諸国が新しい世界をつくっていくようにも見えたのだが、そう簡単には行っていない。こうしたなかで、地球温暖化が気候変動から気候危機となり、地球破壊になってきている事態を、どのような責任分担あるいは積極貢献によって解決していくのか、「歴史の累積効果を現在で解く」過程はスムーズには行かないのである。

資本主義世界経済の生成

　大小の国民国家が主として国連のもとに会合し、これまでの歴史を振り返りつつ自画自賛や非難をやりとりし、それぞれの工業化、高度産業化、情報化、さらにはサイバーフィジカル・システム化あるいはインダストリー 4.0 化やソサエティ 5.0 化を進めていくのは、もとより容易ではないということであろう。しかし、2030年までにカーボンの排出量を半分にし、2050年までにノー・カーボンにしなければ、今世紀末までの大気温上昇が1.5度未満に収まらず、地球破壊は回復不能なまでに進んでしまうかもしれないのである。

　いったい人類は、この5世紀のあいだ何をしてきたのであろうか。イスラームの人びとが中東からアジアへの経路を塞いでいたため、西洋の人びとはポルトガルやスペインから、アフリカの南端をまわったり、大西洋を横断したりしてアジアや南北アメリカに到達した。香辛料やその他の価値あるものを獲得し、持ち帰って生活を豊かにするためであったろうし、キリスト教という自分たちの世

界観を、まだ見ぬ人たちに伝えるためであったであろう。その行為が香辛料のみでなくさまざまな価値あるものの発見に結びつき、それらを持ち運び売り買いして生活をますます豊かにすることにつながっていった。価値あるもののなかには、なんとアフリカの人びとの身体や南北アメリカの人びとの身体も入っていた。

　資本主義世界経済とは恐ろしいものである。人間が同じ人間を肌の色や文明により奴隷として扱い、売り買いし、大規模農業をおこなったり、下僕として使用したりする行為も当初は含んでいたのである。ラス・カサスの問題提起や多くの良心的な人びとの反省で、漸次的な奴隷解放や、やがて憲法などによる人権宣言や奴隷解放をつうじて、19世紀後半にはアメリカでも奴隷は原則禁止されたわけであるが、実質的な奴隷は世界のいろいろなところにいたばかりでなく、旧奴隷と見なされた人びとへの差別は20世紀をつうじてなくならず、現在にいたっている。

　資本主義世界経済について、奴隷は論外として、マルクスは、人間の労働が生み出す価値の売買の仕組みとして分析し、その持続的なくり返し、すなわちサステイナビリティが不可能であることを証明したはずであった。武川論文に言う、再生産パラダイムと生産パラダイムの転倒と、交換手段としての貨幣が主役を演ずるようになる生産パラダイムの転倒である。転倒した生産パラダイムが一国内で自立することは、搾取の継続に労働者が耐えられないとしてローザ・ルクセンブルクは不可能とみたのだが（Luxemburg 1913=1985）、山田盛太郎などがその可能性を論理的に証明し（山田 1948）、資本主義はときおり恐慌もどきの混乱をくり返しながら今でも続いている。レーニンとその後継者が資本主義に代わる仕組みを創出するとして起こした革命と社会主義建設は、20世紀に70年あまりで頓挫した。

　では、資本主義世界経済はこれからも続くのか。多くの人に続かないであろうと言われながら、それはまだ続いている。

国家間システムの形成

　この資本主義世界経済を回転させ継続させるため、歴史は国家間システムを生み出した。国家とは、民族を統治したり支配したりするために生み出された政治的装置であるが、大航海以後の歴史のなかで、スペインから独立する過程のオランダで人びとに初めての本格的な国民意識が生まれ、それを前提にして国民国家が成立した。そして、これなどを前提に、ヨーロッパで、1648年のウェストファリア条約によって、国民国家を前提に国家間関係として世界を維持する仕組みができあがり、その後しだいに世界に広げられていった。この国民国家間関係が、

国家間システムとして事実上資本主義世界経済のヘゲモニーを争う装置となっていったのである。

　国民国家間関係は地球上のいろいろなところでさまざまな問題を解決したが、解決しない場合には戦争となり、戦争はしだいにエスカレートして1914年にはついに最初の世界戦争となった。この第一次世界大戦後、アメリカの主導で国際連盟League of Nationsが生まれたが、10年あまりで日本、ドイツ、イタリアなどが脱退し、第二次世界大戦となった。第二次世界大戦で勝利した連合国United Nationsがその戦争遂行組織をもとに創立したのが、現在の国際連合UNである。要となっている安全保障理事会Security Councilを初めとして、その組織は露骨に旧連合国のものだったのだが、これに、当時の既存国家ばかりでなく、戦中戦後に独立した旧植民地諸国従属諸国がぞくぞくと加盟したばかりでなく、イタリア（1955年）、日本（1956年）、ドイツ（1973年に東西ドイツ、1990年に統一）の旧枢軸国も加盟し、当初加盟国であった中華民国が1971年に現在の中華人民共和国に入れ替わり、1991年以降ソ連の崩壊によってロシアその他旧ソ連から独立した諸国なども加わり、2011年に193の加盟国となった。国連については、その名称や安保理を初めとする組織の改革をめぐって議論がくり返されてきているが、エッセンシャルな改革はいまだにおこなわれてきていない。

　武川論文が指摘しているように、1990年代まで世界の趨勢は国際化であったが、ソ連東欧崩壊の前後からボーダレス化が頻繁に言説されるようになり、21世紀にかけてそれがグローバル化に変わってきた。唯一の超大国となったアメリカの国家間システムにとらわれない行動にたいして、特定の国民国家に帰属させえないテロリズムの広がりなどがあり、地球を支配するサイバーフィジカルな「帝国」の出現なども論じられるようになったからである（Hardt & Negri 2000=2003）。しかし、2001年9月11日の同時多発テロにたいするアメリカの反応は、2016年に登場する「アメリカ、ファースト」の先取り的なものであったし、グローバル化をめぐる議論の底層に国民国家の再興に執着する動きは続いていた。

コロナ危機のもたらしたこと

　コロナ危機はこうしたなかで、地球上に繁殖しすぎていた身体を一律に襲い、5世紀をつうじて形成されてきたそのまとまり方、社会構造と社会形態をあらためて問い直してきているのである。コロナ危機を最終的に克服する手段として、ワクチンの接種が全世界でおこなわれてきているが、ウイルスに社会学的な認識はなく、克服するためには地球上80億ほどの身体に一律に接種されなければならないにもかかわらず、貧困な国民国家には行き渡らず、そういうところで増殖

し「進化」するウイルスが感染力を強めて、周到な侵入防止策やワクチン接種作戦で万全の対策を取ったつもりの「先進」国民国家に、くり返し逆流することが懸念されている。

　資本主義世界経済は、グローバル化の動きを止められるか、あるいは大幅に緩められて、喘いでいる。しかしもともとコロナは、今回の危機ばかりでなく、今後もくり返し襲来するかもしれぬ危機を乗り越えるためには、グローバル化とともに進んできているサイバーフィジカル化、すなわちインダストリー4.0化やソサイエティ5.0化を進め、惰性で止まらなくなっていた身体の動き、とりわけ浪費的で、大量のカーボン排出的燃料を用い、自然回収不能な廃棄物を大量に出す生活を止め、いわばウイルスをわざわざ呼び出す地球破壊を止めろ、と言っているのである。このために、この5世紀の歴史の結果としてできてきている社会を、どのようにとらえ、どのように動かし、また変えていけば良いのであろうか。

6　社会の再認識と生活の変え方

アメリカの社会 —— 多様性承認をくり返す社会

　この5世紀の歴史をつうじて、私たち人類がつくりあげてきた社会とはどんな社会なのか？

　上に述べたようにそれは、資本主義世界経済を国家間システムで制御しつつ発展を続ける社会である。そして第一次世界大戦いこう、そのヘゲモニーは、ほぼ一貫してアメリカ合州国が握り続けてきている。

　庄司「歴史」論文で述べ、この論文でもこれまでにふれたが、日清日露戦争後、台湾を植民地にし、朝鮮半島を「併合」して中国東北部に「満州国」を虚構し、中国から東南アジアさらにはインドまでをも「大東亜共栄圏」に納めようとした日本の試みも、「ゲルマン民族の純粋化」をめざし、その純血を汚すとされたユダヤ人を掃討しつつロシアまでを支配しようとしたナチス・ドイツの試みも、ロシアが、自国で起こした革命を「一国社会主義」として維持し、周辺国を併合し、戦後は東欧諸国に社会主義政権を樹立してソ連東欧から中国さらには東南アジアに及ぶ社会主義世界を築き上げようとした試みも、すべて失敗してアメリカのヘゲモニーを崩すことはできなかった。

　それでは、第4期にあるとみられる現代世界システムのヘゲモニー国アメリカの社会とはどんな社会なのか。それは、少なくともタテマエからすれば、民族、性差あるいはジェンダー、年齢差、障がいの有無と程度など、身体の多様性をすべて承認し包摂したうえで、身体が主体化して成り立つ諸個人の自由・平等・友

愛を、民主主義によって実現していこうとする社会なのではないか。

占領軍・安保同盟国・世界の警察

　実感をふまえて公平であるために、まず、私自身の体験的アメリカ観を挙げよう。

　私が子供の頃、アメリカは日本を占領した軍隊であった。ニュアンスを和らげるために「進駐軍」と呼ばれていたが、アメリカは第二次世界大戦の結果として日本にやってきた占領軍であった。私自身にはその経験はないのだが、子供たちはアメリカ軍兵士にチョコレートやチューインガムをねだったりしていた。やがて私が成長して大学に入る頃になると、アメリカは、日米安全保障条約をつうじて、アメリカに日本の最終防衛を任せるかわりに日本中に軍事基地を持ち、ソ連や中国と対立する軍事大国となった。私は、平和憲法をもつ日本は軍事対立に巻き込まれるべきではないと考え、アメリカ軍を撤退させ、ソ連や中国とも話し合いで日本の行き方を決めるべきだと考えていた。

　アメリカがその強大な軍事力で支配下に置こうとした国はもちろん日本だけではなく、アメリカは、多くの国、とりわけ東アジアから東南アジアにかけて、とくにヴェトナムに大量の軍隊を送り込み、第二次大戦で使用された量を上回ると言われる大量の爆弾を投下して、その言い分では「共産主義の拡大」を防ごうとした。この意味でアメリカは「世界の警察」たろうとしている、とも言われていた。このアメリカの「ヴェトナム戦争」に、私は世界の多くの人たちとともに反対した。幸いにも、アメリカのヴェトナム「侵略」は失敗に終わり、1975年にほうほうのていで軍を引き上げ、これを機会に世界の植民地従属国のほとんどが解放された。

　ヴェトナム戦争に反対する動きはアメリカ内部にも強く大きく広がっていたので、私は、そうした、平和志向で民主的なアメリカにもぜひ学びたいと思い、アメリカ留学のための活動を進めていたが、アメリカのヴェトナム撤退の直前にそれが成功し、直後に、私は家族とともにアメリカに渡った。

植民地から独立し、南北戦争で奴隷制を廃止して、
世界中から移民を受け入れてきた国

　アメリカはもともとイギリスの植民地であったが、植民者たちが自由を求めて独立し、独立宣言と憲法に掲げた理想の社会をめざして出発した国である。ちょうどヨーロッパでは、イギリスが市民社会として自立し、フランスがそれに対抗して市民革命を起こそうとしていたので、アメリカ憲法には市民革命の理想が盛

り込まれる。しかし、独立革命を起こした白人の植民者たちには、最初から、自分たちが征服し排除してきた先住民のことはもとより、アフリカから導入した奴隷たちのことなど念頭にあったわけではなく、初代大統領ジョージ・ワシントンもアフリカ系の奴隷を使役していた。こうしたことが19世紀の前半から後半にかけていろいろな形で意識されるようになり、奴隷制を維持しようとする南部と、廃止して近代国家の体裁を整えようとする北部とのあいだで戦争になり、リンカン大統領のもとで奴隷制が廃止されたことは、庄司「社会」論文でも述べたとおりである。

　また、先住民にたいしては、19世紀をつうじて西部「開拓」がおこなわれ、先住民が次つぎに居住地を追われ、19世紀のジェノサイドとも見られる数百万の犠牲者を出したあげく、1890年に「フロンティア」が消滅したとされたことにも、同論文でふれた。そしてさらに述べたように、こうした経過にもかかわらず、解放されたはずのアフリカ系の人びとにたいする差別、および先住民の人びとにたいする差別は、事実としてはその後もなかなかなくならず、ようやく第二世界大戦後の公民権運動とヴェトナム反戦運動などをつうじて、「アファーマティヴ・アクション」と呼ばれる実質的な差別撤廃運動が進められるようになってきたのであった。

　こうした大きな動きにもかかわらず、すでにふれたように、コロナ危機のなかでもアフリカ系の人びとにたいする差別はなくならず、それにもかかわらず大統領選挙などをとおして白人至上主義の動きが強まり、2021年初頭には、前大統領の扇動で選挙の結果に不満を持つ人びとが国会議事堂に乱入して、クーデター未遂とも言える事件も起こしている。にもかかわらずなぜアメリカが、身体をめぐるあらゆる多様性を承認し包摂して、そのうえに現代社会を築こうとしてきている社会の例であるのか。

　それはやはり、執拗にくり返される差別にもかかわらず、そのつどそれに反対し、多様性を前提としてそれを前進させる社会を、ねばり強く定着させようとしてきているからである。民族的多様性の克服が最大の問題であり続けているが、性差あるいはジェンダーをめぐる差別についても、19世紀から20世紀にかけての女性解放運動の成果として1920年の大統領選挙で女性参政権を実現したあとも、第二次世界大戦での「銃後」の働きで実力を示し、公民権運動とともにふたたび盛り上がったフェミニズム運動をつうじて、そこからさらにLGBTQの承認と包摂にいたるまで、運動を展開してきている。また、年齢差別については、アメリカでは、1967年の年齢制限禁止法 The Age Discrimination in Employment Act によって、定年をもうけたり、年齢で退職を求めたりすることは禁じられて

いる。青少年はもとより、なんらかの障がいを持つ人びとの差別も広く禁止されているから、アメリカは、広く身体にかんする多様性を承認し包摂する社会として、展開しつづけてきているのである。ある意味では、民族、ジェンダー、年齢、障がいなどによるどんな差別も、社会の成り立ちからしてあってはならないと広く考えられているがゆえに、くり返し問題になる社会であると言えよう。

身体的多様性を承認・相互作用させて基底から社会を創り直そうとする試み

　私が家族とともに暮らした1975-77年のアメリカは、ヴェトナム戦争の敗北に意気消沈しながらも、それと公民権運動の成果をふまえて、アファーマティヴ・アクションを進めようとしている国民社会であった。社会学的には、エスニシティの概念が提起され（Glazer & Moynihan 1975=1984）、ウォーラステインの世界システム論が提起されはじめて（Wallerstein 1974=1981）、議論の渦がアメリカから世界に広がりはじめていた時期である。フェミニズムの世界ではラディカル・フェミニズムが提起され、ケイト・ミレットの『性の政治学』やシュラミス・ファイアストーンの『性の弁証法』などによって、社会の基底そのものに性支配の構造が埋め込まれているとする批判も広まっていた（Freedan 1963=1965; Millet 1970=1973; Firestone 1970=1972）。年齢差別にかんしては定年制の廃止が広まっていて、大学では年輩教員たちの意気も盛んであった。障がい者については、1973年にリハビリテーション法が成立し、1990年に具体化される包括的障がい者差別禁止法Americans with Disabilities Actへの動きが進められていた。

　そのなかでの私の体験である。訪米時、私たちの娘は5歳と3歳だったので、私と妻は保育園を探し、けっきょく大学の近くにあった保育所に入れることにした。そこはもちろん、あらゆる身体的多様性をもつ親から、あらゆる身体的多様性をもつ子供たちを預かり、親たちも一方的に保育者任せにせず、1週間に1回はボランティアとして参加し、保育者といっしょに保育を実践する。私も親の一人として参加していると、子供同士が仲良く遊んでいるときは良いのだが、ときにはもちろん言い争いになり、ときには本気で取っ組み合いの喧嘩になる。そうした場合、保育者たちは、子供たちを引き離し、どうして争いになったのか、それぞれの言い分をいわせる。そして、どう解決したら良いかを自分たちで決めさせ、決着させる。もちろん簡単には行かない場合が多いが、そこに参加し、なんとかさせるのが保育者の役割である。

　私は、自分の研究も気がきでないなかこれに参加していて、これこそがこの社会の根っこなのだと思った。いや、この社会ばかりでなくあらゆる社会の根っこでなければならないのだと思った。あらゆる民族の親たちがその子供たちを預け

ている。子供たちにもあらゆる民族があり、性別もある。民族にかんしては、こういう年齢から身体を絡ませあうようなつきあい方をし、ときに思わぬケガなどをして一時的にせよ障がいを負うような子供を皆で助け合い、共同性の基礎の基礎をつくっていく。こういう経験を子供たちとしながら、私はニューヨークの黒人居住区などで感じたある種の恐怖感のようなものが、自分のなかからしだいに消えていくような気がした。

ヨーロッパ連合と身体的多様性の相互承認

　ヨーロッパは、すでに述べたように、ウェストファリア条約いらい国民国家間関係で維持されてきた地域である。ポルトガルとスペインのあと海運支配力でヘゲモニーを握ったオランダがそのきっかけであったが、お株を奪ったイギリスが18世紀からヘゲモニーを行使し続け、フランスがそれに対抗して、社会を市民社会化し、そのうえにネーションを築くことの意義を明示的に世界に教えてきた。アメリカが第一次世界大戦の前後をつうじてそのお株を奪ったのは、ヨーロッパから持ち込んだ市民社会・国民国家方式を、アフリカ系の人びとの承認包摂を初めとして、世界中から移民してくる多様な民族の人びとを承認し包摂して、全人類的社会の原型となるような社会を構築しはじめたからである。第一次から第二次の世界大戦をつうじてヨーロッパは事実上これに学ぶようになり、クーデンホーフ–カレルギーの構想などをもとに、1951年のパリ条約で欧州石炭鉄鋼共同体ECSCをつくり、1957年のローマ条約によって欧州経済共同体EECをつくって、1993年のマーストリヒト条約によってヨーロッパ連合EUの市民権を確立した。ソ連東欧崩壊の直後であったので、旧東欧諸国やソ連から独立した欧州諸国が加わり、現在その加盟国は27となっている。2015年にイギリスがヨーロッパ連合離脱すなわちブレグジットBrexitの決定をし、英連邦を生かした国家間関係づくりをはじめたが、これは、アメリカ合州国やヨーロッパ連合の社会形成方式の優位性を、基本的には揺るがすものではない。

　ヨーロッパ連合は、アメリカ合州国が、その成立の過程から下位国家すなわち州stateの連合として成立してきたのにたいして、国民国家nation stateとして国家間関係を維持してきた諸国がより上位の連合unionをつくるという、人類史的にも画期的な意味を持っている。地球上のいろいろな地域でこのような国家連合ができていけば、国連のような世界統合の方法も変わっていかざるをえないであろう。ヨーロッパ連合を構成する一つひとつの国家は、たとえばアンゲラ・メルケル時代のドイツのように、実力を持つにしたがって、その内部では、移民難民を受け入れて、アメリカ合州国のように、身体的多様性を前提にした基礎から

の社会形成をおこなう方向に動いてきている。

　私はフランスで、国民国家としてさまざまな程度に成長してきた諸国家が、互いに相手を承認しあい、包摂しあって新しい国家間システムをつくっていく方式の一つのモデルを経験した。パリに大学都市 Cité Universitaire という、各国がそれぞれ自国の大学寮をつくって、全体として世界中から学生たちが来やすく、相互に学びあって成長していくシステムを形成している場所がある。各国はそれぞれ自分の国の学生寮を建て、自分の国からの学生たちに機会を提供することができるが、それも入寮定員の50％までで、半分は自分の国以外からの学生を住まわせなければならない、という規則である。これによって各国は、自分の国の学生だけを育てるのではなく、世界各国からの学生も同時に育てて、どの国の学生も国際人になり、世界人になっていくのに貢献するという仕組みだ。

　現代世界では、「先進国」といわれる国ほど、高齢化が進み、労働力一般が不足すると同時に、とりわけ介護労働力が不足するようになってきている。世界中の諸国が国連のような場で話し合い、自分の国をパリの大学都市のように、半分までは諸外国から移民難民を受け入れ、当面の労働力や介護労働力の不足を補うか、それらの労働力が十分な場合には、逆に中高年齢者を受け入れて、彼らの経験知で経済発展や社会発展を進めつつ、一つひとつの国でアメリカ合州国の一部でおこなわれてきているような、根底からの社会づくりをおこなったらどうであろうか。

7　中国、朝鮮半島、および日本の課題

中国の可能性 ── 都市人民社会あるいは現代人民社会は開花するのか？

　アメリカ合州国やヨーロッパ連合にたいして、中国はどんな可能性をもっているだろうか。

　中国は、共産党創立100年の2021年までに「小康社会」を実現し、中華人民共和国樹立から100年の2049年までに、「現代的な社会主義国家」を実現するとしている。2021年には、小康社会はほぼ実現したとして、9月の国連総会では、人類運命共同体のために、石炭火発の輸出を抑え、2060年までにカーボン排出量をゼロにすると言明し、アメリカその他の動きに同調する姿勢を示した（CGTN Japanese 2021.9.22）。小康社会は実現したとして、今年から、「共同富裕」に力を入れはじめるとしている。中国は資本主義化したという大方の批判にたいして、鄧小平理論から貫かれてきた方針を維持するという姿勢である。資本主義世界経済に対応した国家間システムはどうなっていくのであろうか。

中国が、改革開放によって「豊かになれる者から豊かになる」ために、市場を導入し、経営の多様性をも認めたことについては、議論の余地はない。しかし、今日までの経済成長の過程で一貫して中国共産党のシステムを維持してきたことも事実で、この共産党一党支配の仕組みが、今後の中国の経済と社会の発展のうえにどのように作用していくかが、カギであろう。共同富裕という富の分配システムをどのように実現していくのか、それによって富裕層から貧困層に及ぶ階層構成はどうなっていくのか、量的にも内容的にも肥大してきている都市と、取り残されている地域の多い農村との関係はどうなっていくのか、まだ圧倒的に数も多く役割も重要な国有企業はどうなっていくのか、改革開放の過程ではとんど廃止されたように見える計画の仕組みはどうなっていくのか、それらのことを総体としてみていかなければ、中国の「社会主義」がどうなっていくのかについて、具体的なことは言えない。

　それらをつうじて、民族、ジェンダー、年齢、障がいの有無などによる身体の多様性は、どのように維持されていくのか。民族的多様性にかんしては、チベットや新疆ウイグルの問題などの国際的な批判にたいして、対応していかざるをえないであろう。ジェンダー問題は14億を超えた人口のなかで圧倒的なものなので、否が応でもいろいろな手を打っていかざるをえない。改革開放とともに両性総労働が叫ばれたものの、富裕層がある程度出現してきているなかで、家族重視や主婦層の出現も指摘されているから、出生率回復のためにも教育の制度と組織の改革は不可避のものとなっていくであろう。圧倒的な高齢化にたいしてはどう対応していくのか、今日まで明確な方向は見えていないが、一般労働力不足とも連関して介護労働力の導入を政策課題とすることにならざるをえないのではないか。そうなれば、あらためて民族的多様性と絡んだ社会の基礎からの再形成が問題となってくる。

　これらをつうじて中国は、世界システム第四期の標準となってきたアメリカ的社会形成にたいして、どのような社会形成の方式を出していけるのか、問われていく。矢澤論文が紹介しているポストウエスタン社会学では、中国の公共空間と複数規範、主体化と承認のための闘争、社会的中間領域、拡散された宗教性が西洋社会学と断絶しているという。背景にあるのは共産党の圧倒的存在であると思うが、まさにそれこそが問題なのである。西洋との連続的側面を見るかぎり、中国は資本主義化しているように見えるが、社会の低層から上層までを貫いている党組織がどう働くのか、それによって中国は新しい社会形成の方式を出してくるのかもしれない。

　一つの仮説としては、中国が、革命の前後をつうじて貫いてきた一党支配をつ

うじて、2000年以上にわたって続いてきた農民主体の人民社会を開拓し、大躍
進や文化大革命などの混乱はあったものの、改革開放後の経済発展と都市化にも
その開拓を貫いてきたために、[都]市民社会とは異なる都市人民社会、いわば
現代人民社会を築いてきている可能性が考えられる。共産党による民主と集中の
反復が、じっさいには集中と民主の反復であったとしても、それをつうじて、共
産党がめざしてきた農村の調和的な発展が都市部の発展にまで延伸されてきてい
る可能性はある。欧米や日本では、資本主義と都市の発展が都市民の普遍化を促
し、市民社会を生み出してきたが、中国では、一党支配に貫かれた経済発展と都
市化が、都市部でも、個人よりも共同性に重心をおいた都市人民あるいは現代人
民を生み出しつつあるのかもしれない。

　「一国二制」としてきた香港や台湾の問題についても、中国はそのやり方を問
われ続ける。香港については、ほぼ中国化してしまったようにみえるが、ほんと
うにこれで収まるのか。それとも欧米的な市民社会を経験してきた人びとが、中
国的な都市人民社会あるいは現代人民社会に向けて、試行錯誤をくり返し、北京
や上海などの人びととも連絡を取りながら、新しい都市人民あるいは現代人民の
生き方を見出していくのか。台湾はどうなのか。台湾の人びとの、国民として完
全な主権を持ちえない市民的な生き方が、都市人民あるいは現代人民との執拗な
交渉をつうじて、新しい人民的な生き方に道を開いていくのか。場合によっては
国際的な大紛争にも発展しかねないので、中国もそれだけ慎重な対応を考えてい
かざるをえないであろう。

朝鮮半島の課題 ── 徹底した対話を！

　朝鮮半島の課題は、極度にむずかしい問題である。第二次世界大戦における敗
北で日本がほうほうのていで撤退したあと、朝鮮半島の北側に金氏の政権が生ま
れ、一時は中国共産党の後押しで南下する勢いとなり、アメリカ軍がこれを押
し返して、今日の北朝鮮と韓国が生まれた。その後の北朝鮮で金氏の政権が世襲
され、今日まで続いていることについて、いろいろな議論をすることはできるが、
現実は動かない。他方韓国は、混乱と軍事独裁政権が続いたあと、1980年代後
半に民主化がおこなわれ、その後の政権は左右に振動しながらも、民主化は定着
した。今日の韓国は、政権交代もくり返されてきている安定した民主主義政権で
ある。

　南北統一はどうしたら良いのか。一部の韓国研究者によれば、今日の韓国の相
対的に若い世代のなかには、考えても無駄だとして、南北統一を現実の課題とし
て考えていない人びとも少なくないという。しかし、長い目で見れば、どこかで

統一はなされなければならないであろう。どのようにしてか。それはあくまでも、当事者のあいだの話し合いで決めていくしかない。日本は、過去の歴史からして朝鮮半島に大きな迷惑をかけたのであるから、拉致問題では筋を通しつつも、過去の歴史をくり返し反省するという姿勢をとり続けながら、南北両者の話し合いのために役に立つことを、両者の同意のもとにし続けていく以外にはないであろう。

日本のこれからの生き方
── 中国とアメリカに学びながら独自の指針を示す

これらをふまえて、日本はこれから、世界にたいして、また自分自身にたいして、どのような生き方をしていくべきか。

まず第一に日本は、東アジアに大東亜共栄圏を打ち立て、世界システムの覇権を握ろうとして、第二次世界大戦で敗戦にいたった歴史を心から反省し、そのために迷惑をかけた東アジア東南アジアの人びとに心から詫びて、その人びとのために少しでも多く役立つことをしようとする姿勢を取り、実際にもできるだけするべきである。敗戦の結果日本は日本国憲法をもつことになり、国際紛争解決の手段としての戦争を放棄し、国内外に人権と民主主義にもとづく社会を実現するよう決意し、宣言した。その決意と宣言にもとづき、日本は、朝鮮半島にたいしてばかりでなく中国にたいして、また東南アジア諸国にたいして、持続的に誠意ある態度を取らなくてはならない。日本国憲法にもかかわらず日米安全保障条約を締結し、冷戦時代のソ連、北朝鮮、中国などにたいして敵対的な態度を取ったことは矛盾なので、冷戦が終わってソ連がなくなり、中国もどんどん変わってきているなか、日本は、むしろ日本国憲法の立場に徹底し、日米安保条約の改廃の可能性も含めて、東アジア東南アジア諸国に対していかなければならないであろう。

第二に、そのためにも日本は、身体的多様性にたいして徹底して承認的で包摂的な態度を取り、移民難民の受け入れに今よりもはるかに積極的な態度を取って、民族的に多様な人びとを受け入れていくとともに、ジェンダー面でもしばしば世界的序列の下位に位置づけられる消極姿勢をあらため、あらゆる方面に女性が進出しやすいようにしていかなければならない。総人口も2004年をピークとして減少傾向に転じ、高齢化率もまもなく30％を超えるとされるなか、労働力不足、とりわけ介護労働力不足は深刻である。この事態を克服するため、日本は世界システム標準型のアメリカに学び、国を開いて世界各地からの人びとを受け入れるとともに、中年以下の人びとが逆に世界に出て活躍しやすいようにするべきであ

る。この面ではむしろ中国とも共同協力できるのではないか。日本は、1964年にパラリンピックを東京で創始し、2021年にも、コロナ危機のなかあえて強行するマイナスはあったが、障がい者擁護にはそれなりの効果を上げた。

　第三に日本は、台風を初めとする気候変動の悪影響を受け続けてきているなか、地球破壊防止の運動の先頭に立つべきである。1995年の阪神淡路大震災、2011年の東日本大震災など、地震そのものは地球破壊の結果とはいえないかもしれないが、その前後の台風や大雨強風のけっか大きな被害が出続けている。リオの気候変動枠組条約以後、日本は、京都プロトコルからパリ協定のあとにいたるまでそれなりの役割を果たし続けてきているが、まだまだ不十分である。民族、ジェンダー、年齢、障がいなど、あらゆる身体的多様性をふまえた基礎からの社会づくりを展開しながら、日本は、それをあらゆる形態の地球破壊の防止へとつなげていかなくてはならない。

　第四に、そのためにも日本はあらためて、身体を守り育てていく保健衛生と教育の充実に努めなければならない。コロナ危機に直面してワクチンや治療法の開発でリーダーシップをとれず、自国民ばかりでなくアジア、アフリカ、ラテンアメリカの人びとに貢献できてきていないことは恥ずべきである。細田論文が指摘しているような、コロナ危機のなかでの教育格差の拡大も、サイバーフィジカル社会への展望のなかで下から確実に改善していかなければならない。保健衛生と教育が社会形成の基礎であることをくり返し確認するべきである。

　第五に、以上をふまえて日本は、中国と密接な関係をとり続け、中国の現状についての認識に協力するばかりでなく、それをつうじて、自分自身の近代化過程を反省するのみならず、これからの生き方の発見に努めていくべきである。日本は近代化をつうじて欧米化あるいは西洋化したように内外から見られているかもしれないが、これまでの社会［科］学的研究の多くで、その組織やエートスに集団主義的な面の残っていることが指摘されてきている。第二次世界大戦前の日本主義や大アジア主義は論外として、戦後の経済成長をつうじてもなお残されている集団主義的な面は、あらためて広い視野から見直されるべきである。多党制民主主義の経験をつうじてなお残存してきている集団主義的な面は、中国とのこれからの関係のなかでも参照されるべき重要な側面であるかもしれない。

　身体、地球、歴史、社会と見てきたが、社会は経済、政治、文化の要である。大東亜共栄圏を妄想し、台湾と朝鮮半島の植民地をふまえ、満州国を虚構して中国や東南アジアに向かっていったとき、日本はすでに、矢澤論文の掘り起こした建部遯吾がもっていたような、おおらかな社会づくりの構想を忘れてしまっていた。日本神話の、科学的根拠のない拡大にもとづくアジア諸民族の蔑視は、最初

から「大日本帝国」のヘゲモニー獲得行為の失敗を運命づけていたのである。それを根本から反省し、日本は、世界中からあらゆる身体的多様性をもつ人びとを迎え入れ、彼らに日本の経済成長と社会発展と文化充実の成果を学んでもらいながら、自らも世界中のあらゆる人びとの経済、政治、文化、社会の成果に学び、アメリカでおこなわれてきたような、多民族かつジェンダー平等で、年齢差や障がいをも許容していく、根底からの社会形成をくり返し起こしていかなければならない。そうすることが、中国にたいしても大きな刺激となっていくかもしれない。

　そうした社会形成を下支えし、大きく発展させるための歴史認識をふまえたポストコロナの社会学をこそ、日本は世界に示していかなければならないのである。

【文献】

Evans, P, et al., 2020, "Special Issue: The Rise of Twenty-first Century Exclusionary Regimes", *International Sociology 35-6*, November 2020.

　Evans, P., "Introduction: The rise of twenty-first century exclusionary regimes."

　Heller, P., "The age of reaction: Retrenchment populism in India and Brazil."

　McKenna, E., "The organizational foundations of bolsonarismo."

　Bhatty, K. & Sundar, N., "Sliding from majoritarianism toward fascism: Educating India under the Modi regime."

　Garrido, M., "A conjunctural account of upper- and middle- class support for Rodrigo Duterte."

　Evans, P., "Polanyi meets Bolsonaro: Reactionary politics and the double movement in twenty-first-century Brazil."

Firestone, S, 1970, *The Dialectics of Sex: The case for feminist revolution.* New York: William Morow and Company.（林弘子（訳），1972,『性の弁証法：女性解放革命の場合』評論社.）

Freedan, B., 1963, *The Feminine Mystique.* Norton.（三浦富美子（訳），1965,『新しい女性の創造』大和書房.）

Glazer, N. & Moynihan, D. P. (Eds.), 1975, *Ethnicity: Theory and experience*, Harvard University Press.（内山秀夫（訳），1984,『民族とアイデンティティ』三嶺書房.）

Hardt, M. & Negri, A., 2000, *Empire*, Harvard University Press.（水島一憲他（訳），2003,『〈帝国〉：グローバル化の世界秩序とマルチチュードの可能性』以文社.）

石井菜穂子, 2021,「グローバル・コモンズの責任ある管理：持続可能なシステムの構築」『世界』5.

Luxemburg, R., 1913, *Akkumulation des Kapitals: Ein Beitrage zur ökonomischen Erklärung des Imperialismus.*（長谷部文雄（訳），1985,『資本蓄積論』岩波文庫.）

Millett, K., 1970, *Sexual Politics.* Doubleday.（藤枝澪子・横山貞子（訳），1973,『性の政治学』自由国民社, 1985, ドメス出版.）

Pascal, B., 1669-70, *Pensées.*（塩川徹也（訳），2015,『パンセ』上中下, 岩波文庫.）

庄司興吉, 2016,『主権者の社会認識：自分自身と向き合う』東信堂.

―――（編著），2020,『21世紀社会変動の社会学へ：主権者が社会をとらえるために』新曜社.

Wallerstein, I., 1974, *The Modern World System: Capitalist agriculture and the European world economy in the sixteenth century.* The Academic Press. (川北実（訳）, 1981,『近代世界システム：農業資本主義と「ヨーロッパ世界経済」の成立』岩波書店.)

───, 1983, *Historical Capitalism.* Verso. (川北稔（訳）, 1985,『史的システムとしての資本主義』岩波書店.)

山田盛太郎, 1948,『再生産過程表式分析序論』改造社.

人名索引

193

事項索引

執筆者および主要著作一覧（執筆順，○印は編者）

○庄司　興吉　東京大学名誉教授，全国大学生活協同組合連合会顧問（元会長）（奥付参照）

主要著作：『主権者と歴史認識の社会学へ：21世紀社会学の視野を深める』（編著，新曜社，2020年），『社会学の射程：ポストコロニアルな地球市民の社会学へ』（東信堂，2008年），『現代日本社会科学史序説：マルクス主義と近代主義』（法政大学出版局，1975年）

矢澤　修次郎　一橋大学名誉教授，成城大学名誉教授，成城大学グローカル研究センター研究員

主要著作：『再帰的＝反省社会学の地平』（編著，東信堂，2017年），*Theories about and Strategies against Hegemonic Social Sciences: Beyond the Social Sciences*, vol.1（eds. with Michael Kuhn, Stuttgart, Ibidem Verlag, 2015），『アメリカ知識人の思想：ニューヨーク社会学者の群像』（東京大学出版会，1996年）

細田　満和子　星槎大学大学院教授

主要著作：『チーム医療とは何か』（第2版：患者・利用者本位のアプローチに向けて，日本看護協会出版会，2021年），"The Role of Health Support Workers in the Aging Crisis"（Saks, M., ed., *Support Workers and the Health Professions in International Perspective: The Invisible Providers of Health Care*, Policy Press, Bristol, UK, 2020），『脳卒中を生きる意味：病いと障害の社会学』（青海社，2006年）

石川　晃弘　中央大学名誉教授，日本スロバキア協会会長

主要著作：『ロシア，中欧の体制転換：比較社会分析』（ロゴス，2020年），『体制転換の社会学的研究：中欧の企業と労働』（有斐閣，2009年），『マルクス主義社会学：ソ連と東欧における社会学の展開』（紀伊國屋書店，1969年）

池田　和弘　日本女子大学専任講師

主要著作：「水道・飲料」（田中大介編『ネットワークシティ』北樹出版，2017年），「メディアはどう扱ってきたか：新聞と出来事を織り込む」および「日本は気候変動と戦っているのか：国際貢献と戦後日本的対応の意味論」（長谷川公一・品田知美編『気候変動政策の社会学：日本は変われるのか』昭和堂，2016年），"Conflicting Climate Change Frames in a Global Field of Media Discourse,"（with Jeffrey Broadbent, et al., *Socius* 2 (American Sociological Association), 2016）

武川　正吾　明治学院大学教授

主要著作：『公共性の福祉社会学：公正な社会とは』（編著，東京大学出版会，2013年），『公共社会学［2］：少子高齢社会の公共性』（共編著，東京大学出版会，2012年），『連帯と承認：グローバル化と個人化のなかの福祉国家』（東京大学出版会，2007年）

編著者紹介

庄司　興吉（しょうじ　こうきち）

東京大学名誉教授　博士（社会学）

東京大学文学部社会学専修課程卒業、同大学院社会学研究科博士課程単位取得退学、法政大学社会学部専任講師、同助教授、東京大学文学部助教授、同教授（社会学第一講座）、同大学院人文社会系研究科教授（社会学専攻）、清泉女子大学教授（地球市民学担当）を歴任。

日本社会学会理事、関東社会学会会長、などを歴任。社会学系コンソーシアム理事長（2009-2014）として、2014年横浜でひらかれた世界社会学会議に向けて、*Messages to the World from Japanese Sociological and Social Welfare Studies Societies,* 2014（冊子体、CDおよび http://www.socconso.com/message/index.html）を刊行。日本社会学および社会福祉学の世界への発信に努める。

東京大学消費生活協同組合理事長（1999-2003）をへて、全国大学生活協同組合連合会副会長（2004-2005）、同会長理事（2005-2014）、同顧問（2014-）

 ポストコロナの社会学へ
コロナ危機・地球環境・グローバル化・新生活様式

初版第1刷発行　2022年3月30日

編著者　庄司興吉

発行者　塩浦　暲

発行所　株式会社　新曜社
　　　　101-0051　東京都千代田区神田神保町3-9
　　　　電話（03）3264-4973（代）・FAX（03）3239-2958
　　　　e-mail : info@shin-yo-sha.co.jp
　　　　URL : https://www.shin-yo-sha.co.jp

組　版　Katzen House
印　刷　新日本印刷
製　本　積信堂

© Kokichi Shoji, 2022, Printed in Japan
ISBN978-4-7885-1755-4 C3036